KB057586

백제 의자왕 평전

백제 의자왕 평전

우매한 폭군인가 불운의 성군인가

양종국 지음

서경문화사

_ 저자의 말

지금 이 순간에도 백가쟁명식의 주장과 행동들이 충돌하고, 이를 둘러
싼 평론가들의 어지러운 논평과 각종 여론조사의 서로 다른 결과가 우리
를 혼란스럽게 만드는 정치판을 보면 정치가 살아 있는 "생물"이라는 말
을 실감하게 된다. 의자왕 시대의 백제도 이 말에서 자유롭지 못한 것 같
다. 의자왕의 정치를 평가하는 역사가들 역시 오늘날의 정치평론가들처
럼 여러 가지 다양한 의견을 내놓으며 대립하는 모습을 보여준다.

중국사 전공자인 나는 2002년 「7세기 중엽 의자왕의 정치와 동아시아
국제관계의 변화」라는 주제로 논문을 발표하면서 의자왕에 대한 글을 쓰
기 시작했다. 이후 2004년에는 『백제 멸망의 진실』, 2008년에는 『의자왕
과 백제부흥운동 엿보기』, 2010년에는 『왜 의자왕은 백제를 망하게 했을
까?』와 같은 단행본의 출판 및 KBS 역사스페셜이나 의자왕관련 특집방
송의 출연 등을 통해서 틈틈이 의자왕을 올바로 조명해 보려 노력해왔다.
그렇지만 곳곳에서 나와 다른 주장들이 여전히 제기되고 있듯이 의자왕
의 재평가를 위해 가야할 길은 아직도 멀었다고 생각한다.

본 『백제 의자왕 평전』은 의자왕 본인의 출생부터 후손들의 문제에 이
르기까지 그동안 연구자들에 의해 주장되어온 모든 내용을 토론의 장에
서 다시 한 번 점검하고, 이를 바탕으로 보다 사실에 가까운 의자왕의 모
습을 찾아내 독자들에게 소개해보겠다는 목적을 가지고 집필하였다. 이

러한 목적을 효과적으로 달성하려면 글의 내용이 그만큼 쉽게 전달될 수 있어야 하리라고 본다. 본서를 딱딱한 전공서적이 아니라 교양차원에서 많은 사람들이 부담을 느끼지 않으며 읽을 수 있는 대중서(大衆書)로 만든 까닭이 여기에 있다.

따라서 전문적인 연구서적에서 볼 수 있는 각주(脚注)처리나 참고문헌 소개와 같은 번거로운 작업은 생략하고 필요한 내용은 모두 본문 안에 넣어 나열식으로 풀어서 썼다. 그러다 보니 각종 역사서의 제목이나 역사적인 인물들의 이름, 또는 오늘날의 연구 성과와 관련된 내용까지 독자들이 직접 읽어나가야 하는 번거로움을 안겨주게 되었다. 다만 역사에 관심이 있는 사람이라면 이러한 내용 역시 지루하게 여기기보다 본서를 읽는 또 다른 재미로 받아들일 수 있지 않을까라는 생각도 해본다.

본서는 전체를 7장으로 나누고 각 장마다 5개씩의 주제를 내세워 관련 내용을 다루었다. 그리고 마지막에는 본서의 내용을 이해하는데 도움을 줄 수 있는 자료들을 10개의 부록으로 만들어 제시해 놓았다. 본문에서 다룰 수 없거나 자세히 소개하지 못하여 글을 읽다가 떠오를지도 모를 여러 가지 궁금증을 이들 부록이 어느 정도 해소시켜 줄 것으로 본다.

서론에 해당하는 1장에서는 내가 의자왕 평전을 쓰게 된 이유와 어떠한 마음가짐으로 의자왕을 마주 대하며 그에 대한 평가를 해야 할 것인가라는 집필 자세에 대한 나름대로의 생각을 밝혀 놓았다.

2장에서 5장까지는 의자왕의 활동시기를 유년 시절, 청년 시절, 장년 시절, 노년 시절로 구분하여 부모와 관련된 문제부터 자식으로서의 서열이나 백제의 태자 및 왕으로서 그가 보여준 여러 가지 활동내용들을 전체적으로 검토해보았다. 문헌기록 뿐만 아니라 비명이나 묘지명 및 부여 능산리 사지에서 출토된 백제금동대향로, 익산 미륵사지 서탑에서 나온 사리봉안기, 천안 성거산 위례성의 대형 목곽고를 비롯한 백제유적, 공주 공산성에서 출토된 옻칠갑옷과 같은 최근의 고고학적 발굴 자료까지 가능한 모두 동원하여 의자왕을 둘러싼 미스터리의 실체를 밝혀보려고 노력했다.

6장에서는 의자왕 사후(死後) 후손들의 문제로서 먼저 웅진도독부의 성격에 대해 살펴보았다. 웅진도독부를 바라보는 연구자들의 시각은 크게 두 가지로 나뉜다. 하나는 중국에서 출판된 중국의 역사지도에 웅진도독부시기 백제의 영역을 당나라 영토로 표시해놓고 있듯이 당나라 괴뢰정권에 불과한 것으로 간주하는 시각이고, 또 하나는 부여융을 중심으로 웅진도독부체제 하에서 이루어진 백제 인들의 활동도 백제의 역사 속에 포함시켜 이해해야 한다는 시각이다. 당연히 웅진도독부를 어떻게 보느냐에 따라 백제멸망의 시기설정도 달라지는데, 본서에서는 「취리산 맹약문」의 내용을 비롯한 여러 가지 근거제시를 통해 웅진도독부시기도 백제사의 연장으로 받아들여야 한다는 점을 강조해놓았다.

그리고 이에 이어 백제멸망 이후 중국이나 우리나라, 일본에서 나타나고 있는 의자왕 후손들의 활동내용을 찾아보고, 마지막으로 현재에 이르기까지 이들의 명맥이 어떻게 이어지고 있는가에 대한 문제를 다루어보았다.

결론적인 내용을 담고 있는 7장에서는 몇 가지 부가적인 설명과 제안 및 의자왕에 대한 전체적인 평가내용을 불운의 성군과 우매한 폭군이라는 상반된 이미지 사이에서 찾아보았는데, 그러면서도 백제를 패망으로 이끈 역사적인 책임은 의자왕이 떠안을 수밖에 없는 숙명으로 남아있다는 점 역시 지적해놓았다.

　　본서를 집필하면서 최대한 객관적인 자세와 올바른 역사학연구방법론을 동원하여 의자왕의 모든 것을 밝혀보려고 노력했다. 그렇지만 관련 자료가 형편없이 부족한데다가 나의 연구능력 역시 한계가 많다보니, 독자 여러분의 기대에 얼마나 부응할 수 있을지 염려스러운 마음이 크다. 본서의 출판이 계기가 되어 의자왕을 새롭게 조명해보고, 후학들이 의자왕을 연구주제로 삼을 때 본서가 조금이라도 길잡이 역할을 해줄 수 있게 된다면 더 이상 바랄 것이 없다. 본서의 내용 가운데 동의하기 어렵거나 잘못된 부분이 있다면, 그것은 의도적인 것이 아니라 아직도 부족한 나의 안목으로 인해 나타나게 된 결과인 만큼 반드시 질정(叱正)을 받아야 할 것으로 생각한다. 지적을 해주신다면 기꺼운 마음으로 받아들여 이후의 연구 동력으로 삼겠다.

　　끝으로 본서가 출판되기까지 여러모로 부족한 원고를 흔쾌히 받아주신 김선경 사장님, 그리고 세밀한 교정과 편집으로 본서의 완성도를 높이기 위해 마지막까지 애써준 서경문화사 편집부의 모든 분들에게 감사의 인사를 드린다.

2020년 1월 25일
금강이 내려다보이는 공주대학교 현암재에서
양 종 국

_ 목차

01

시작하는 말

의자왕 평전을 쓰기까지

내가 소속한 공주대학교 사학과에서 2019년 2월에 정년을 맞이한 이해준 교수께서 『산꼭대기에서 낚시질하기』라는 제목으로 자신의 학문생활을 되돌아보는 이야기책을 출판했다. 산꼭대기에서 낚시질이라니?

같은 학과의 동료 교수이지만 이해준 교수는 내가 대학시절 「한국사강독」을 수강할 때 시간강사로 그 과목을 담당하면서 나로 하여금 대학생활이 쉽지 않음을 피부로 느끼게 해준 은사님이기도 하다. 그런데 막상 정년을 앞두고 준비하신 책을 내가 받았을 때는 나 역시 1년 6개월 뒤면 대학의 연구실을 떠나야 할 나이에 놓여있었다. 그 동안 별 생각 없이 살다가 이제는 내 차례로 "한나절 반 남았네요."라는 말이 주변에서 들려온다.

세월의 흐름이 참 빠르다. 마음이 갑자기 초조해지며 『백제 의자왕 평전』이라는 지금까지 미루어온 내 마음 속의 무거운 과제를 수행할 때가 되었음을 받아들일 수밖에 없게 되었다.

이 교수님 못지않게 나 또한 산꼭대기에서 낚시질을 많이 해왔다고 자

평하고 싶다. 중국 송대사(宋代史)를 전공하면서도 남이 보면 뜬금없이 백제 말기의 의자왕과 웅진도독부를 중심으로 한 백제사 연구에도 뛰어들었고, 꽃과 나무의 사진을 찍으며 그 자연 속에서 인문학적인 이야기를 찾아 책으로 만들기도 했다. 또 정년퇴직 후의 삶을 준비한답시고 틈만 나면 금강주변의 들과 산에서 야생의 새와 짐승을 추적하고 그들을 카메라에 담으며, 그 내용을 사진전이나 책으로 펼쳐 보이려는 야망까지 품고 있다. 이쯤 되면 나를 산꼭대기에서 낚시질하는 역사학자라고 불러도 손색이 없을 것 같다.

이러한 낚시질로 얻은 성과물 가운데 의자왕과 관련해서는 여러 권의 책과 논문들을 이미 발표했고, KBS 역사스페셜과 같은 방송에도 몇 번 출연한 바 있다. 그러다 보니 오래 전에 의자왕 평전을 써보자는 어느 출판사의 제안을 받기도 했었다. 당시에는 충분한 준비가 되어있지 않다는 핑계를 대며 뒤로 미루었지만, 내 마음 안에는 언젠가 의자왕 평전을 써보겠다는 욕심이 이때부터 자리를 잡았다. 물론 준비가 부족한 것은 현재도 마찬가지이다. 그러나 한나절 반밖에 남지 않은 정년퇴직 이전의 짧은 기간이 지금까지의 욕심을 이제는 욕심만이 아니라 행동으로 옮길 수 있는 용기까지 갖게 해주었다.

나는 『백제 의자왕 평전』을 산꼭대기에서 낚시질하는 마음으로 써보려 한다. 따라서 책의 성격도 전문연구자를 위한 어려운 연구서가 아니라 일반 대중들이 쉽게 읽으며 재미를 느낄 수 있는 교양서 수준으로 만들어보겠다.

백제사가 아닌 중국사를 주요전공으로 하는 내 입장도 있고, 또 독자층 역시 백제사만이 아니라 역사에 관심이 있건 없건 되도록 많은 사람들을 끌어들일 때 이 책의 의미와 가치도 더 커질 수 있으며 나 역시 그것을 원하기 때문이다. 역사학자라면 전문적인 연구활동 외에 올바른 역사인식의 대중화에도 관심과 노력을 기울여야 한다는 평소의 내 지론이 이 책의 출판목적 속에 담겨있음을 밝힌다.

정림사지 5층 석탑과 백마강의 추억

충남 부여군 구룡면 현암리 망신산 자락의 "망해(望海)"라는 조그만 마을에서 태어난 나는 백제멸망과 관련된 여러 가지 이야기를 들으며 그 현장 속에서 자랐다.

우선, 맑은 날 산꼭대기에 올라가면 멀리 서해바다가 보인다는 마을 뒤의 망신산 정상에 말 무덤이 있었다. 백제의 어떤 장군이 타고 다니다 백제가 망한 뒤 죽은 말의 무덤이라는 이야기를 어린 시절 어느 땐가 들은 뒤 그 무덤에 대한 호기심은 늘 나와 함께 했다. 고향에 대한 나의 그리움 한쪽 구석을 차지하고 있는 이 산 정상에서 바다가 보인다고 하여 "망해"라는 마을 이름도 생겼다고 한다.

다음, 내가 다닌 구룡초등학교 앞쪽으로는 구룡평야가 지금도 드넓게 펼쳐져 있다. 초등학교시절 이 평야를 뚫고 흐르는 구룡천에서 정말 많은 물고기를 잡았었다. 친구들과 어울려 뱀과 개구리들도 꽤나 괴롭혔던 이 평야에 대한 이야기를 초등학생 때 선생님으로부터 처음 들었던 것 같다. 용으로 변해 강에서 파도를 일으키며 당나라 군대의 침공을 막아내던 의자왕을 소정방이 백마를 미끼로 써서 잡아 올렸는데, 그 용이 떨어진 곳이 구룡평야이고, 그래서 "구룡"이란 지명이 만들어졌다는 것이다.

물론 이러한 믿거나 말거나식의 이야기는 다른 지역에서도 얼마든지 전해오리라고 본다. 그런데 이들 이야기만이 아니라 내게는 좀 더 소중한 추억도 있다.

한국전쟁 이후 대구의 미군부대가 철수하자 그곳에 근무하던 선친께서 부여군 교육청으로 옮겨오셨다. 그 덕에 어린 나는 초등학교에 입학하기 몇 년 전부터 고향 시골을 떠나 부여 궁남지 근처에서 살게 되었다. 그 시절 내가 다녔던 교회유치원과 우리 집 사이의 들판 위에 정림사지 5층 석탑이 있었다. 이곳을 백제시대의 중요한 유적지로 보호하고 있는 현재의 모습과는 딴판인 1961년의 일이다.

유치원을 오가며 석탑과 이상한 모습의 석불(石佛)이 있는 이 정림사지 빈 절터에서 친구들과 자주 놀았다. 그때의 추억 한 토막을 나는 지금껏 간직하고 있다.

감시자나 관리인 하나 없는 이곳에서 우리는 석탑의 돌 틈에 끼어있는 쇳조각들을 어렵게 한두 개 빼내서는 서로 따먹기 놀이를 했고, 그것이 무슨 보물이라도 되는 듯 집으로 가져가기도 했다. 납작한 사각형으로 가운데 둥근 구멍이 뚫려있는 녹슨 쇳조각인데, 석탑을 보호하기 위해 끼워 넣은 것이 분명하다. 지금으로 따지면 국보 제9호인 정림사지 5층 석탑, 다시 말해 백제시대의 전형적인 석탑양식을 간직하고 있는 우리나라의 소중한 문화재를 훼손하는 심각한 잘못을 어린 철부지였던 내가 저지른 셈이다.

다만, 정림사지 5층 석탑은 내가 이 탑을 괴롭히며 놀던 때로부터 2년 정도 더 지난 1963년 12월 20일에야 국보로 지정되었다. 또 백제를 점령한 소정방의 공적을 담은 「대당평백제국비명(大唐平百濟國碑銘)」이 탑에 새겨져 있다는 것이나 그 비명이 지닌 역사적인 중요성도 어린 유치원생이 알았을 리가 없다. 알았다면 그게 더 이상할 것이다.

이와 같이 문화재에 대한 인식이 부족했던 당시의 사회분위기나 아직 아무것도 모르는 철부지 어린애였다는 논리로 그 옛날 나의 잘못을 스스로 합리화시키고 있는데, 여하튼 이러한 추억이 정림사지 5층 석탑에 대한 나의 애정을 깊게 만들어준 것은 사실이다.

1962년 백제초등학교에 입학한 나는 구룡면사무소로 직장을 옮긴 선친을 따라 1963년 구룡초등학교로 전학해 그곳에서 졸업을 했다. 그리고 중학교와 고등학교는 대전으로 가서 다녔다.

구룡초등학교 시절 부소산성으로 소풍을 간 적이 있다. 그때 부소산 군창터 현장에서 불에 탄 볍씨들을 구경하며 의자왕과 백제멸망, 그리고 백마강 이야기를 선생님에게서 들었다. 의자왕이 변신한 용을 소정방이 백마로 낚아 올려서 백마강이라는 이름이 붙여졌다는 이야기이다. 비현실적이기는 하지만 백마강하면 지금도 나는 이 내용부터 떠오른다. 나에게는 백마강이 의자왕의 용이나 소정방의 백마로 대변될 수 있는 강이다.

이런 백마강과 나와의 만남은 내가 중학교 1학년 때 본격적으로 이루어졌다. 당시 대전에서 구룡면사무소 부근의 우리 집까지 가려면 일단 논산을 거쳐 부여의 규암나루터까지 비포장길로 이어진 먼 길을 버스 안에서 흔들리며 가야했다. 그때는 대부분의 국도(國道)가 자갈길이어서 버스를 타고 이 길을 가는 것은 차멀미가 심한 나에게 큰 고역이었다.

그러나 버스가 커다란 뗏목을 이용해 강을 건너야 하는 규암나루터에 도착하면 집에 거의 다왔다는 설렘으로 한껏 여유를 찾으며 나루터 주변에서 파는 삶은 고구마나 계란에 눈길을 빼앗기곤 했다. 버스는 뗏목에 태우고 사람들은 강바람을 맞으며 백사장과 강물 위에 만들어 놓은 배다리를 걸어서 강을 건너간 다음 다시 버스에 탔다.

그러니 중학생이던 나는 이곳에 오면 늘 의자왕과 소정방을 떠올리며 내 발로 백마강 물결 위를 직접 걸어서 건너간 잊을 수 없는 추억을 갖게 되었다. 나중에는 사람들을 버스에 태운 채 뗏목으로 그 버스를 실어 나르기도 했는데, 뗏목 위의 버스 안에서 일렁이는 강물을 바라보는 느낌은 불안 반 호기심 반이었다. 그리고 1968년 10월 25일 백제교가 드디어 완공됨에 따라 규암나루터 뗏목의 역할도 끝났고, 백마강과 나와의 만남 역시 중학교 1학년 시절의 추억으로 막을 내리게 되었다.

백제교 옆에 백제대교까지 만들어져서 백마강을 순식간에 지나쳐버리는 오늘날에는 맛보기 어려운 귀한 경험을 그 옛날의 나는 짧게나마 한 셈이다. 중학교 1학년 어린 학생에게는 매우 고생스러웠을 일이 내 경우에는 그냥 단순한 고생이 아니라 그래도 운이 좋아서 잠깐이나마 그런 고생을 맛볼 수 있었다고 여기며 소중한 추억으로 간직하고 있다.

이처럼 백제 멸망기의 이야기가 담겨있는 정림사지 5층 석탑이나 백마강을 어린 시절의 추억 속에 깊숙이 품고 있는 내가 직업으로서의 학문으로 역사학을 선택한 이상, 의자왕과 멸망기의 백제역사에 관심을 갖고 그것을 연구대상으로 삼게 된 것 역시 뜬금없는 우연이 아니라 예정되어 있는 필연이라고 보아야 맞을 것 같다.

의자왕을 둘러싼 미스터리

의자왕을 말할 때 어떤 사람들은 우리가 앉는 의자에 빗대어 걸상왕이란 신조어를 만들어 비아냥거리기도 한다. 앉아서 깔아뭉개도 문제될 것이 없는 형편없는 인간이라는 의미가 아닐까 싶다. KBS 역사스페셜과 몇몇 방송에서 의자왕에 대한 재평가를 시도하는 다큐멘터리를 방영하기도 했지만, 대부분의 사람들은 여전히 "의자왕" 하면 술, 삼천궁녀, 패망의 군주 등 부정적인 모습부터 말한다. 의자왕에 대한 기존의 고정관념이 너무 강해서 쉽게 바뀌지 않는 것 같다.

의자왕에 대한 좋지 않은 이미지를 역사사실화한 가장 오래된 역사서로 남아있으면서 후대인들의 역사인식에 중요한 영향을 준 책이 고려시대의 『삼국사기』(1145)이다. 『삼국사기』 이후의 역사서로는 같은 고려시대의 『삼국유사』(1281~1283)와 『제왕운기』(1287) 및 조선시대의 『동국사략』(1403), 『삼국사절요』(1476), 『동국통감』(1485) 등이 있고, 중국에는 임진왜란 때 명나라에서 가져간 것으로 여겨지는 『조선사략』이 전해온다. 그런데 이들 역사서의 내용은 거의 『삼국사기』의 범주를 벗어나지 못하고 있다.

조선시대를 거쳐 오늘날까지 『삼국사기』의 역사인식이 별다른 비판 없이 받아들여지고 있는 이유가 여기에 있다고 본다. 결과적으로 의자왕이 음황, 탐락, 음주에 빠져 백제를 망하게 만들었다는 일방적인 주장도 『조선왕조실록』에서 의심 없이 수용하고 있듯이 후대인들에게는 사실 자체로 인정받기에 이르렀다. 더 나아가 김흔(金訢)이나 민제인(閔齊仁) 같은 조선시대의 문인들이 낙화암에서 떨어져 산화한 백제 궁녀들의 모습을 "삼천"이란 문학적인 용어로 표현하면서부터는 의자왕이 실제로 삼천 명의 궁녀를 두고 그 속에서 주색에 빠져 나라를 돌보지 않다가 백제를 망하게 만들었다고 믿는 어이없는 결과까지 낳았다. 그리하여 지금도 의자왕의 삼천궁녀 이야기가 많은 사람들의 입에서 오르내리고 있다.

그러나 이러한 모습들은 한 번의 잘못된 역사인식이나 역사서술이 지속적으로 영향을 미쳐서 후대에 얼마나 많은 문제를 발생시키는지 알게 해주는 교훈으로 받아들여야 할 것이다. 그것을 곧이곧대로 믿는 무비판적인 태도는 문제가 있다고 본다.

역사의 시간과 공간 속에서 복잡하게 나타나는 인간의 여러 가지 활동

내용을 평가하는 일이 얼마나 어려운지는 보수와 진보로 나뉘어 치열한 공방전을 벌이고 있는 오늘의 우리 주변을 둘러보아도 쉽게 알 수 있다. 의자왕의 경우 역시 마찬가지이다. 부정적인 이미지와는 반대로 부여지방의 봄철 별미로 꼽히는 우여회와 관련된 이야기, 의자왕이 소정방에게 끌려갔던 금강 변을 따라 전해오는 유왕산놀이, 사당산과 망배산 전설, 부여 세도지방의 민요인 「산유화가」에서 찾아볼 수 있는 의자왕의 이미지는 연민, 그리움, 성군(聖君) 등 긍정적으로 나타나 대조적이다.

학명이 웅어인 우여를 후세 사람들은 의로운 물고기라는 뜻으로 "의어"라 불렀다고도 한다. 의로운 물고기 우여, 이 우여와 관련해서 전해오는 설화 가운데에는 소정방이 우여회 맛을 보려고 어부들을 동원해 우여를 잡으려 하자 우여들이 모두 물밑으로 피신해 한 마리도 잡지 못했다거나, 의자왕이 당나라로 압송되는 것을 막기 위해 왕이 타고 가던 뱃머리에 수많은 우여들이 몸을 부딪쳐 죽었다는 이야기가 있다.

현재 유왕산추모제 형태로 거행되고 있는 유왕산놀이의 유래는 백제 패망의 역사에서부터 출발하고 있다. 660년 의자왕과 태자 융 및 많은 대신과 백성들이 당나라로 잡혀갈 때 배가 유왕산 밑을 지나자 백성들이 이 유왕산에서 통곡하며 배웅했다는 것이다. 또 의자왕이 탄 배가 이곳에 머물기를 바래 "유왕산(留王山)"이란 이름을 붙였다고 한다.

당나라를 원망하는 산이라 하여 원당산이라 불리기도 하는 사당산에는 유왕산보다 더 적극적인 이야기가 전해온다. 사당산에 백제의 무사들이 모여 포로로 잡혀가는 의자왕과 왕자들을 구하기로 모의하고 숨어 있다가 지나가는 당나라 군대에게 활을 쏘며 습격하여 사당산이란 이름이 생겼다는 것이다. 이 싸움으로 끌려가던 의자왕이 잠시 멈추게 된 곳이 유왕산이라는 이야기도 있다. 망배산 전설은 유왕산에 너무 많은 사람들이 몰려 그곳으로 가지 못한 자들이 대신 망배산에 올라가 끌려가는 의자왕을 향해 마지막 절을 올렸기 때문에 망배산이라 부르게 되었다는 줄거리이다.

충청남도 무형문화제 제4호로 지정된 「산유화가」는 여러 종류의 노래가사가 있지만, 백제의 패망과 인생의 무상함을 노래하고 있다는 점에서는 공통성을 보인다. 오늘날 부여국악원을 중심으로 불리고 있는 「산유화가」는 모두 여덟 개의 소리로 이루어져 있는데, 그중 여덟 번째 맺음소리는 "산유화야 산유화야 우리 성군 만만세요."라고 하여 의자왕을 성군으로 표현하고 있다.

의자왕에 대한 부정적인 묘사와 비현실적인 괴담들로 얼룩져있는 『삼국사기』의 역사기록과 달리 의자왕을 향한 백제 유민들의 애틋한 정서가 반영되어 있는 이들 전설과 노래는 우리로 하여금 의자왕을 둘러싼 각종 미스터리에 대해 새롭게 해석해보도록 요구하는 것 같기도 하다.

사실 의자왕 본인의 군주로서의 통치행위와 관련된 평가문제 말고도 의자왕을 둘러싼 미스터리는 한두 가지가 아니다.

선화공주로 상징되는 의자왕의 어머니 문제, 좌평에 임명했다는 41명의 왕서자와 관련된 의자왕의 자식 문제, 부여풍과 부여융, 그리고 부여효를 둘러싼 의자왕의 태자 문제, 『삼국사기』에 나오는 의자왕 말기의 각종 괴담 문제, 웅진방령 예식을 둘러싼 의자왕의 항복 문제, 이외에도 요즘 새로운 논쟁거리로 되고 있는 의자왕이 일본에 선물했다는 바둑판 문제, 의자왕 즉위 5년째 되는 정관(貞觀) 19년, 즉 645년에 제작되어 최근 공산성에서 출토된 옻칠갑옷 문제, 사비도성이 함락 당할 위기에 놓였을 때 부여 능산리 고분군과 나성 주변 능사(陵寺)의 땅속에 급히 묻은 것으로 보이는 백제금동대향로 문제 등은 모두 우리가 앞으로 풀어야 할 여러 가지 미스터리들을 간직하고 있다고 보아도 좋겠다.

문학과 역사의 차이

문학에서도 역사를 다룰 수 있고 역사에서도 문학에 관심을 가질 수 있다고 본다. 역사적인 내용을 소재로 글을 쓰는 오늘날의 극작가들뿐만 아니라 우리가 즐겨 읽는 소설 『삼국지』처럼 고전적인 문학작품 중에도 역사소설이나 역사적인 인물이 주인공으로 등장하는 통속소설은 얼마든지 존재한다. 역사가 또한 문학에 관심을 갖고 시나 수필 등을 쓴다고 하여 이상하게 생각할 사람은 없을 것이다. 중국 송대의 역사가로 『신당서(新唐書)』와 『신오대사(新五代史)』를 집필한 구양수(歐陽脩)가 문학 활동으로도 인정을 받아 "당송팔대가(唐宋八大家)"에 들어간 사실은 이미 오래 전부터 문학과 역사가 불가분의 관계를 맺어왔음을 알게 해준다.

자신의 연구내용을 글로 발표해야 하는 이상 역사가도 문학적인 능력을 키우기 위해 노력하지 않으면 안 된다. 역사학의 성격을 말할 때 사료의 수집과 분석과정에서는 과학적인 성격, 연구결과에 대한 역사적인 의미부여에서는 철학적인 성격, 문장으로 서술하는 과정에서는 예술적인 성격을 가지고 있어야 한다고 흔히 지적하는데, 여기에서 말하는 예술적 성격이 곧 역사가는 아름다운 문장으로 역사의 품격을 높여서 사람들을 이해시키고 감동시켜야 한다는 의미를 내포하고 있는 것이다.

학문적인 성격에서만이 아니라 문학과 역사는 그 실천과정에서 서로 많은 것을 주고받기도 한다. 문학이 역사로부터 여러 가지 이야기 거리를 제공받기도 하고, 반대로 역사가 필요로 하는 소중한 자료들을 문학이 공급해주는 역할도 한다. 예를 들어 구비문학인 신화와 전설은 역사사실 자체는 아니지만 그 안에 역사성이 담겨있는 것은 분명하다. 때문에 연구자료, 즉 사료(史料)가 부족한 시대를 연구하는 역사가에게는 신화와 전설이 단순한 흥미위주의 이야기가 아니라 그 시대 사람들의 의식구조나 사회상을 이해하는데 중요한 역할을 하는 것이다. 또 역사기록만으로는 해결하기가 쉽지 않은 특정한 시대 사람들의 생활모습을 이해하고자 하는 생활사 중심의 역사연구를 할 때에도 문학에서 다루어지는 인간의 다양한 삶의 모습이나 시대상황에 대한 각종 세밀한 묘사 등이 소중한 사료로서의 역할을 해주기도 한다.

이처럼 문학과 역사는 소통하며 영향을 주고받지만, 두 학문의 영역이 다른 것은 분명한 만큼 추구하는 각자의 목적이나 역할 역시 차이가 많다. 그래서 엄밀히 말하면 문학에서 다루어지는 역사는 역사가 아니고, 역사에서의 문학은 문학이 아니라고 말해도 좋으리라고 본다.

전남대학교 나경수 교수는 문학과 역사의 차이를 언급하며 문학을 "꿈", 역사를 "현실"에 비유한 적이 있다. 두 학문의 차이에 대한 표현이 인상 깊다. "달빛에 물들면 신화가 되고, 햇볕에 바래면 역사가 된다."는 글귀를 언제인가 읽은 기억도 난다. 신화는 구비문학으로서 문학의 범주에 들어가니, 이 역시 문학과 역사의 차이에 대한 설명으로 볼 수도 있다. 문학을 꿈과 달빛, 역사를 현실과 햇볕에 결부시킨 이들 표현에서도 알 수 있듯이 문학과 역사는 분명한 구별을 필요로 한다.

문학은 기록문학과 구비문학으로 대별된다. 시, 수필, 소설, 희곡 등 처음부터 글로 쓰여 읽히며 전해오는 기록문학과 달리 구비문학은 기억문학으로서 사람들의 기억에 의존해 말로 전해오다가 나중에 글로 쓰인 것이다. 대표적인 구비문학이 설화인데, 설화는 크게 신화, 전설, 민담 등 세 종류로 나누어볼 수 있다.

역사는 보통 기록으로서의 역사와 사실로서의 역사로 구분한다. 기록으로서의 역사는 역사가들이 쓴 역사책에 담겨 기록으로 전해오는 내용들을 말하고, 사실로서의 역사는 과거 언제인가 사람들이 역사의 주인공으로서 일으켰거나 만들어낸 실제 사건 또는 사실 자체를 뜻한다.

이상과 같은 외형적인 차이를 보면 문학과 역사가 내면적으로 상반된 가치를 추구하는 학문이라는 사실 또한 어렵지 않게 알 수 있다. 문학은 흥미위주의 창작을 중요시하며 허구적이거나 공상적이거나 희망적인 내용까지를 다루고, 역사는 있는 그대로의 사실을 중시하며 객관적이고 현실적이며 분석적인 내용을 기록으로 남기기 위해 힘쓴다. 역사에서 허황된 창작은 왜곡이 되지만, 문학에서는 왜곡이 창작으로서의 가치를 지닐 수도 있다.

그러므로 문학가와 역사가가 같은 인물을 놓고 평전을 쓴다면 그 내용은 상당히 다르게 나타날 것이다. 문학적 상상력에서는 시간과 공간과 현실을 뛰어넘는 자유로움이 인정되지만, 역사에서는 그 시간과 공간과 현실의 벽이라는 울타리 안에서 분명히 현실성을 갖는 경우에만 역사적 상상력을 발휘할 수 있기 때문이다.

그런데 우리 주변에는 역사성이 뛰어난 문학가의 글이 있는가 하면, 문학적인 허구의 틀을 벗어나지 못하거나 오히려 그 허구를 더 강조하면서도 그것이 잘못되었다는 사실을 깨닫지 못하는 역사가의 글도 있다. 역사성이 뛰어난 문학가의 글은 높은 평가를 받을 것이나 문학적인 허구로 채워진 역사가의 글은 비판을 면하기 어렵다. 왜곡의 껍데기를 벗겨내어 역사 속의 진실을 찾아야 하는 것이 역사가의 임무이기 때문이다. 이에 역행하는 견강부회나 허구적인 접근은 역사가에게 허용될 수 없고 허용되어서도 안 되는 금기조항이다. 그럼에도 사료부족의 어려움을 해결하는 과정에서 연구방법의 미숙함이나 잘못된 인식 혹은 의욕이 지나친 나머지 이러한 금기를 깨고 또 다른 왜곡을 만들어내는 예가 종종 눈에 띈다.

의자왕의 경우 역시 이러한 결과로 인해 많은 잘못된 인식이 우리 주변에 자리를 잡게 되었다.

왕조 멸망기의 역사기록

전통 왕조시대 중국인들의 역사기록 정신을 보여주는 내용이 다양하게 전해온다. 우리나라의 역사편찬에도 많은 영향을 준 이들 내용 몇 가지를 먼저 소개해보겠다.

첫 번째로 동호(董狐)의 직필(直筆)이란 뜻을 지닌 "동호지필(董狐之筆)"의 고사이다. 직필이란 어떤 것에도 구애받지 않고 있는 사실 그대로를 기록한다는 직서(直書)와 같은 의미이다.

춘추시대 진(晉)나라의 영공(靈公)은 폭군으로 승상 조순(趙盾)이 여러 차례 간언을 하자 오히려 자객을 보내 죽이려고 했다. 그런 영공을 조순의 사촌동생인 조천(趙穿)이 시해(弑害)했는데, 국경부근에 피신해 있던 조순은 그 소식을 듣고 도읍으로 돌아왔다. 그러자 역사기록을 담당한 관리, 즉 사관(史官)인 동호(董狐)는 "조순이 국군(國君)을 시해했다."라고 썼다. 조순이 항의하자 "국난 중에 승상이 도망간 것만 해도 잘못인데, 도읍으로 돌아와서도 범인을 처벌하지 않았으니 공식적으로는 승상이 시해자가 되는 것입니다."라고 동호가 대답했다. 훗날 이 일에 대해 공자(孔子)는 "동호는 훌륭한 사관이었다. 법대로 올바르게 기록하였기 때문이다. 조순 역시 훌륭한 신하였다. 법을 바로잡기 위해 오명(汚名)을 감수했기 때문이다."라고 평했다. 이때부터 동호는 중국에서 사관의 대명사로 되었다.

두 번째로 "최저시장공(崔杼弑莊公)", 즉 최저(崔杼)가 제(齊)나라 장공(莊公)을 시해한 사건과 관련된 고사이다.

제나라 실력자 최저가 자신의 부인을 탐하는 장공에게 불만을 품고 내란을 일으켜 장공이 최저의 부하들에게 살해당했는데, 제나라의 태사(太史)가 그 사건을 직서(直書)하여 "최저가 장공을 시해했다."라고 썼다. 화가 난 최저가 태사를 죽이니 그 동생이 다시 똑같이 썼고, 그래서 그를 또 죽이고는 그 아래 동생에게 겁을 주며 내용을 바꾸도록 협박했는데, 그 동생 역시 똑같이 썼다는 것이다. 그래서 결국은 최저가 탄식하며 포기하고 더 이상 문제로 삼지 않았다고 한다.

태사령(太史令)이나 태사공(太史公)이라고도 불리는 태사는 역사기록을 담당한 중국 고대(古代) 사관(史官)의 관직명으로 세습적인 성격을 지니고 있었다. 태사가 죽으면서 그 자리가 동생들에게로 계속 이어진 이유가 여기에 있다. 『사기(史記)』를 편찬해 중국 정사(正史)의 기본체제인 기전체(紀傳體)를 탄생시킴으로써 중국 역사학 또는 동양 역사학의 아버지라는 소리까지 듣는 사마천 역시 태사령으로 있던 아버지 사마담(司馬談)으로부터 그 자리를 이어받아 『사기』라는 위대한 역사서를 완성시킬 수 있었다. 반고 (班固) 역시 아버지 반표(班彪)의 역사편찬 작업을 이어받아 『한서(漢書)』를 만들었다.

중국 고대사회에서 사관의 자리가 후손들에게로 이어지는 이런 세습적인 성격 속에서 자부심 넘치는 사관들의 직업의식이나 투철한 사명감도 자리를 잡게 되었고, 그 결과 올바른 역사기록을 위해서는 죽음도 두려워하지 않는 불굴의 정신만이 아니라 실제로 『사기』나 『한서』와 같은 뛰어난 업적들도 만들어냈다고 생각한다.

세 번째로 "술이부작 신이호고 절비어아노팽(述而不作 信而好古 竊比於我老彭)"이라는 『논어(論語)』 술이편(述而篇)의 내용도 주목된다. 노팽(老彭)은 은(殷)나라 때의 대부(大夫)로서 상고(上古)시대의 고사(古事)를 찾아내고 기록하여 후대에 전한 저술가로 알려져 있다. 공자는 자신을 이런 노팽에 비유하면서 서술하되 창작하지 않으며 옛 것을 믿고 좋아한다고 했다. 다시 말해 옛날 일을 있는 사실 그대로 기술(記述)해야지 없는 내용을 허위로 만들어내서는 안 된다는 것이다. 유교 중심의 전통사회에서 공자가 차지하는 절대적인 위상과 『논어』가 유교 경전 사서(四書) 가운데 하나로 중시되던 분위기를 감안하면 "술이부작(述而不作)"이 유교적 가치관을 지닌 역사가들에게 얼마나 중요한 원칙이나 덕목으로 작용했을지 짐작할 수 있을 것이다.

네 번째로 「춘추직필(春秋直筆)」이라고도 표현하는 「춘추필법(春秋筆法)」을 역사기록의 중요한 정신으로 삼는 전통이 뿌리깊이 자리를 잡고 있었다는 것이다. 「춘추필법」은 위에 소개한 『논어』의 "술이부작"과도 통하는 내용이다.

노(魯)나라 은공(隱公) 초년(기원전 722)부터 애공(哀公) 14년(기원전 481)까지 12대 242년간의 노나라 연대기(年代記)인 『춘추(春秋)』는 1,800여 조(條)의 내용이 16,500여 자(字)로 이루어져서 간결한 서술을 특징으로 한다. 『맹자(孟子)』에 따르면 기원전 5세기 초에 공자가 지은 것으로 전해온다. 맹자는 "옳지 못한 설(說)과 포악한 행동이 행해지고, 신하가 임금을 죽이고, 자식이 아버지를 죽이는 자가 있어서 공자가 이런 세태를 두려워해 『춘추』를 지었다."고 말했다. 그리고 『춘추』 안에 공자의 깊은 뜻이 담겨있다는 이런 믿음이 『춘추』를 단순한 역사서가 아니라 유교 경전 오경(五經)의 하나로 인정받게 만들었다.

사마천은 『사기』에서 『춘추』에 대해 "그 문사(文辭)는 간략하지만 제시하고자 하는 뜻은 넓다." "『춘추』의 대의(大義)가 행해지면 곧 천하의 난신적자(亂臣賊子)들이 두려워하게 될 것이다."라고 설명하였다. 공자가 『춘추』를 집필할 때 사실만을 간략히 기록했을 뿐 설명이나 비평은 삼갔는데, 그러면서도 세 가지 원칙은 엄격하게 지켰다고 후대인들은 믿었다. 사건을 기술하는 기사(記事), 직분을 바로잡는 정명(正名), 선악(善惡)을 엄격히 판별하는 포폄(褒貶)의 원칙이 그것이다. 여기에 어긋나는 것은 철저히 배격했으며, 오직 객관적인 사실에 입각하여 용어도 철저히 구별하면서 올바른 역사(正史)를 기록한다는 신념으로 외압에도 굴복하지 않고 『춘추』를 완성시켰다는 것이다.

그리하여 이처럼 객관적인 사실과 대의명분에 따라 역사를 준엄하게 기록하는 논법을 「춘추필법」이라 부르며, 역사기록은 반드시 이 「춘추필법」의 정신에 입각해야 한다는 전통도 형성되어 전해오게 되었다.

이상의 내용들을 정리하면, 전통시대 중국의 역사가는 사실에 입각한 올바른 역사기록을 위해 목숨까지 바칠 수 있는 강한 신념과 사명감을 요구받고 있었다는 결론에 다다른다. 그리고 제대로 된 역사가라면 당연히 이러한 요구에 부응하려고 노력했을 것이다.

그러나 역사가가 선의(善意)의 책임감을 가지고 아무리 노력한다 해도 그것이 반드시 올바른 역사기록으로만 나타나지는 않는다는 사실 또한 인식할 필요가 있다. 역사가도 사람인 이상 개인적인 감정이나 선입관, 어쩔 수 없는 능력의 한계, 사회 환경이나 시대분위기의 영향을 받을 수밖에 없다. 그러므로 역사가들이 쓴 역사책 속에서 진실을 찾는 일이 결코 쉽지 않다는 사실도 우리는 잊지 말아야 한다.

그러면 역사가 개개인의 개인적인 문제는 논외로 하더라도, 이제 전통 왕조라는 시대적인 한계 속에서 역사가들 모두가 영향을 받을 수밖에 없었던 천명사상(天命思想)에 대해 언급해 보겠다.

하늘, 즉 천(天)을 조상신으로 여기던 서주(西周)시대 사람들이 은(殷)나라를 멸망시키고 천하를 차지한 자신들의 당위성을 강조하고 인정받기 위한 논리로 만들어낸 것이 천명사상이다. 이 사상에 의해 최고통치자인 주나라 왕은 하늘의 아들인 천자(天子)로서 조상신인 하늘의 명을 받아 천하를 다스린다는 정통성, 합법성, 신성성, 유일성을 확보하게 되었다.

다만, 『시경(詩經)』, 『서경(書經)』, 『역경(易經)』 등에서 하(夏)와 은(殷)을 거쳐 서주로 왕조가 교체한 이유를 군주의 실덕(失德)에 의해 천명이 바뀐 결과, 즉 혁명(革命)으로 묘사하고 있듯이 천명은 항구적이지 않고 바뀔 수도 있다는 것, 그러므로 군주는 항상 천(天)이 요구하는 덕(德)을 갖추고 있어야 한다는 수덕(修德)의 논리도 자리를 잡게 되었다.

『시경』, 「대아(大雅)」의 문왕지십(文王之什)에는 "천명은 항구적이지 않다(天命靡常)."고 나오고, 『서경』, 「우서(虞書)」의 고도모(皐陶謨)에는 "천은 덕(德)이 있는 자에게 명(命)한다." "천은 죄(罪)있는 자를 토벌(討)한다." 등의 표현이 보이며, 『역경』, 「혁괘(革卦)」에는 "탕무(湯武=殷의 湯王과 周의 武王)의 혁명(革命)은 하늘(天)에 따르고 사람(人)에 호응한 것이다."라는 설명이 나온다. 또 『서경』, 「주서(周書)」의 홍범(洪範)에는 천(天)이 우(禹=夏나라를 세운 禹王)에게 주었다는 9가지 규범 중 8번째로 자연의 여러 가지 징후에 대한 내용이 들어있는데, 잘되거나 잘못된 정치적 조치를 비·해·바람·더위·추위 등 구체적인 자연현상과 결부시키고 있어서 자연현상의 변화를 현실정치에 대한 천명의 표현으로 받아들이는 인식 역시 찾아볼 수 있다.

결국 이러한 천명사상은 전한(前漢) 무제(武帝) 때 유교의 국교화(國敎化), 즉 유교를 국가사상으로 삼는 과정에서 동중서(董仲舒)에 의해 하늘과 사람은 서로 감응한다는 「천인감응론(天人感應論)」과 「재이론(災異論)」이라는 유교적 정치사상으로 발전하여 후대의 역사가들에게 많은 영향을 주었다. 군주가 잘못된 행위를 하면 하늘이 천재지변(天災地變)의 재해(災害)를 일으키고, 그래도 잘못을 계속하면 괴이한 사건들을 통해 경고하며, 그래도 고쳐지지 않으면 천명을 거두어들이고 혁명, 즉 덕망이 있는 다른 사람에게 천명을 내려 새로운 나라를 세우게 한다는 것이 「천인감응론」과 「재이론」의 핵심내용이다.

수많은 왕조들이 흥망성쇠를 거듭한 중국의 역사기록에서 멸망시기에 군주의 실덕(失德)과 각종 재해, 그리고 괴변(怪變)들이 집중적으로 등장하는 현상은 어느 정도의 실상이 반영된 측면도 있겠지만, 동시에 정치사상으로서의 「천인감응론」과 「재이론」이 알게 모르게 승자(勝者) 입장에서 작용하여 사실 이상의 과장과 왜곡 및 극히 비현실적인 괴담들까지 거론되도록 만들기도 했고, 또 그 결과 사실이 어떠하든 왕조 멸망기의 마지막 군주는 그 멸망의 모든 책임을 떠안은 채 역사 속에서 가혹한 평가를 받을 수밖에 없도록 만들기도 했다는 것 또한 알아둘 필요가 있다.

중국 중심의 세계질서 속에서 동아시아문화권의 한복판에 놓여있던 우리나라도 역사편찬 과정에서 중국의 영향을 받지 않을 수 없었다. 『삼국사기』 의자왕본기의 의자왕에 대한 부정적인 내용이나 백제멸망을 상징하는 괴변과 같은 각종 역사기록 역시 천명사상에 바탕을 둔 「천인감응론」이나 「재이론」 속에서 이해되어져야 할 부분이 분명히 있다고 본다. 특히 『삼국사기』의 김유신(金庾信) 열전에는

이때 백제의 군신들은 사치와 음탕한 생활에 빠져 국사(國事)를 돌보지 않았기 때문에 백성이 원망하고 신령이 화를 내 재해와 괴이한 일들이 빈번하게 나타났다. 유신은 왕에게 아뢰기를 "백제는 무도(無道)하여 그 죄가

걸주(桀紂=夏 나라 桀王과 殷나라 紂王)보다 심합니다. 이는 진실로 하늘에 따르고(順天) 백성을 불쌍히 여겨(弔民) 죄를 토벌(伐)해야 할 때입니다."라고 말했다.

는 기록도 있는데, 백제 멸망의 모든 책임을 백제 내부의 무질서와 혼란 탓으로 돌리며 동중서의 「재이론」까지 동원하고 있는 이러한 내용은 승리자인 신라 입장에서 백제를 패배자로 바라본 『삼국사기』의 역사기록 속에 천명사상의 영향이 깊숙이 자리하고 있음을 보다 직접적으로 보여 주는 예라고 할 수 있겠다.

02

유년 시절

아버지 무왕의 시대

의자왕의 아버지인 무왕(武王)은 600년 5월 법왕(法王)이 죽자 백제 30대 왕으로 즉위하여 641년 3월 사망할 때까지 41년 동안 백제를 다스렸다. 이름은 장(璋)이고 법왕의 아들이며 "풍채와 거동이 아름답고 호걸다웠다(風儀英偉)."고 『삼국사기』에 소개되어 있다. 『삼국유사(三國遺事)』에는 "기량(器量)이 커서 예측하기 어려웠다(器量難測)."고 나온다. 무왕이란 호칭은 죽은 뒤에 정해진 시호(諡號)이다. 이 시호와 관련하여 "고본(古本)에는 무강(武康)이라고 했지만, 그것은 잘못된 것으로 백제에는 무강이 없다."고 지적해놓은 『삼국유사』의 내용을 보면 무왕을 무강으로 표기한 옛 책도 전해오고 있었던 모양이다.

시호는 황제나 왕, 또는 관료들이 죽은 뒤 그의 공덕을 찬양하여 추증(追贈)하는 호칭이다. 『삼국사기』나 『삼국유사』나 모두 무왕으로 소개하고 있어서 우리는 이에 따라 무왕이라고 부른다. 그러나 시호를 정할 당시의 상황을 오늘날의 우리는 알 길이 없고, 무왕이 죽은 뒤 500년에서 600년 이상의 시간이 지난 고려시대에 살았던 『삼국사기』와 『삼국유사』의 편찬자인 김부식이나 일연도 그것은 마찬가지였으리라고 본다.

따라서 시호를 만들 때 단순히 "무(武)"라는 한 글자만으로 정한 것인지, 아니면 무왕의 고조부(高祖父)인 무령왕(武寧王)처럼 "무강(武康)"이란 두 글자로 정했는데 줄여서 "무"라고 한 글자로 부르게 된 것인지, 그것도 아니면 "무"와 "무강"이란 두 명칭을 후보에 올려놓고 고민하다가 "무강"을 탈락시키고 "무"로 최종 결정한 것인지 그 내막은 알 수가 없다. 다만 시호에 "무"가 들어가는 무령왕의 경우 두 글자인 것을 보면, 무왕 역시 고본의 내용처럼 "무강"이란 두 글자를 시호로 삼았을 가능성도 무조건 부정해서는 안 될 것 같기도 하다. 혹은 시호를 논의하는 과정에서 "무강"이 후보에 올랐다가 "무"에게 밀렸다고 해도 이 "무강" 역시 비공식적으로는 무왕의 또 다른 시호나 시호에 준하는 호칭으로 여전히 인식되었을 수도 있고, 따라서 고본과 같은 책에서 "무강왕"으로 표기했을 지도 모를 일이다.

여하튼 시호에 "무"가 들어간 백제왕은 무령왕과 무왕 두 명분이다. 생전의 활동내용이 반영되어 있는 시호에 "무"가 들어갔다는 사실은 두 사람 모두 군사 분야에서의 치적(治積)을 인정받았음을 알게 해준다. 백제의 25대 무령왕과 30대 무왕의 활동 시기는 웅진시대와 사비시대로 서로 다르지만, 백제의 역사 속에서 두 사람이 담당했던 역할이나 군사적으로 이루어놓은 성취 및 이로 인해 높아지게 된 백제의 대내외적인 위상 등에서는 비슷한 모습이 꽤 많이 보인다. 그래서 시호에도 같은 "무"가 들어간 것으로 여겨진다.

그런데 여기에서 그치지 않고 이들 두 사람이 구축해 놓은 성공적인 기반 위에서 즉위한 성왕과 의자왕은 백제왕으로서 각자 최선을 다한 것으로 보이지만, 이번에는 반대로 대외적인 문제에서 신라 때문에 두 사람 모두 불행한 운명을 맞게 되는 비운의 주인공으로 나타나 또 다른 공통성을 느끼게 해주고 있다. 역사의 무상함을 보여주는 백제사의 이 부분 또한 우리로 하여금 많은 것을 생각해보게 만드는 역사 속의 한 장면으로 눈길을 끈다.

백제는 처음에 지금의 서울인 한성(漢城)을 수도로 삼았다가 한성이 고구려에게 점령당하고 개로왕까지 살해당한 상태에서 문주왕이 현재의 공주인 웅진(熊津)으로 수도를 옮겼고, 다시 성왕 때 부여인 사비(泗沘)로 천도(遷都)하였다. 그러므로 초기 도읍지로서 백제의 고향과도 같은 한성을 고구려에게 빼앗기고 웅진으로 쫓겨나게 된 백제의 위상은 형편없이 추락할 수밖에 없었다. 그러나 63년간 이어진 웅진시대의 기간 동안 문주왕에서 삼근왕과 동성왕을 거쳐 무령왕 시대에 오면 백제는 다시 천도 당시의 추락한 위상을 회복하고 대내외에 자신감을 내보일 만큼 국력을 회복한 것으로 나타난다.

『양서(梁書)』와 『남사(南史)』의 백제전에는 보통(普通) 2년(521) 무령왕이 양(梁)나라 무제(武帝)에게 사신을 보내 표문(表文)을 올리면서 "고구려를 여러 번 격파하여 이제 비로소 교류(通好)가 가능해졌고, 백제는 다시 강국(強國)이 되었습니다."라고 말한 내용이 보인다. 523년 무령왕이 사망하기 2년 전의 일이며, 512년 사신을 보낸 이후 9년 만에 다시 사신을 파견하며 밝힌 내용이다. 그리고 양 무제는 이러한 무령왕을 칭찬하며 「사지절(使持節) 도독백제제군사(都督百濟諸軍事) 영동대장군(寧東大將軍) 백제왕(百濟王)」의 작호(爵號)를 내려 위상을 높여주는 등 상당한 대우를 해주고 있다.

이렇듯 대내외적으로 자신감에 넘치는 무령왕 시대의 발전을 이어받은 성왕은 결국 한성지역을 탈환하여 백제의 오랜 숙원(宿願)을 이루어내는 성공적인 모습까지 보여준다. 538년 사비로 천도하고 13년째 되는 551년에 신라와 함께 북진하여 고구려로부터 한강유역을 빼앗은 뒤 백제는 한성 등 한강 하류의 6군(郡)을 차지하고, 신라는 한강 상류 10군을 소유하기로 한 것이다. 그리하여 백제와 신라의 동맹관계도 절정에 달하는 듯했으나, 553년 7월 신라의 진흥왕은 다시 한강 하류지역을 기습적으로 공격해 그곳마저 차지해버렸다.

고구려에 이어 이번에는 신라 진흥왕의 배신적인 행위로 한성 지역을 또다시 빼앗기는 아픔을 겪게 된 백제는 554년 7월 가야(伽倻)와 연합해 신라를 공격하였다. 그렇지만 관산성(管山城=충북 옥천) 전투에서 성왕이 전사하면서 백제는 참담한 패배만을 맛보았다. 한강유역을 신라에게 빼앗긴 채 성왕까지 전사하는 사건을 겪으며 국가의 영토와 위상에 심각한 타격을 입은 백제의 신라에 대한 감정이 악화되는 것은 당연한 귀결이라 할수 있다. 양국의 동맹관계는 깨지고 성왕의 복수와 한강유역의 땅을 되찾기 위해 백제는 이제 신라를 최대의 적으로 생각하며 수시로 공격하게 되었다.

백제는 성왕 전사 후 위덕왕이 45년간 재위하였고, 이어 2년 정도의 짧은 기간에 혜왕과 법왕이 차례로 왕좌에 올랐다가 무왕이 다시 의자왕 즉위 이전까지 41년간 백제를 다스렸다.

이 시기 『일본서기(日本書紀)』나 『삼국사기』의 백제본기와 신라본기를 보면, 위덕왕 재위기간 동안 중국에 대한 조공 기사가 12회, 책봉 기사가 3회 나타나고 있다. 이전 시기에는 개로왕 때의 조공 6회, 책봉 2회, 동성왕 때에는 고구려의 방해로 실패한 것 까지 합해 조공 6회, 책봉 4회가 가장 많은 경우이고, 무령왕 때는 조공 2회, 책봉 2회, 성왕 때는 조공 3회, 책봉 1회로 나오고 있어서, 이들 횟수와 비교하면 위덕왕이 국가의 대내외적인 체제정비와 위상확립을 위해 얼마나 힘을 기울였는지 알 수 있다. 동시에 신라나 고구려 등 외부세력에 대항하기 위하여 즉위 다음 해에는 일본에 군사원조를 요청하는가 하면 561년 7월, 562년 7월, 577년 10월 등 세 차례에 걸쳐서는 신라의 변경을 침공하기도 했다. 그러나 결과는 모두 실패로 끝났다. 특히 562년 7월에는 일본에서 건너온 지원군과 함께 신라공격에 나섰지만 패배하여서 백제의 군사력이 영토 확장사업을 활발히 펼치고 있던 진흥왕 시대의 신라보다 많이 약했음을 알게 해준다. 위덕왕이 이처럼 패배를 감수하면서 신라를 공격한 것은 백제의 신라에 대한 감정이 그만큼 좋지 않았음을 보여주는 것이다.

한편 짧은 기간 재위하여 제대로 된 통치모습을 보여줄 수 없었던 혜왕과 법왕을 거쳐 무왕시대에 오면 백제는 다시 새로운 국면을 맞게 된다.

무왕이 죽었을 때 당 태종이 소복하고 곡(哭)을 했다는 기록이 『구당서(舊唐書)』 백제전에 보일 정도로 무왕은 중국과의 교류를 돈독히 하여 중국 중심의 세계질서 속에서 자신의 국제적인 위상을 인정받는데 성공했다. 그러면서도 수나라의 고구려 원정 때에는 두 마음(兩端)을 품고 있다는 말이 나올 만큼 국제관계의 흐름에 신경 쓰면서 자국의 이익을 우선시하는 태도도 보여주고 있다. 동시에 신라에 대해서는 가능한 범위 내에서 군사활동을 멈추지 않았다.

무왕의 신라에 대한 공격은 크게 두 방향으로 전개되었던 것 같다. 하나는 소백산맥을 넘어 신라의 서쪽 경계선을 깊숙이 침투해 들어가는 것이고, 또 하나는 북쪽으로 한강유역을 탈환하고자 기회를 노리는 것이었다. 신라 진흥왕의 한강유역 탈취와 백제 성왕의 전사로 악화된 양국 간의 관계가 무왕 시기 백제의 왕권이 안정되고 군사력이 강화됨에 따라 양국이 본격적인 무력충돌의 단계로 진입하게 만드는 결과를 가져온 것이다.

『삼국사기』의 백제본기와 신라본기에 의하면, 무왕 때 백제의 신라에 대한 공격은 12번, 신라의 백제에 대한 공격은 2번 보이고 있어서 백제가 신라를 일방적으로 몰아붙이는 모습으로 나타난다. 그러면서도 승패의 기록은 백제의 승리 5번, 신라의 승리 5번, 승패가 분명하지 않은 경우 4번이어서 양국의 군사력은 별 차이가 없었던 것으로 느껴지는데, 위덕왕 때와 비교하면 백제의 군사력이 41년에 걸친 무왕의 치세(治世) 기간 동안에 상당히 성장하였음을 알 수 있겠다.

따라서 신라에 대한 백제의 군사적인 압력은 그만큼 커지게 되었고, 여기에 고구려도 수시로 위협해오는 상황이었기 때문에 신라는 문제 해결을 위해 중국에 도움을 요청할 수밖에 없었다. 그리하여 중국의 간섭이 시작되면서 신라에 대한 무왕의 공세적인 군사 활동은 어려움에 봉착하였고, 결과적으로 양국 간의 영토 다툼은 해결되지 않은 채 의자왕 시대로 넘어가게 되었다.

중국과 신라 사이에서 고민에 빠진 백제

무왕 때 백제와 신라의 관계를 이해하기 위해서는 양국 간에 형성된 한반도 내부 문제 만이 아니라 중국과 일본까지를 포함하는 동아시아 국제관계의 전체적인 흐름도 살펴보아야 한다. 특히 우리나라와 중국의 각 왕조들은 중국에 대한 조공(朝貢) 및 중국으로부터의 책봉(冊封)이라는 중국 중심의 독특한 세계질서 속에서 서로 교류하며 불가분의 관계를 맺어왔다.

3천여 년 이전의 은(殷)·주(周) 시대부터 중국은 주변의 모든 민족까지를 포함하는 "천하일국(天下一國)"의 봉건적 세계구도를 만들어 놓고 있었다. 맹자가 『시경』의 문장을 인용하여 "넓은 하늘 아래 왕의 땅이 아닌 곳이 없고, 땅 끝까지 왕의 신하 아닌 자가 없다(普天之下 莫非王土 率土之濱 莫非王

㊦).”라고 선언한 것은 중국 중심의 “천하일국” 세계관을 잘 보여준다. 조공 및 책봉 관계는 이런 세계관이 현실로 나타난 것이라 할 수 있다.

그러므로 조공 및 책봉 관계의 성립은 전통 왕조시대의 동아시아 국가들이 “천하일국”으로 구성된 중국 중심의 봉건적 세계질서 속에 흡수되어 자주성을 잃어버릴 수도 있는 위험한 정치이론 위에서 이루어지는 것이었다. 그렇다면 주변 국가들은 왜 조공 및 책봉 관계에 스스로 뛰어들었을까. 이를 이해하려면 우선 이념과 현실 사이에 늘 괴리가 존재할 수밖에 없다는 평범한 진리를 주목해야 할 것 같다.

“천하일국”의 봉건적 세계구도는 중국의 실제 통치영역을 벗어난 지역까지 포괄하는 것이어서, 중국이 아무리 “천하일국”을 외쳐도 그것이 말처럼 현실로 되기는 어려운 이상향이었다. 때문에 조공 및 책봉의 실질적인 성격을 파악하려면 이에 참여하고 있는 각국의 입장에 대한 충분한 분석이 있어야 한다.

먼저, 중국 입장에서 보면, 주변 국가를 하나하나 다 직접 지배하면서 중국화 시키기가 불가능한 상황에서 “천하일국”의 이상을 실천에 옮기려 할 경우 택할 수 있는 최선의 방법이 조공 및 책봉의 국제관계였다. 주변 국가의 왕들은 중국 황제에게 신하로서의 예를 갖추며 자신이 다스리는 지역의 생산물(方物)을 조공품으로 바치고, 황제는 이에 대한 답례로 중국의 특산물을 하사하고 중국식 관작(官爵)을 수여하면서 그 왕과 지배계급들의 지위를 정치적으로 보장해주는 이 조공 및 책봉의 관계를 통해 중국 황제는 국내에서는 물론 국제사회에서도 “천하일국”을 지배하는 최고 통치자로서의 권위와 힘을 인정받을 수 있었던 것이다.

따라서 조공 및 책봉의 국제질서에 위협을 주거나 그것을 단절하는 행위는 곧 중국 황제의 권위에 대한 도전으로 인식됨으로써 이에 대해서는 정치적으로 사신을 파견해 간섭하거나, 그래도 안 되면 군사행동을 통해 강압적으로 질서유지를 도모하려 하였다. 그런데 이 경우에도 중국의 궁극적인 목적은 주변 국가를 완전히 식민지로 만들거나 그들의 영토소유권 자체를 빼앗으려 한 것이 아니라, 그 지역에 친중국(親中國) 정권을 계속 유지시켜 조공 및 책봉 관계가 아무런 문제없이 수행될 수 있도록 만들어 놓으려 했던 것으로 나타난다. 이를 통해 볼 때 조공 및 책봉 관계 속에는 중국 황제를 중심으로 한 평화와 상호 공존의 원칙이 자리 잡고 있었음도 알 수 있다.

다음, 주변 국가 입장에서 보아도 조공 및 책봉은 명목상의 의미만 지니는 것이 아니라 실제로 정치·경제·사회·문화·군사 등 모든 분야에서 매우 필요한 것이었다. 즉, 전통 왕조시대 동아시아 국가들은 건국과정에서 두각을 나타내거나 선진문물을 받아들이거나 통치의 정당성을 얻거나 권력을 강화하거나 경쟁 국가를 압도하기 위한 방법으로 중국에 대한 조공과 중국으로부터의 책봉을 필요불가결한 요소로 받아들여야 하는 측면이 있었다.

그리하여 백제나 신라, 고구려가 중국과 맺고 있던 조공 및 책봉 관계도 피동적인 성격보다 능동적인 모습이 강하게 나타나는 경우가 많은데, 물론 이러한 현상은 현실적인 필요성의 정도 여하에 따라 수시로 달라질 수 있는 것이었다. 다시 말해 삼국이 중국 중심의 국제질서를 수용하고 있었다 하여 무조건 중국의 권위 앞에 복종한 것이 아니라, 자신들의 국가 이익을 우선시하며 필요한 경우에는 중국의 간섭을 벗어나 독자적인 행동을 하는 경우도 적지 않았던 것이다.

결국 한반도 삼국은 조공 및 책봉 관계를 통해 중국과 밀접하게 연결되어 있었으면서도, 삼국 간의 관계가 어떠했는가, 또는 각국의 통치자나 지배계급의 성향이 어떠했는가, 아니면 각국이 정치적·경제적·사회적·문화적으로 어떠한 상황에 처해 있는가 하는 요인에 따라서 중국에 대한 태도나 중국과의 교류가 여러 가지 변화를 보이며 시기마다 다르게 나타날 수 있었다.

이상의 내용을 종합하면, 조공 및 책봉의 국제관계는 명목상의 것만이 아니라 실제로도 중국을 중심으로 하는 질서체제이며 구체적인 정치구조였다고 할 수 있다. 다만 현실적으로 동아시아 국제사회에서 이러한 질서가 어느 정도나 제대로 통용되었을까 하는 문제는 또 별개의 사안이다. 현실에서는 중국이 이것을 항상 관철시키려 했다 해도 국내외적으로 여러 가지 문제나 한계 때문에 어려움을 겪을 수 있었고, 백제나 신라, 고구려 같은 주변국가 역시 각자 자기 나라의 이익을 계산하며 조공 및 책봉 관계를 복잡하게 활용하려 했기 때문에 이념적인 측면에서 나타나는 원칙상의 성격과 현실적인 성격 사이에는 늘 거리가 있을 수밖에 없다는 사실도 우리는 잊지 말아야 하겠다.

조공 및 책봉 관계는 보통 유가(儒家)의 왕도정치(王道政治)에서 사상적 기초를 찾으면서 그 형성배경을 세 가지로 나누어 이해하고 있다. 첫째는 사대모화(事大慕華) 사상을 가지고 자발적으로 이루어지는 경우, 둘째는 무력정벌에 의해 타율적으로 이루어지는 경우, 셋째는 위의 양자가 반반씩 섞여서 이루어지는 경우이다. 백제와 신라가 주로 첫째 경우에 해당한다면, 고구려에서는 첫째와 둘째, 셋째 경우를 모두 찾아볼 수 있다.

중국이 남북조(南北朝) 시대의 분열을 마감하고 수(隋)나라에서 당(唐)나라로 통일제국을 이어가던 시기에 즉위한 무왕은 백제의 발전을 위해 조공 및 책봉 관계를 더욱 적극적으로 활용하기 시작했다. 앞에서 지적했듯이 위덕왕 때 조공 12회, 책봉 3회로 그 횟수가 이전 시대보다 훨씬 늘어났었는데, 무왕 때에는 조공 21회, 책봉 1회로 더 비약적인 증가를 보여주고 있다. 이런 외형상의 횟수만이 아니라 무왕 때에는 백제와 중국의 조공 및 책봉 관계가 내용적으로도 새로운 발전단계에 진입한 것으로 나타난다.

무왕 시대의 조공 및 책봉 관계 기사 중 이전 시기와 다른 내용으로 주목되는 것 몇 가지를 뽑아보면 다음과 같다.

첫째, 이전 시기에는 단순히 방물(方物)이라고만 표현되던 조공품에 대한 기록이 무왕 때부터는 좀 더 자세히 과하마(果下馬), 광명갑(光明甲), 명광개(明光鎧), 철갑(鐵甲), 금갑(金甲), 조부(雕斧), 금휴개(金髹鎧) 등을 거론하는 경우도 많아져서 조공품목에 대한 구체적인 정보를 우리에게 알려준다.

둘째, 책봉 호칭으로 남북조시대에 부여되던 장군호(將軍號)가 수나라 때부터는 없어지고 북제가 581년 위덕왕에게 새롭게 수여한 대방군공(帶方郡公)의 명칭이 무왕이 즉위한 수나라 때까지 이어지다가 당나라 때인 624년에는 한 단계 높여서 무왕에게 대방군왕(帶方郡王)의 호칭이 주어졌는데, 이 호칭은 백제가 멸망할 때까지 백제의 최고 통치자들에게 변함없이 적용되었다.

셋째, 조공 및 책봉 관계를 기반으로 이루어지던 문화교류의 성격에서도 차이를 발견할 수 있다. 이전 시기에는 성왕 때처럼 중국의 학자나 기술자, 예술가들을 국내로 초빙해 학문과 기술, 기능을 전수받는 모습으로 나타나지만, 무왕은 본인이 사망하기 바로 직전의 해까지 628년, 632년, 640년 세 번에 걸쳐서 유학생들을 중국으로 파견해 현지에서 중국의 문화를 직접 보고 들으며 배워오도록 하는 보다 적극적인 자세를 보여주고 있다.

넷째, 문화적인 측면만이 아니라 조공품목으로 갑옷과 무기류가 자주 언급되고, 611년과 627년의 경우 전략사신(戰略使臣) 및 사죄사(謝罪使) 등의 파견도 눈에 띄고 있어서, 조공 및 책봉 관계에서 군사적 · 정치적인 측면의 비중이 커지고 있음도 느낄 수 있다.

이처럼 중국과의 교류를 중시하여 조공 및 책봉 관계를 적극적으로 활용해 나가면서도, 신라에 대해서는 군사 활동을 멈추지 않았던 무왕의 계책이 중국 때문에 어려움을 겪게 된 상황을 『삼국사기』 백제본기는 잘 보여주고 있다. 무왕 28년(627) 7월 신라에게 빼앗긴 땅을 되찾기 위해 군사를 크게 일으켜 웅진에 주둔하였다가 신라 진평왕이 이 말을 듣고 당나라에 사신을 파견해 위급함을 알리자 그만두었다는 기록이 그것이다. 또 다음달 8월 무왕이 조카 복신(福信)을 당나라에 보냈을 때는 당 태종이 왕에게 글을 보내 신라와의 싸움을 멈추라고 하여 무왕은 사신을 파견해 사과의 뜻을 표했다는 내용도 보인다. 그러면서도 비록 겉으로는 순응하는 것같이 말했지만, 속으로는 여전히 서로 원수처럼 여겼다는 사실 역시 기록해 놓고 있다.

627년 7월 신라를 겨냥하여 군사를 동원했다가 취소하자마자 바로 8월에 무왕이 조카 복신을 조공사신으로 보낸 이유 중에는 신라에 대한 백제의 억울한 입장을 설명하여 당나라의 이해를 얻어내려는 목적도 있었지 않을까 생각한다. 그러나 백제와 신라의 과거 역사보다 지금 당장 한반도 삼국이 평화를 유지하는 가운데 중국 중심의 "천하일국" 세계질서가 바로 잡히기를 더 원했던 당 태종은 수세적인 신라 편에 서서 공세적인 백제의 행동을 제지하려 하였고, 그리하여 무왕 또한 내심으로는 원하지 않았어도 당 태종의 권유를 받아들여 중국에 사죄사(謝罪使)까지 파견하면서 일단 신라에 대한 억울한 감정과 공세적인 입장을 거두어들인 것으로 보인다.

무왕과 당 태종 사이에 얼마나 깊은 인간관계가 형성되어 있었는지 알게 해주는 『구당서(舊唐書)』 백제전의 기록, 즉 무왕이 죽었을 때 당 태종이 소복하고 곡(哭)을 하며 부물(賻物)로 비단 200단(段)을 보냈다는 내용은 신라에 대한 공격보다 중국과의 관계를 더 중요하게 생각하며 처신한 무왕의 노력이 가져온 결과라고 보아야 할 것 같다. 다만, 무왕의 당시 결정은 외형상의 것으로서 백제와 신라 양국 간의 문제가 근본적으로 풀린 것은 아니기 때문에 이러한 분위기는 태자였던 의자왕에게 그대로 영향을 줄 수밖에 없었다. 따라서 의자왕은 즉위 이후 무왕이 해결하지 못한 과제를 계승함은 물론 무왕의 한계를 극복하기 위해 좀 더 새로운 정치적인 선택도 불사하는 모험까지 감행한 것으로 나타난다.

무왕의 원자(元子)로 태어나다

의자왕의 출생에 대해서는 무왕의 원자라는 것 말고 알려진 것이 거의 없다. 백제가 신라와 당나라 연합군에게 점령당한 해인 660년 11월에 사망한 것은 분명하지만, 그때의 나이를 모르기 때문에 당연히 태어난 시기도 알지 못한다. 무령왕처럼 무덤에서 나온 지석(誌石)이나 의자왕의 태자 부여융처럼 묘지명이라도 발견된다면 많은 내용이 밝혀질 수 있을 텐데, 의자왕의 경우는 아직 그렇지 못하다.

2016년 부여군문화재사업소와 백제고도문화재단 사비도성연구단에서는 『의자왕과 백제유민의 낙양 행로』(주류성 출판사)를 발간하여 당나라 소정방의 포로가 된 의자왕이 중국 낙양으로 끌려갔다가 그곳에서 최후를 맞이하기까지 의자왕이 거쳐 갔을 행로(行路) 및 죽어서 묻힌 것으로 추정되는 무덤 등을 조사해 공개한 바가 있다. 중국에서는 천하의 명당자리로 인정을 받아 오랜 옛날부터 수많은 황족(皇族)과 고관대작(高官大爵)들이 죽어서 묻힌 낙양 북쪽의 망산, 즉 북망산(北邙山)에 의자왕도 묻혔는데, 다른 무덤들과 마찬가지로 의자왕 무덤 역시 도굴되어 지금은 완전히 비어있는 상태이다. 그러니 의자왕의 묘지명이 남아있을 리 없다.

물론 의자왕처럼 북망산에 묻혔지만 무덤의 위치조차 알지 못하는 부여융 묘지명이 1920년에 발견된 것을 보면 의자왕의 묘지명 역시 언제 어딘가에서 발견될지도 모를 일이다. 그러나 의자왕이 사망할 당시의 상황을 생각하면 의자왕 묘지명은 처음부터 만들어지지 않았을 가능성도 있다.

사비도성 함락 5일 만인 660년 7월 18일 의자왕이 웅진성을 나와 항복하자 소정방은 8월 2일 승전 축하연과 의자왕의 항복의식을 가진 뒤 9월 3일 의자왕과 왕족 및 그 신하 93명과 백성 12,000명을 데리고 당나라로 돌아갔다고 『삼국사기』 신라 태종무열왕본기에 나온다. 백제 의자왕본기에는 좀 더 자세히 의자왕 및 태자 효(孝)와 왕자 태(泰)·융(隆)·연(演) 및 대신장사(大臣將士) 88명과 백성 12,807명을 데려갔다고 되어있다.

그리고 『자치통감(資治通鑑)』 당기(唐紀)16, 고종(高宗) 현경(顯慶) 5년 11월조에 의하면, 그해 11월 1일에 고종은 낙양성의 측천문루(則天門樓)에서 이들을 받아들인 뒤 의자왕 이하 모두를 용서하고 풀어주었다고 한다. 이와 같은 내용은 『구당서』와 『신당서』의 백제전, 『삼국사기』 의자왕본기, 『일본서기』 제명천황(齊明天皇) 6년 7월조에 소개되어 있는 「이길련박덕서(伊吉連博德書)」 등에도 모두 소개되어 있어서 사실로 받아들여진다. 다만 태자 문제는 태자를 효(孝)로 소개하고 있는 『삼국사기』와 달리 「대당평백제국비명」, 「유인원기공비(劉仁願紀功碑)」, 『구당서』, 『신당서』, 『자치통감』, 『일본서기』 등 중국과 일본의 모든 역사서 및 우리나라의 『삼국유사』 등이 융

(隆)으로 기록해 놓고 있어서 『삼국사기』의 기록을 받아들이기 어렵게 만들고 있다.

수나라를 이어받아 서도(西都) 장안(長安)과 동도(東都) 낙양(洛陽)의 양경(兩京)체제로 국가를 운영한 당나라의 동도 낙양궁성에는 남문이 세 개 있었다. 그중 가운데 중문을 "응천문(應天門)"이라 불렀는데, 고종의 황후이자 고종이 죽은 뒤에 황제의 자리에까지 오른 측천무후의 호(號)를 따서 이 문의 이름을 "측천문"으로 바꿨다가 뒤에 다시 "응천문"으로 환원시켰다고 『자치통감』에 나온다. 중국으로 끌려간 의자왕이 660년 11월 1일 낙양의 측천문 아래에서 당 고종의 일장훈시(一場訓示)를 듣고 풀려난 때가 바로 낙양성 중문의 이름까지 바꿀 정도로 측천무후의 영향력이 강화되어 나가던 시기였다.

여하튼 의자왕은 사면(赦免)되어 낙양에서 어느 정도 자유로운 생활을 할 수 있을 정도로 예상 밖의 대접을 받은 것이 분명하다. 하지만 『구당서』 백제국전에 보면 중국으로 끌려 간지 며칠 만에 사망한 것으로 나오고, 『신당서』 백제전에는 병사(病死)했다고 기록되어 있다. 현재로서는 의자왕의 자세한 사망원인을 알기 어려우나, 상당한 고령(高齡)이었을 것으로 여겨지는 만큼 항복하고 중국으로 끌려가면서 느꼈을 심각한 마음의 상처와 중국까지의 긴 여정에서 겪었을 극심한 육체적 피로감, 거기에 노환(老患) 등이 겹쳐서 결국 병사한 것이 아닐까 싶다.

그리고 의자왕이 죽자 당나라에서는 정3품에 해당하는 "금자광록대부 위위경(金紫光祿大夫 衛尉卿)"을 추증(追贈)하고 백제의 옛 신하들이 가서 곡(哭)을 할 수 있도록 특별히 허락했으며, 손호(孫皓=삼국시대 吳나라 마지막 황제)와 진숙보(陳叔寶=남조 陳의 마지막 황제)의 무덤 옆에 장사(葬事)를 지내고 비석도 세우도록 해주었다는 내용이 『구당서』 백제국전에 보인다. 또 『신당서』 백제전에는 의자왕의 장례가 끝난 뒤 그 태자인 부여융에게 종3품에 해당하는 벼슬인 사가경(司稼卿)을 제수하는 등 전쟁포로답지 않은 파격적인 대우를 해주는 내용도 보이고 있어서 눈길을 끈다.

패망의 군주로 멀고 먼 이국의 땅까지 끌려와 죽음을 맞게 된 초라한 신세로 전락했지만, 그래도 한 나라의 왕으로 대접해주며 옛 신하들이 찾아가 장례를 지낼 수 있게 해준 당나라의 배려를 보면, 의자왕의 장례절차는 나름대로 격식을 갖추어 진행되었을 것으로 여겨진다. 비석도 세웠으니 당연히 묘지석을 만들어 무덤 속에 안장했을 법도 하다. 중국으로 끌려간 의자왕의 신하들 중 의자왕 묘지명을 작성할 정도의 식견을 갖춘 인물은 많았을 것이므로 충분히 가능한 일이다.

그러나 또 한편으로 생각하면, 낯설고 물선 당나라까지 먼 길을 끌려와 심적으로 매우 위축되고 불안과 초조함에 휩싸여 발을 제대로 뻗고 지내기도 어렵게 된 상태에서 설상가상으로 자신들의 왕까지 사망하는 일이 발생했으니, 장례절차를 정상적으로 밟기는 쉽지 않았으리라는 점 또한 염두에 두어야 한다. 중국에 끌려온 백제 인들을 사로잡고 있었을 열등감과 패배의식 및 그들을 바라보는 주변의 편치 않은 시선 속에서 비석을 세우는 일은 허락받았지만, 사실 의자왕도 내세울 것 하나 없게 변해버린 참담한 상황에서 의자왕의 묘지명 작성까지 주장하거나 시도하기는 힘들었을 것 같기도 하다.

이런 저런 점을 감안하면 의자왕에 대한 보다 정확한 정보를 제공해줄 묘지명과 같은 자료는 기대하기 어려울 수도 있다. 다만 의자왕의 묘 앞에 비석을 세운 것은 분명하니, 온전하면 더 좋고 그렇지 않더라도 그 비문의 파편 일부라도 어디선가 발견되면 좋겠다는 바람을 가져본다.

현재 우리가 알 수 있는 의자왕의 출생에 대한 정보는 『삼국사기』 의자왕본기의 앞부분에 소개되어 있는 내용이 전부다. 무왕의 원자로 용맹스럽고 담이 크며 결단성이 있었다는 것, 무왕 재위 33년(632)에 태자가 되었는데 어버이를 효도로써 섬기고 형제와 우애롭게 지내 당시에 해동증자(海東曾子)라 불렸다는 것, 무왕이 죽자 태자로서 뒤를 이어 즉위했다는 것 등이 그것이다.

이들 내용은 부정할 수 없는 사실일 것이다. 그러나 이 사실들 속에도 우리의 궁금증을 유발시키는 의문점들이 여기저기 숨어있어서 의자왕의 출생을 둘러싼 미스터리는 아직도 풀리지 않은 것들이 많다. 여기에서는 일단 무왕의 원자라는 자식으로서의 서열 문제와 의자왕이 태어난 출생 시기에 대한 문제를 알아보고, 어머니 문제나 태자책봉 문제, 왕으로 즉위한 이후의 문제들은 제목이나 장(章)을 달리하여 살펴보도록 하겠다.

『삼국사기』 백제본기에서 왕위계승 기록을 조사해 보면, 몇몇 경우를 제외하고는 거의 아들이 후계자로서 직접 아버지의 뒤를 이어 왕위에 오르고 있다. 시조인 1대 온조왕(溫祚王)부터 31대 의자왕까지 30번에 걸친 왕위계승 가운데 부자세습(父子世襲)이 22번, 그렇지 않은 경우가 8번으로 나타난다. 물론 8번도 문주왕 아우인 곤지(昆支)의 아들(子)로 나오는 23대 동성왕(東城王) 말고는 모두 백제왕실 내의 혈연관계 속에서 이전 왕 누구누구의 아들이란 자격을 가지고 왕위에 오른 모습을 보여주고 있어서 백제의 왕위계승은 부자세습이 원칙이었음을 알게 해준다.

그런데 시조인 온조왕은 주몽(朱蒙)의 차자(次子)로 나오고 있고, 이후 왕위를 계승하고 있는 왕들을 보면 아들로서의 표현이 "장자(長子)", "원자(元子)", "이자(二子)", "중자(仲子)", "자(子)" 등 다양하게 나타난다. 전체 30번 중 "장자"가 9번, "원자"가 7번, "이자"가 5번, "중자"가 1번, 단순히 "자"로 나오는 경우가 8번이어서 "장자"와 "원자"가 차지하는 비율이 53% 정도

된다. 이중 부자세습이 직접 이루어진 22번의 경우만 보면 "장자"가 8번, "원자"가 6번, "이자"가 1번, "자"가 7번 나온다. "장자"와 "원자"의 비율이 64% 정도를 차지한다. 이 정도 비율이면 백제왕실의 왕위계승이 "장자"와 "원자"를 중심으로 이루어졌다고 받아들여도 좋을 것 같다. 직접 세습이 아닌 경우는 "장자"가 1번, "원자"가 1번, "이자"가 4번, "중자"가 1번 보인다.

이처럼 왕위계승자의 아들로서의 표현이 다양하게 나타나므로 의자왕에 대한 보다 구체적인 이해를 위해 이 문제부터 살펴보겠다.

아들은 적자(嫡子)와 서자(庶子)의 구분이 있고 첫째부터 막내까지 차례대로 태어나는 순서에 따라 서열도 정해지기 때문에, 이러한 부분을 제대로 설명해 놓지 않으면 특정 인물이 가족 내에서 형성하고 있을 부모와 형제 사이의 관계를 알아내는 일도 당연히 어려워진다. 『삼국사기』 백제본기의 왕위계승 관련기사에는 적자와 서자에 대한 내용이 들어있지 않아서 이 부분에 대한 정확한 사실관계는 알기 어렵지만 몇 가지 가능성을 생각해 볼 수는 있다.

우선 왕위계승 자격이 적자에게 있어서 당연히 적자와 관련된 일이므로 『삼국사기』 편찬자가 적서(嫡庶) 구분의 필요성을 느끼지 않았을 수도 있다. 그러나 20대 비유왕(毗有王) 즉위년(即位年) 기사에 보면 구이신왕(久爾辛王)의 장자(長子)로 소개하면서도 부수적으로 전지왕(腆支王)의 서자(庶子)라고도 하는데 어느 것이 옳은지 알 수 없다는 지적도 있고, 또 18대 전지왕(腆支王) 3년에는 서제(庶弟) 여신(餘信)을 내신좌평(內臣佐平)으로 삼았다가 다시 4년에 상좌평(上佐平)으로 삼아 군국(軍國)의 정사(政事)를 맡겼다는 내용도 보이고 있어서, 서자의 정치적인 위상은 물론이고 왕위 계승자격 자체도 무조건 부정하기는 어렵게 만든다.

그러므로 적자와 서자를 모두 염두에 두면서 가능성을 타진해보려 한다.

첫 번째로 "장자"는 맏아들, 곧 적자와 서자 구분 없이 아들 중에서 가장 먼저 태어난 큰 아들을 의미한다고 볼 수 있다. 다만, 적자만을 대상으로 삼으면서 그중 큰 아들인 "적장자(嫡長子)"를 "장자"로 표현하는 경우도 있을 수 있다.

두 번째로 "원자"는 보통 적자 중에서 장자인 "적장자"를 가리키지만, 적자가 없는 경우 서자 중 가장 먼저 태어난 큰 아들인 "장자"에게 "원자"라는 명칭이 붙여질 수도 있다. 따라서 "장자"와 "원자"는 명칭이 달라도 그 대상은 같을 수도 있고 다를 수도 있다.

세 번째로 "차자", "이자", "중자"는 모두 둘째 아들을 의미하는 표현이지만, 서자까지를 포함하는 전체 아들 중에서 둘째일 수도 있고, 적자 중에서 둘째를 가리킬 수도 있기 때문에 역시 분명하지가 않다.

네 번째로 "자"는 적자와 서자의 구분이나 형제간의 서열 등에 대한 정보를 몰라서 막연히 "자"로 표현했을 수도 있고, 아니면 서열이 낮거나 서자 출신이어서 그냥 "자"로 표현했을 수도 있다.

이렇듯 여러 가지 추측을 해볼 수 있는데, 중요한 것은 이들 표현이 모두 『삼국사기』의 백제본기를 편찬하면서 사용되고 있다는 사실이다. 따라서 『삼국사기』 편찬을 위해 수집하고 활용한 자료의 내용에 자세하거나 그렇지 못한 차이들이 존재하여서 표현을 다르게 할 수밖에 없었을 부득이한 측면도 생각해보아야 하겠지만, 반대로 정확한 사실관계를 나타내기 위해 편찬자들이 나름대로의 기준에 맞추어 표현을 의도적으로 다르게 한 부분도 있을 수 있다는 점 또한 간과해서는 안 되리라고 본다.

특히 가장 많이 등장하면서 서로 비슷한 측면도 있는 "장자"와 "원자"의 두 명칭은 표현이 분명히 다른 만큼 각기 정해진 기준에 따라 구분해서 사용되었다고 보는 것이 타당할 듯하다. 두 명칭이 갖는 차이점을 든다면 "장자"는 형제관계에서 형(兄)을 떠올리기 힘든 호칭이고, "원자"는 형의 존재를 생각할 수도 있는 호칭이라는 것이다.

그러면 이제 무왕의 "원자"인 의자왕의 자식으로서의 서열문제를 다루어 보기로 한다. 『삼국사기』 의자왕본기에는 의자왕에 대해 "형제들과 더불어 우애롭게 지냈다(與兄弟以友)."는 소개가 있고, 『구당서』 백제국전에는 "형제들과 우애가 있었다(友于兄弟)."고 나온다. "형제"는 형과 동생을 뜻하는 일반적인 명칭이고, "우우형제(友于兄弟)"라는 표현은 『시경』 「주서(周書)」의 군진(君陳)이나 『논어』 위정편(爲政篇)에 나오는 잘 알려진 말이므로 별다른 생각 없이 사용했을 수도 있지만, 의자왕에게 실제로 형과 동생들이 있었기 때문에 이 표현을 이용해 서로의 관계를 분명하게 나타내고자 했을 가능성도 배제할 수 없다. 만일 형이 없다면 형과 동생과 우애롭게 지냈다는 표현 자체가 성립되기 어려우므로, 이 표현에는 의자왕에게 형과 동생들이 모두 존재한다는 의미가 담겨있다고 보아도 좋을 것 같고, 그렇다면 무왕의 적장자로 태어나서 원자의 대접을 받은 의자왕에게는 적제(嫡弟)만이 아니라 서형(庶兄)과 서제(庶弟)도 존재했을 가능성 역시 크다고 하겠다.

다만, 형의 존재를 알게 해주는 좀 더 구체적인 자료가 없어서 아쉬운데, 동생의 경우는 백제의 정변(政變) 내용을 소개한 『일본서기』 황극(皇極天皇) 원년(元年=642) 2월조 기사에 "동생 왕자와 아들 교기(弟王子兒翹岐)"라 나오고 황극 2년 여름 4월조 기사에는 "백제국주의 아들 교기와 동생왕자가 함께 사신으로 뽑혀서 왔다(百濟國主兒翹岐弟王子 共調使來)."라고 하여 아들 교기와 함께 일본에 건너가 활동한 동생의 존재가 보이고 있다. 나중에 백제가 신라와 당나라 연합군에게 점령당한 뒤 일본에서 건너와 백제부흥운동 군을 이끌던 부여풍(扶餘豊=豊王)은 교기와 동일인물로 여겨지는데, 이 부여풍이 백촌강구(白村江口) 전투에서 패배하고 고구려로 도망갈 때 당나라에 항복한 부여충승(扶餘忠勝)과 부여충지(扶餘忠志)도 주목된다. 이들은 『구당서』유인궤(劉仁軌)전이나 백제국전에서 위왕자(僞王子)로 표현해 놓고 있다. 위(僞)라는 글자는 정통성을 인정하지 않으려 할 때 흔히 사용되는 것이므로 이들 역시 백제의 왕자임을 알게 한다.

그런데 『일본서기』백치(白雉) 원년(650) 2월 기사에는 "백제군(百濟君) 풍장(豊璋), 그 아우 새성(塞城), 충승(忠勝)…"으로 충승(忠勝)이 풍장, 곧 부여풍의 동생으로 여겨지게 하는 내용도 있고, 『일본서기』제명(齊明) 6년(660) 10월 기사에는 "왕자 풍장 및 처자와 그 숙부 충승 등을 보내고…(送王子豊璋及妻子與其叔父忠勝等…)"라고 하여 충승이 부여풍의 숙부로 여겨지게 하는 내용도 있다. "그 숙부"에서 "그"가 가리키는 대상을 바로 앞에 나오는 "처자"로 볼 수도 있겠지만, 아내와 자식을 뜻하는 복합어 처자의 숙부라는 표현 자체가 성립되기 어려우므로 왕자 풍장의 숙부로 보아야 자연스럽다. 따라서 풍장의 동생인 새성 다음에 충승의 이름이 나오고 있는 백치 원년 2월의 기사는 『일본서기』편찬자가 이름배치에 신경을 쓰지 않아서 나타나게 된 현상으로 여겨지고 실제로는 제명 6년 10월의 기사처럼 충승은 부여풍의 숙부로 받아들여야 할 것 같다.

그러므로 충승과 충지는 의자왕의 왕자가 아니라 무왕의 왕자로 보아야 하고, 의자왕과는 형제관계, 그것도 "위왕자(僞王子)"라 하여 "위(僞)"자를 붙인 것을 보면 의자왕의 서형(庶兄)이나 서제(庶弟)일 가능성이 큰 것으로 판단된다.

이처럼 형이나 동생이 여러 명 존재했을 가능성이 큰 의자왕의 출생 시기도 현재로서는 파악하기가 쉽지 않으나, 「부여융 묘지명(扶餘隆 墓誌銘)」

을 통해 어느 정도 가늠해볼 수는 있다. 의자왕의 태자인 부여융은 682년에 68세로 죽었다고 「부여융 묘지명」에 나오기 때문에 그가 615년에 태어났음을 알 수 있다. 의자왕의 아들들과 관련된 문제는 뒤에서 자세히 검토해볼 예정인데, 적장자로서 태자에 임명된 것으로 여겨지는 부여융에게는 부여풍과 부여효 등 두 명의 서형(庶兄)이 존재했을 가능성도 있다. 따라서 이들이 부여융보다 한두 살 많았다고 가정하면 의자왕은 첫아들을 613년쯤에 낳았다고 할 수 있다.

그리고 중국의 경우이지만 북위(北魏) 헌문제(獻文帝)가 14세에 효문제(孝文帝)를 낳은 사례가 있기 때문에 시기를 빠르게 잡아서 의자왕이 첫아들을 15세에 낳았다고 본다면 의자왕의 출생 시기는 598년이 된다. 그러니 의자왕은 늦어도 598년이나 그보다 더 앞선 시기에 태어났다는 계산이 나온다. 그렇다면 의자왕은 43세 이상의 나이에 즉위했고, 62세 이상의 나이가 되었을 때 나라를 잃었다고 할 수 있다. 사실 백제가 신라와 당나라 연합군에게 점령당했을 당시 『삼국사기』 흑치상지(黑齒常之)전에서 의자왕을 "노왕(老王)"으로 표현한 것을 보면 의자왕의 나이는 62세보다 훨씬 더 많았을 것 같기도 하다.

선화공주 이야기

의자왕이 무왕의 원자로 태어난 것은 분명하지만, 어머니가 누구인지는 여러 가지 의견이 분분한 가운데 아직 그 논란이 정리되지 못하고 있는 것 같다. 그동안 의자왕의 어머니와 관련하여 가장 많이 이야기되면서 주목을 받아온 여인이 선화(善花 혹은 善化)공주일 것이다. 선화공주의 존재는 "무왕"과 "무강왕"의 호칭 때문에 앞에서 잠깐 살펴본 『삼국유사』 「기이(紀異) 2」의 "무왕"조에 나오는 미륵사 창건 설화에서 나타나고 있다.

『삼국유사』 "무왕"조는 무왕과 선화공주가 부부가 되어 미륵사를 창건했다는 이야기를 담고 있는데, 연구자들은 이 이야기를 보통 서동설화(薯童說話)라고 부른다. 편찬자인 일연 스님은 자신이 소개한 이 내용의 출처를 「차전(此傳)」이라고 마지막 부분에서 밝히고 있다. 무왕의 전기(傳記)를 연상시키기도 하는 이 「차전」이 어떤 자료인지 확실하지는 않지만, 불교의 신통력이나 신비로운 현상 등을 주제로 삼고 있는 종교적인 이야기, 즉 교화와 흥미위주의 설화(說話)에 바탕을 두고 꾸며진 내용인 것만은 분명하다. 신화, 전설, 민담의 세 가지 성격을 모두 보여주는 설화는 기록으로 전해오는 내용일 수도 있고, 말 그대로 입과 입을 통해 사람들 사이에 구두(口頭)로 전해오는 이야기일 수도 있다.

『삼국유사』 "무왕"조는 크게 네 가지 내용으로 이루어져 있다.

첫째는 무왕의 탄생설화이다. 백제의 30대 왕인 무왕은 이름이 "장(璋)"인데, 어머니가 과부가 되어 서울 남쪽 연못 옆에 집을 짓고 살다가 못의 용(池龍)과 관계(交通)하여 "장"을 낳았고, "장"은 어렸을 때 항상 마(薯蕷)를 캐다 팔아서 생업으로 삼았기 때문에 사람들이 "서동(薯童)"이라고 이름을 지어 불렀다는 것이다.

둘째는 「서동요(薯童謠)」의 제작 및 유포와 관련된 설화이다. 신라 진평왕의 셋째 공주인 선화가 매우 예쁘다는 말을 듣고 서동이 머리를 깎고 신라의 서울(京師)로 가서 노래를 만들고는 아이들을 이용해 그 노래를 퍼트려 선화공주를 궁에서 쫓겨나게 한 뒤 서로 부부(夫婦)가 되었다는 것이다.

셋째는 부부가 된 후 아내인 선화공주의 제안으로 서동은 그동안 산더미처럼 모아놓은 황금(黃金)을 사자사(獅子寺)의 지명법사(知命法師)에게 부탁

하여 하룻밤 동안에 모두 신라 궁중으로 보냈으며, 이로 인해 신라와도 사이가 좋아지고 인심을 얻어서 왕위에 올랐다는 것이다.

넷째는 미륵사(彌勒寺) 창건설화이다. 부인, 즉 선화공주의 요청을 받아들인 무왕이 지명법사의 신통력으로 하룻밤 사이에 용화산(龍華山) 밑의 큰 연못을 메꾸고는 그 자리에 미륵사를 지었는데, 신라 진평왕도 여러 공인(百工)을 보내 도왔다는 것이다.

이러한 내용들을 소개하면서 『국사(國史)』에는 미륵사가 아니라 왕흥사(王興寺)로 나온다는 것과 『삼국사(三國史)』에는 법왕(法王)의 아들이라고 했으나 「차전」, 곧 『삼국유사』 기록의 바탕이 된 원전(原傳)에는 과부(獨女)의 아들로 나와 있어서 자세히 알 수 없다는 것 등도 부수적으로 밝혀놓고 있다.

『삼국유사』 "무왕"조에는 현실세계와 가상세계를 넘나드는 두 부류의 이야기가 뒤섞여있다. 그러면서도 그 경계가 불명확하여 저자인 일연 스님이 미륵사와 왕흥사, 법왕의 아들과 과부의 아들이라는 차이 사이에서 혼란을 겪고 있듯이 우리들 역시 『삼국유사』 "무왕"조를 앞에 놓고 무왕의 아버지는 누구일까? 선화공주는 과연 실존 인물일까? 미륵사를 창건한 왕과 왕비는 누구일까? 등등의 궁금증을 느끼며 이들 물음에 대해 다양한 해석도 내놓게 되었다.

『삼국사기』 무왕본기에는 무왕이 법왕의 아들(子)로 나오고 선화공주의 존재는 찾아볼 수 없다. 또 재위 35년째인 634년 2월에 왕흥사(王興寺)를 완성했으며, 3월에는 궁성 남쪽에 연못을 판 다음 사방의 언덕에 버드나무를 심고 물속에는 방장선산(方丈仙山=중국 전설상의 三神山)을 모방해 섬을 만들었다는 내용도 나온다. 미륵사와 관련된 내용은 없다.

그렇지만 2009년 1월 14일 미륵사지 서탑 1층 심주(心柱) 상면(上面) 중앙의 사리공에서 나온 「사리봉안기(舍利奉安紀)」에 기해년(己亥年) 정월(正月) 29일 사리를 봉안했다는 기록이 적혀있어서 무왕 재위 40년인 기해년(639)에 이 절의 서탑에 사리를 봉안한 사실이 밝혀졌다. 이곳에서 출토된 유물들도 모두 이 절이 사비시대 이후에 창건되었음을 보여주고 있다. 이로 인해 『삼국유사』 "무왕"조에만 나오고 『삼국사기』에는 보이지 않는 무왕의 미륵사 창건설화가 단순한 설화가 아닌 실제 역사사실이었음을 알 수 있게 되었다.

이 미륵사지가 있는 익산지역으로 무왕이 수도(首都)를 옮겼다는 내용을 담고 있어서 주목을 받는 또 하나의 불교자료로 『관세음응험기(觀世音應驗記)』도 있다. 이 책 말미에 첨부된 기록을 보면 백제의 무광왕(武廣王)이 지모밀지(枳慕密地)로 천도(遷都)하고 새로 제석정사(帝釋精舍)를 지었는데, 정관(貞觀) 13년(639) 기해(己亥), 겨울 11월, 하늘에서 큰 벼락과 비(大雷雨)가 들이쳐 불당(佛堂)과 일곱 계단의 부도(浮圖), 회랑, 승방 등이 모두 불탔다는 내용이 있다. 이 기록에서 무광왕은 무강왕처럼 무왕의 또 다른 시호이고 지모밀지는 익산지역으로 받아들이면서, 무왕이 이 익산지역에 지은 제석정사가 정관 13년, 즉 무왕 재위 40년째 되는 639년에 불탔다고 보는 견해가 지금은 보편적으로 받아들여지고 있다. 익산시의 현 제석사지에서 1942년 "제석(帝釋)"이란 명문(銘文)이 있는 고려시대 기와편이 출토됨으로써 제석정사는 이미 그 실체를 드러낸 바 있다.

무왕이 익산으로 천도했다는 『관세음응험기』의 내용을 어떤 의미로 어떻게 받아들여야 할지는 지금까지 많은 연구자들이 검토를 해왔고 앞으로도 더 논의를 필요로 하는 쉽지 않은 문제이지만, 무왕이 익산지역을 매우 중요하게 여기며 이곳에 미륵사나 제석정사와 같은 대규모의 국가급 사찰(寺刹)을 건립한 것은 분명한 사실로 받아들여진다.

이처럼 『삼국유사』 "무왕"조나 『관세음응험기』에서 역사사실에 부합하는 내용들이 발견되다보니 이들 자료의 사료적(史料的)인 가치를 높게 평가하며 내용 속의 가상적인 이야기까지 적극적으로 수용해 역사사실화하려는 연구자들도 등장하게 되었다. 그 결과 무왕의 익산천도를 기정사실로 보거나 아직까지는 비현실적인 인물로 볼 수밖에 없는 선화공주를 의자왕의 실제 어머니로 주장하여 현실세계와 가상세계의 벽을 무너뜨리는 혼란스러움도 눈에 띄는데, 이는 문학과 역사의 차이를 제대로 인식하지 못하여 초래된 혼란이라고 할 수 있을 것 같다. 다시 말해 문학은 역사를 가상세계로 옮겨놓을 수 있지만, 역사는 문학의 가상세계를 역사로 받아들여서는 안 된다는 사실을 간과하거나 무시하거나 몰라서 혼란을 일으키게 되었다는 것이다.

『삼국유사』 "무왕"조의 내용, 즉 서동설화의 문학적인 성격과 가치를 나경수 교수는 크게 세 가지로 압축해놓은 바 있다.

> 첫째, 서동설화는 역사는 아니지만 역사를 반영하고 있다.
> 둘째, 서동설화에는 민중들의 간절한 희망이 투사되어 있다.
> 셋째, 서동설화는 창의력 신장교육을 위한 훌륭한 문학작품이다.

교육자 입장에서는 교육적인 활용가치를 언급한 세 번째 내용이 눈길을 끌겠지만, 서동설화를 사료(史料)로 활용해야 하는 역사연구자는 첫 번째와 두 번째 내용의 의미를 되새겨볼 필요가 있다. 설화의 내용 그대로를 역사로 볼 수는 없어도 설화가 역사의 산물인 것은 분명하다. 서동설화의 경우는 무왕 때의 역사와 신화, 전설, 민담이 교묘하게 뒤섞여 만들어진 이야기라고 할 수 있을 것 같다. 무왕의 업적인 궁남지 조성과 미륵사 창건이라는 두 역사사실을 바탕에 놓고, 궁남지 조성 부분은 무왕의 탄생설화로 환원시켜서 무왕의 출신성분을 둘러싼 미스터리를 담아내고 있으며, 미륵사 창건 부분은 백제의 무왕과 신라의 선화공주를 부부로 맺어주는 방법을 통해 백제와 신라가 전쟁 없이 평화롭게 지내기를 바라던 당시 백성들의 염원을 드러내주는 역할을 하고 있다고 생각한다.

그러므로 서동설화의 역사성에 대한 검토를 좀 더 진행해 보기로 하겠다.

무왕을 법왕의 아들로 소개한 『삼국사기』 무왕본기와 달리 중국의 역사서인 『북사(北史)』 백제전에는 무왕이 위덕왕의 아들로 나와서 법왕과는 사촌 간으로 나타나기도 한다. 그러나 이러한 현상은 『북사』 백제전을 집필하는 과정에서 백제의 왕위계승 내용을 너무 간략히 다루다보니 혜왕과 법왕이 누락되어서 나타나게 된 것이고, 실제로는 『북사』보다 조금 먼저 편찬된 『수서(隋書)』 백제전에도 법왕의 아들로 나타나고 있듯이 무왕이 법왕의 아들인 것은 거의 확실하다. 다만 단순히 자(子)라고 소개한 것을 보면 원자나 장자가 아니라 아들로서는 다소 애매한 위치에 있지 않았을까 싶기는 하다. 그래서 과부가 된 어머니가 서울 남쪽 연못가에 집을 짓고 살다가 못의 용(池龍)과 관계하여 무왕을 낳았다는 이야기에는 상당한 역사성이 내포되어 있는 것으로 여겨진다.

용(龍)은 실체가 없는 상상 속의 동물이지만 중국과 우리나라에서는 신비로운 능력을 지닌 신성한 존재로 오랜 옛날부터 받아들여져 왔다. 당연히 황제나 왕과 같은 최고통치자의 상징동물로도 자리 잡게 되어 용의 자식으로 태어났다거나 용으로 변신했다는 말은 곧 황제나 왕처럼 일반인들을 뛰어넘는 초월적인 신성성과 존엄성을 갖고 있거나 갖게 되었다는 의미로 이해되었다. 따라서 어머니가 용과 관계하여 무왕을 낳았다는 비현실적인 내용도 단순히 사람들의 호기심을 충족시켜주기 위해 만들어낸 흥미위주의 이야기가 아니라, 용과 무왕을 연결시킴으로써 무왕의 신성성이나 존엄성을 현실화시키고 그것을 인정받으려는 뜻이 내포되어있다고 보아야 할 것이다.

그러면 법왕의 아들로서 왕족이 분명한 무왕에게 왜 현실세계의 아버지를 배제하고 가상세계의 용을 내세우며 그 용의 아들이란 설정을 하게 되었을까 궁금해진다. 이에 대해서는 두 가지 가능성을 생각해볼 수 있을 것 같다.

하나는 원래 왕위계승자로서의 자격조건이 부족했거나 자격을 생각하기 힘든 상황에서 주변의 도움을 받아 우여곡절 끝에 왕위에 올랐을 가능성이다.

이 경우라면 왕이 된 후에 당연히 왕이 될 수밖에 없었던 필연성에 대한 강조, 또는 왕으로서의 정통성 확립을 위한 노력이 이루어졌을 것이고, 동시에 뜻밖의 인물이 왕으로 즉위하는 모습을 바라보는 백성들 사이에서도 새로운 왕에 대한 궁금증과 함께 여러 가지 추측성 이야기나 소문들이 퍼져나갔을 것이다. 결국 이러한 시대적인 요구에 부응할 수 있고 백성들이 생각해낼 수 있는 최상의 존재가 용이다 보니, 무왕을 용의 아들로 묘사한 서동설화까지 만들어져 전해오게 되지 않았을까 싶기도 하다.

중국 역사서인 『사기』의 고조본기(高祖本紀)나 『한서(漢書)』의 고제기(高帝紀)에 보면 한고조(漢高祖) 유방(劉邦)의 어머니가 큰 연못가에서 교룡(蛟龍=交龍)과 관계하여 유방을 낳았다는 기록이 있다. 한고조 유방은 가난한 농민의 아들로 태어나 황제의 자리에까지 오른 인물로서 명태조(明太祖) 주원장(朱元璋)과 함께 중국 역사 속에서는 최고의 입지전적(立志傳的)인 인물로 손꼽힌다. 가난한 농민의 아들이 황제의 자리에 오르는 것은 거의 불가능한데, 이런 대성공을 거둔 한고조 유방에게도 무왕과 같은 탄생설화가 존재하는 것이다. 그것이 태몽(胎夢)의 소산(所産)인지, 정치적인 목적을 가지고 만들어낸 내용인지, 아니면 믿기 어려운 성공 때문에 남다른 존재로 인정받다보니 자연스럽게 용과 연결된 것인지 분명히 밝힐 수는 없지만, 용에 대한 인식과 활용의 전통이 아주 오래 전부터 존재하고 있었다는 사실은 분명히 알 수 있다 .

물론 무왕은 왕족이기 때문에 유방처럼 최하위층에서 최상위층으로 극적인 계층이동을 했다고는 볼 수 없다. 그러나 왕위계승을 생각하기 어려운 처지에서 힘들게 왕이 되었다면 유방과 비슷한 성공의 모습으로 주변에 비쳐질 수도 있고, 그러한 결과가 무왕을 용과 연결시키는 탄생설화까지 등장하게 만들었을 수도 있는 것이다.

또 하나는 무왕이 태생적으로 왕위 계승자격을 지닌 왕족이라는 사실을 강조하려는 의도가 담겨있을 가능성이다. 무왕은 법왕의 아들이 분명한데, 어머니는 서동설화처럼 과부로 묘사되거나 『삼국유사』 「흥법(興法)3」의 "법왕금살(法王禁殺)"조처럼 빈모(貧母), 즉 가난한 어머니로 표현되고 있다. 무왕의 어머니를 법왕의 왕후로 보기 어렵게 만드는 대목인데, 만일 어머니가 왕후가 아니라면 무왕은 법왕의 서자가 된다. 그러나 서자도 아들이므로 무왕은 처음부터 왕의 아들로서 왕이 될 수도 있는 인물이었고, 실제로 왕이 되었으며, 그래서 왕으로 인정한다는 내용이 용으로 상징화된 탄생설화 속에 담겨있다고 보아도 좋을 것 같다.

그러면서도 어머니로 인해 겪게 된 불리함을 극복하고 성공적으로 왕의 자리에 오르기까지 또 한명의 여인으로 선화공주가 등장한다. 선화공주가 신라 진평왕의 셋째 공주라는 설정은 가상의 내용으로 받아들인다 해도, 공주라는 위상에 걸맞은 사회적인 신분과 정치적인 영향력 및 경제력을 지닌 여인을 만나 부부관계를 맺으면서 왕이 되기까지 이 여인으로부터 많은 도움을 받은 것은 사실일 가능성이 클 것으로 여겨지기도 한다.

그렇다면 이처럼 막강한 가문의 배경을 지닌 여인을 서동설화에서 신라의 선화공주로 설정하여 무왕의 배필로 등장시킨 역사적인 의미는 어디에서 찾을 수 있을까?

신라의 진평왕이나 백제 무왕이나 어느 쪽에서도 선화공주의 실제 존재는 찾아지지 않는다. 그 내용을 기이(奇異)편에 넣었다는 것 자체가 『삼국유사』의 저자인 일연 스님 역시 서동설화를 믿기 어려운 소문으로 인식하며 그 역사적 사실성을 염두에 두지 않은 증거라 하겠다.

백제 무왕의 배필을 신라 진평왕의 딸로 설정한 선화공주 이야기가 무왕이나 의자왕 당대에 이미 백제 사회에 퍼져 있었다면, 이는 갈수록 심해지는 신라와의 전쟁 때문에 고통을 받고 있던 백제 피지배층이 과거 나제동맹 시기에 누렸던 평화를 기대하며 지어낸 것일 수도 있다. 즉 설화의 전승주체인 피지배층의 평화에 대한 강한 염원이 무왕에게 투사되어 현실을 뛰어넘는 선화공주 이야기를 출현시켰을 수도 있는 것이다.

백제가 아닌 후대에 서동설화가 출현한 것이라면 어쩌면 백제 멸망 이후 백제 유민들의 신라에 대한 반감을 없애고 사회적인 대화합을 이루기 위해 통일신라시대 불교계가 백제의 대사찰이었던 미륵사를 소재로 삼아 만들어 낸 희망의 시나리오였을 수도 있다.

이러한 의미에서 백제 무왕 당시 선화공주의 존재를 현실로 주장하는 경우 백제사의 왜곡은 불가피하게 되고, 이로 인한 역사인식의 오류와 그 피해는 확대될 수밖에 없다는 사실도 여기에 지적해 놓고 싶다.

의자왕이 무왕의 원자이고 서동설화에서 무왕의 왕비로 선화공주가 등장하고 있는 이상 선화공주는 자연스럽게 의자왕의 생모(生母)라는 자격을 갖게 되는데, 이는 어디까지나 문학적인 가상세계에서의 어머니인 것이지 역사적인 현실세계에서의 어머니는 아닌 것이다. 가상세계와 현실세계를 자유롭게 넘나들 수 있는 문학과 달리 역사에서 바라본 문학적인 가상세계는 왜곡에 불과하다.

따라서 가상세계가 아닌 역사적인 현실세계에서는 선화공주를 의자왕의 실제 어머니로 볼 수 없고 보아서도 안 된다는 사실을 분명히 인식해야 할 것이다.

미륵사지 사리봉안기와 사택씨

2009년 1월 14일 미륵사지 서탑에서 나온 「사리봉안기(舍利奉安紀)」에 기해년(己亥年) 정월(正月) 29일 사리를 봉안했다고 나와서 무왕 재위 40년인 기해년(639)에 이 절의 서탑에 사리를 봉안한 사실이 밝혀졌다. 다만 무령왕 19년(519)도 기해년이므로 무강왕을 무령왕으로 보면서 미륵사를 무령왕과 왕후의 발원에 의해 창건되었다는 설도 제기된 적이 있는데, 『삼국유사』 "무왕"조에서 분명히 무왕을 가리키고 있는 무강왕을 무령왕으로 보는 주장도 설득력이 약하고, 미륵사지 출토유물들도 모두 이 절이 사비시대 이후에 창건되었음을 보여주고 있다. 그리하여 『삼국유사』 "무왕"조의 서동설화는 단순한 설화가 아니라 그 기저에 실제 역사사실이 깔려있다는 것도 알게 되었다.

지금은 무왕대의 미륵사 건립에 대해 이의를 제기하는 연구자들이 거의 없지만, 미륵사가 동원(東院), 중원(中院), 서원(西院)으로 이루어진 국내 유일의 삼원(三院) 병립 가람, 즉 3탑 3금당이 있는 가람으로 사찰 3개를 평면상에 나란히 배치한 형태를 취하고 있다 보니, 삼원의 건립 주체나 신앙적 배경, 또는 완공되기까지의 공사기간 등을 둘러싸고 다양한 견해들이 나타나고 있는 것 또한 사실이다.

예를 들어 서원 탑의 사리봉안기에서 밝혀진 사택(沙モ=沙宅)왕후 외에 동원과 중원 역시 별도의 발원자가 있을 것이라는 주장도 있는데, 중원은 미륵신앙의 무왕과 선화공주가 발원했고 동원과 서원은 법화신앙의 사택왕후가 발원했다고 보면서 미륵사는 미륵신앙과 법화신앙이 조화를 이룬 사찰이라고 불교신앙과 연결시켜 해석을 한 연구내용까지 있어서 눈길을 끈다. 서탑에서 사리봉안기가 나왔으니 동탑과 중앙탑에도 존재했을 개연성은 있다.

그러나 우리의 예상과 달리 사리는 모든 탑에 봉안했어도 그 봉안내용을 적은 사리봉안기는 서탑에만 안치했을 수도 있다. 이런 가정에는 왜 중앙탑이나 동탑이 아니라 서탑에 봉안기를 안치했을까 라는 또 다른 의문이 떠오르기도 하지만, 현재로서는 확인 가능한 정보가 하나도 없기 때문에 자칫 역사를 왜곡시킬 위험이 큰 동탑과 중앙탑에 대한 추측성 이야기를 함부로 해서는 안 되리라고 본다. 그리고 무왕과 사택왕후의 신앙을 미륵신앙과 법화신앙으로 구별하는 것 자체도 타당성을 인정할만한 근거를 찾기 어려운데, 여기에서 더 나아가 미륵사 사찰의 신앙적 성격을 미륵신앙과 법화신앙의 조화로 단정하거나, 또는 법화신앙세력과 미륵신앙세력의 대립 등으로 보는 행위는 왜곡이 또 다른 왜곡을 낳는 악순환으로 이어질 수도 있기 때문에 매우 신중하게 받아들여야 할 것이다. 특히 가상세계의 선화공주를 현실세계로 끌어들이는 것은 이미 앞에서 언급했지만, 역사에서의 금기사항을 역사학자 스스로가 어기는 모습으로 보여 안타깝기도 하다.

한편 미륵사 건립의 공사기간을 둘러싸고도 여러 의견이 제시되어왔다. 3탑 3금당으로 3원이 병립하는 거대한 가람을 조성하려면 오랜 공사 기간이 필요하였을 것이다. 당연히 중원, 동원, 서원이 완공된 시기도 각각 다를 수 있다.

미륵사지에서 출토된 기와 중 서기(西紀) 600년대로 추정되는 간지(干支)가 새겨진 인각와(印刻瓦)가 166점 있는데, 이 가운데 무왕의 재위기간인 정해년(丁亥年=627)과 기축년(己丑年=629) 인각와가 128점이라고 한다. 이중 중원의 금당지역에서 발견된 기축명(己丑銘) 기와를 근거로 삼아서 중원이 629년에 먼저 만들어지고, 서원 탑의 사리봉안기에 기해년(己亥年=639)이 나오듯이 동원과 서원은 중원보다 늦게 완공되었을 것으로 판단하며, 3원마다 각각 별도의 발원자가 있었을 것으로 보는 연구자들도 있다. 가능성 차원에서 보면 당연히 거론될 수 있는 내용이기는 하다. 그렇지만 이러한 주장을 그대로 받아들이기에는 무언가 석연치 않은 측면이 있는 것도 사실이다.

미륵사는 3원이 각각 폐쇄적으로 건설된 독립적인 사찰이 아니라 삼원을 모두 회랑으로 연결하고 강원(講院)을 공동으로 사용하도록 설계한 하나의 가람이다. 그러니 3원 병립이라는 미륵사의 가람배치는 불사(佛事)과정에서 우연히 나타나게 된 것이 아니라 처음부터 치밀한 계획 하에 만들어진 결과물이라고 보아야 한다. 그리고 3원이 잘 기획된 하나의 건축 설계도를 작성하여 세워졌다면 각 원마다 발원자가 다를 것으로 보는 견해 역시 받아들이기 어려워질 것 같다. 물론 막대한 건축비를 충당하기 위해 누군가 공동투자자의 도움을 받았을 수도 있고, 도움을 준 그 투자자도 발원자 역할을 했을 가능성 또한 생각해볼 수 있지만, 왕과 왕후가 주관하는 국가사업에서 왕과 왕후 외에 다른 발원자를 떠올리는 것은 아무래도 자연스럽지 못하다.

또 3원의 공사를 하나하나 마무리하면서 마지막 공사를 끝낸 때가 미륵사의 준공(竣工) 시점이 되기 때문에, 미륵사의 준공과 관련하여 3원 가운데 공사가 일찍 끝난 곳보다 3원의 모습을 설계도대로 구현해내는데 마침표를 찍는 마지막 공사가 이루어진 곳이 더 주목을 받게 되지 않았을까 여겨지기도 한다. 현재로서는 3원 각각의 완공시기를 정확하게 알 수도 없고, 그 완공 순서를 짐작할만한 단서도 많지 않지만, 서원의 탑에서 사리봉안기가 나온 것을 보면 서원이 가장 늦게 완공되었고, 그래서 사람들의 관심이 서원에 집중된 결과 사리봉안기도 그곳의 탑에 안치한 것이 아닐까 라는 추측만 해볼 뿐이다.

그러면 이제 본격적으로 미륵사지 서탑에서 나온 사리봉안기의 내용을 검토해보기로 하겠다.

미륵사 건립을 주도한 왕후의 사리봉안과 발원(發願)내용으로 눈길을 끄는 부분만을 소개하면 다음과 같다.

我百濟王后佐平沙乇積德女 種善因於曠劫 受勝報於今生 撫育萬民 棟梁三寶 故 能謹捨淨財
造立伽藍 以己亥 <뒷면> 年正月廿九日 奉迎舍利 願使世世供養 劫劫無盡 用此善根仰資 大王
陛下年壽與山岳齊固 寶曆共天地同久 上弘正法 下化蒼生 又願王后卽身心同水鏡 照法界而恒明
身若金剛 等虛空而不滅 七世久遠並蒙福利 凡是有心 俱成佛道

우리 백제 왕후께서는 좌평(佐平) 사택적덕(沙乇積德)의 따님으로 지극히 오랜 세월(曠劫)에 선인(善因)을 심어 금생에 뛰어난 과보(勝報)를 받아 만민(萬民)을 어루만져 기르시고 불교(三寶)의 동량(棟梁)이 되셨기에 능히 정재(淨財)를 희사하여 가람(伽藍)을 세우시고, 기해(己亥) <뒷면> 년(年) 정월 29일에 사리(舍利)를 받들어 맞이했다. 원하옵나니, 세세토록 공양하고 영원토록 다함이 없어서 이 선근(善根)을 자량(資糧)으로 하여 대왕폐하(大王陛下)

의 수명은 산악과 같이 견고하고 치세(寶曆)는 천지와 함께 영구하여, 위로는 정법(正法)을 넓히고 아래로는 창생(蒼生)을 교화하게 하소서. 또 원하옵나니, 왕후(王后)의 신심(身心)은 수경(水鏡)과 같아서 법계(法界)를 비추어 항상 밝히시며, 금강 같은 몸은 허공과 나란히 불멸(不滅)하시어 칠세(七世)의 구원(久遠)까지도 함께 복리(福利)를 입게 하시고, 모든 중생들 함께 불도 이루게 하소서. <김상현 동국대 교수 번역>

위 번역문과 달리 미륵사 건립의 주인공을 소개한 앞부분의 내용에서 우리 백제 왕후와 좌평 사택적덕의 따님을 구분해 두 사람으로 보는 주장도 제기된 적이 있는데, 사리봉안기의 전체 맥락을 보면 가람을 세운 왕후 한 사람에게 초점이 맞추어져있기 때문에 받아들이기 어렵다. 역시 백제 왕후가 곧 좌평 사택적덕의 딸로 보아야 무리가 없다.

그리고 이 사리봉안기는 서원의 탑, 즉 서탑에서 나왔지만, 사택왕후가 재산을 희사(喜捨)하여 가람을 세웠다고 소개하고 있다. 여기에서 가람은 사찰이 자리하고 있는 경내의 도량 전체를 지칭하는 단어이므로 서원 하나만이 아니라 동원, 중원, 서원 모두를 아우르는 미륵사 전체를 가리킨다고 보아야 한다. 따라서 모든 공사가 끝난 다음 사택왕후에 의한 미륵사 준공과 사리봉안 사실을 금판(金鈑)에 새겨서 그것을 동탑도 중앙탑도 아닌 마지막 마무리공사가 진행되었던 서탑에 보관시켰다고 결론을 내려도 전혀 어색하게 느껴지지 않는다.

사리봉안기는 무왕이 죽기 2년 전인 639년에 안치되었다. 무왕의 장수(長壽)를 축원하는 내용이 담겨있는 것을 보면 이때 이미 무왕의 건강에 문제가 있었을 수도 있다. 무왕의 장수와 더 나아가서는 무왕 치세 하의 백제가 오랫동안 발전해 나가기를 바라는 염원이 미륵사 창건이라는 대역사(大役事) 속에 담겨있었음을 사리봉안기는 보여준다. 미륵사가 왕실사찰 및 호국사찰로서의 성격을 지니고 태어났음을 알게 해주는 대목이다.

이런 미륵사 건립을 주도한 백제 왕후는 좌평 사택적덕의 딸이 분명하다. 그리고 무왕의 왕후가 처음부터 사택씨였다면 무왕의 원자인 의자왕의 어머니 역시 이 사택씨로 보아야 한다. 다시 말해 문학적인 가상세계에서는 선화공주가 의자왕의 어머니일 수 있지만, 역사적인 현실세계에서의 의자왕 어머니는 사택왕후일 가능성이 크다는 사실을 사리봉안기는 알려주고 있는 것이다.

다만 무왕의 왕후가 처음부터 사택씨였는지, 아니면 도중에 사택씨로 바뀐 것인지 현재로서는 파악이 불가능하다. 그러다 보니 『삼국유사』의 서동설화 내용을 사실로 받아들이면서 무왕의 첫 번째 왕후는 선화공주였고, 선화공주가 사망한 뒤 사택씨가 왕후로 되었을 가능성을 점치는 연구자들도 나타나게 되었는데, 앞에서 지적했듯이 가상의 인물인 선화공주를 역사속의 인물로 끌어들이는 것 자체가 잘못이기 때문에 이러한 태도는 시정되어야 하리라고 본다. 이외에 사리봉안기의 내용을 이용하여 사택왕후가 의자왕의 어머니일 가능성이 낮다고 발표한 연구사례도 있다. 이에 대해서는 좀 더 검토해볼 필요가 있겠다.

사택왕후가 의자왕의 어머니일 가능성을 낮게 보는 주된 이유는 사리봉안기에 나오는 왕후의 나이가 의자왕의 어머니로 보기에는 너무 젊다는 것이다. 그 근거로서 의자왕과 사택왕후, 그리고 왕후의 아버지인 사택적덕의 나이를 나름대로 계산하여 제시하고 있다.

사리를 봉안한 639년 의자왕의 태자인 부여융의 나이는 25세였다. 그리고 부여융이 의자왕의 셋째 아들이라면 의자왕의 나이는 최소한 40대 중반을 넘게 되고, 이러한 경우 사택왕후가 의자왕의 생모(生母)라면 왕후의 나이는 60대 중반쯤 될 것으로 보았다. 그리고 사리봉안기에 왕후의 아버지인 사택적덕의 이름을 직접 소개한 것을 볼 때 그도 살아서 실세로서의 역할을 하지 않았을까 추측하면서, 왕후가 60대 중반이면 사택적덕의 나이는 80대 중반을 넘는 고령이 된다는 것이다. 이러한 고령의 나이까지 생존할 수 있었을까 라는 의문과 함께 생존했다고 해도 이렇게 고령의 사택적덕이 실세로서 역할을 했다고 보기는 어렵고, 그래서 이러한 내용들을 고려할 때 사택왕후의 나이를 60대 중반까지 올려서 보는 것은 당시의 상황에 맞지 않으므로 사택왕후는 의자왕의 생모가 될 수 없다는 것이다.

그러나 이 논리에도 문제의 소지는 있다. 무엇보다도 가장 큰 문제점은 사리봉안기에서 왕후의 아버지가 사택적덕임을 밝히고 있을 뿐이지 그의 생존 여부까지 이야기하고 있지는 않다는 것이다. 이미 사망한 인물을 소개할 때는 앞에 고(故)자를 붙이는 것이 일반적인 모습이지만, 사리봉안기의 경우는 좌평 사택적덕이 주인공이 아니라 그 딸인 백제왕후를 소개하기 위해 아버지의 관직과 이름을 밝히는 형식으로 문장이 이루어져 있다. 따라서 사리를 봉안할 당시 사택적덕이 생존해서 영향력을 행사하고 있었는지 아니면 이미 작고한 과거의 인물인지는 불명확하다.

만일 사망했다고 해도 많은 사람들이 기억할 정도의 유명한 인물이든 이미 죽어서 잊힌 인물이든 상관없이 왕후의 아버지라는 사실 하나만으로도 충분히 사리봉안기의 내용처럼 소개될 수 있다고 본다. 다시 말해 왕후 아버지의 명성이나 영향력 유무(有無) 또는 생존 여부와 관계없이 사리봉안기에는 똑 같은 내용으로 기록될 수 있다는 것이다. 예를 들어 사택적덕이 사망했기 때문에 앞에 고(故)자를 붙여서 "아백제왕후고좌평사택적덕녀(我百濟王后故佐平沙乇積德女)"로 기록한다면 좌평 사택적덕이 아니라 주인공인 그 딸 백제왕후가 작고한 것으로 받아들여질 수도 있어서 큰 혼란이 발생하게 된다.

결국 좌평 사택적덕은 사리봉안기의 주인공인 왕후의 아버지로서 간단하게 소개된 정도이므로 이 기록을 가지고 사택적덕의 생사(生死) 여부까지 판단하기는 어렵다고 보아야 한다. 그리고 만일 사택적덕이 이미 사망한 상태라면 사택왕후가 의자왕의 생모가 아니라는 주장은 아무런 설득력도 갖지 못하게 된다.

다음으로는 사택적덕이 생존해 있었다고 해도 나이 계산상에서 오차가 있을 수 있다는 점을 지적해보고 싶다.

당시 부여융이 25세였다는 사실은 분명하다. 다만 부여융의 아버지인 의자왕의 나이 계산은 조금 다르게 해볼 수 있다. 중국의 경우 북위 헌문제가 14세에 효문제를 낳은 사례는 앞에서 소개한 바 있다. 드문 경우이기는 하지만 우리나라의 의자왕 역시 시기를 빠르게 잡아서 첫아들을 15세쯤에 낳았고 부여융의 형에 해당하는 서자출신 아들이 두 명 더 있었다고 가정하면, 의자왕의 출생년도는 최대한 598년 정도까지 늦추어 볼 수 있다. 그렇다면 미륵사지에서 사리봉안이 이루어진 639년에는 의자왕의 나이가 40대 초반이 된다. 이런 식으로 사택왕후와 그 아버지인 사택적덕의 경우도 시기를 빠르게 계산해보면 639년 사택왕후의 나이는 50대 중반에서 후반, 아버지인 사택적덕은 70대 초반에서 중반으로 충분히 생존 가능한 나이이기 때문에 사택왕후를 의자왕의 생모로 보아도 문제될 것이 없다.

무왕의 치세기간 동안 왕후가 바뀐 일이 있었다는 것을 증명해줄만한 조그만 단서 하나 찾을 수가 없고, 또 미륵사지 사리봉안기에 나오는 사택왕후를 의자왕의 생모로 보아도 크게 문제될 것 없는 상태에서 왕후의 교체를 주장하며 사택왕후와 의자왕 사이의 모자(母子)관계를 부정하는 행위는 사료고증(史料考證)을 중시하는 오늘날의 역사학연구방법론 상에서 보아도 수용하기 어렵다. 이와 반대로 미륵사지에서 사리봉안기가 출토되고 의자왕의 실제 어머니로 볼 수 있는 사택왕후의 존재가 드러난 만큼, 그동안 선화공주라는 문학적인 가상세계에 매달려 헤매던 의자왕의 어머니 문제는 더 이상 불필요한 논쟁에 휘말릴 필요가 없게 되었다고 받아들이는 것이 역사학자로서의 합리적인 자세가 아닐까 싶다.

사리봉안기와 관련하여 여기에 한 가지 의견을 더 추가해놓고 싶다.

만일 사택왕후가 두 번째 왕후라면 당시 40대 초반이나 중반의 나이로 태자의 자리에 있던 의자왕의 생모, 즉 무왕의 첫 번째 왕후는 어떤 특별한 이유로 왕후의 자리에서 쫓겨났거나 아니면 죽었다고 보아야 한다. 그러나 두 가지 가능성 가운데 어느 하나의 가능성이라도 엿볼 수 있게 해줄만한 단서는 존재하지 않는다. 그리고 639년 당시 태자인 의자왕은 무왕의 뒤를 이어 조만간 백제왕의 자리에 오를 것이 거의 확실시되고 있던 상황이었다. 무왕의 첫 번째 왕후이자 의자왕의 생모가 따로 있었다면 의자왕의 존재를 의식해서라도 사리봉안기에 첫 번째 왕후와 관련된 내용이 조금은 들어가야 맞을 것 같은데 전혀 찾아볼 수가 없다. 그러나 이러한 문제들은 사리봉안기의 사택왕후를 의자왕의 생모로 받아들이는 순간 모두 풀리게 된다.

이제 마지막으로 의자왕의 어머니 문제를 다시 한 번 정리하면, 선화공주는 문학적인 가상세계에서의 어머니일 뿐이고, 역사적인 현실세계에서는 무왕의 왕후인 사택씨를 의자왕의 실제 어머니로 받아들여야 한다고 생각한다.

『수서(隋書)』, 『괄지지(括地志)』, 『북사(北史)』, 『통전(通典)』, 『신당서(新唐書)』 등 중국의 역사서들은 백제의 대표적인 귀족가문으로 대성(大姓) 8족, 즉 사씨(沙氏), 연씨(燕氏), 협씨(劦氏), 해씨(解氏), 진씨(眞氏 혹은 貞氏), 국씨(國氏), 목씨(木氏), 백씨(苩氏 혹은 苗氏, 首氏) 등을 소개하고 있는데, 이 대성 8족 가운데 가장 앞에 자리를 잡고 있는 사씨가 곧 사택씨를 가리킨다. 두 글자로 된 복성(複姓)을 사용하는 백제와 달리 중국은 하나의 글자로 된 성(姓)을 사용하다보니, 중국 역사서에서는 백제의 성씨도 줄여서 한 글자로 표현하는 경우가 많다. 백제의 왕실 성(姓)인 부여(扶餘)씨를 여(餘)씨로 표현 하듯이 사택씨를 사씨로 표현하고 있는 것이다.

그러므로 의자왕은 백제 왕실가문인 부여씨와 대성 8족 중에서도 으뜸 가문인 사택씨 사이의 통혼(通婚)관계에 의해 태어났다고 할 수 있다. 그리하여 무왕의 왕후이며 의자왕의 어머니인 사택왕후의 아버지 사택적덕은 무왕의 장인(丈人)이자 의자왕의 외할아버지였다고 할 수 있으니, 의자왕은 필요한 경우 언제든지 자신의 확실한 지지기반이 되어 줄 수 있는 친가(親家)나 외가(外家)가 모두 백제 최고의 명문가문이라는 태생적인 행운을 안고 태어나 성장했다고 결론지어도 좋을 것 같다.

03

청년 시절

천안 위례성 민간설화 속의 의자왕

　　　　　　　　　　의자왕이 청년으로 성장하기까지 어떠한
생활을 했었는지 파악하기는 쉽지 않다. 이 시기 의자왕의 활동내용을 조
금이라도 유추해볼 수 있게 해주는 자료로는 『삼국사기』 의자왕본기의
즉위년 기사 앞부분에 나오는 의자왕의 성품과 관련된 기록 정도밖에 없
다. 무왕의 원자로 용맹스럽고 담이 크며 결단성이 있었다는 내용이 무왕
재위 33년(632) 태자가 되었다는 기사에 앞서서 소개되어 있다.

　『삼국사기』 의자왕본기의 즉위년 기사 앞부분은 의자왕이 태어나서 왕
으로 즉위하기까지의 과정을 개괄적으로 간단하게 설명해놓은 것이다.
때문에 용맹스럽고 담이 크며 결단성이 있었다는 것도 어느 한 시기가 아
니라 의자왕의 전 생애에 걸쳐 나타나고 있는 성품을 표현했다고 보아야
한다. 다만 의자왕의 성품에 대한 이러한 소개가 태자책봉 내용보다 먼저
나오고 있어서 기록상의 순서로 보면 태자시절이나 왕으로 즉위한 이후
보다 태자가 되기 이전, 즉 원자시절의 의자왕 성품에 초점이 맞추어져있
는 것처럼 여겨지게도 한다. 그래서 태자시절이나 왕으로 즉위한 이후는

물론이겠지만 이미 그 이전부터 의자왕은 무왕의 원자로서 용맹스럽고 담이 크며 결단력이 있는 활동모습을 보여주었고, 이러한 활동을 통해 스스로를 더욱 단련시키면서 태자의 자리에 올랐음을 『삼국사기』 의자왕본기 즉위년 기사 앞부분의 내용이 알려주고 있다고 보아도 좋을 것 같다.

의자왕은 무왕 재위 33년째인 632년에 태자로 임명되었다. 앞장에서 계산해보았듯이 의자왕의 출생년도를 최소한으로 낮추어 598년으로 받아들인다 해도 이미 35세가 된다. 다시 말해 35세 이상의 성인이 되어서야 의자왕은 태자로 책봉된 것이다. 아버지인 무왕이 왕위에 오르기 몇 년 전에 원자로 태어나서 무왕이 왕위에 오른 후 33년이란 긴 기간을 거쳐 35세 이상의 나이를 먹은 다음에 비로소 태자가 되었다면, 이는 무언가 문제가 있는 것이지 정상적인 모습이라고 할 수 없다. 당연히 궁금증이 생길 수밖에 없는데, 그 이유를 알게 해줄만한 구체적인 증거가 없다 보니 이를 둘러싸고도 다양한 의견들이 제시되어 왔다.

무엇보다도 먼저 떠오르는 의문은 무왕이 왜 이렇게 늦게 의자왕을 태자로 삼았을까 라는 궁금증일 것이다. 이런 첫 번째 의문에 이어 두 번째로는 그렇다면 태자가 되기 전 30대 중반 이후까지 의자왕은 오랜 세월 도대체 어떤 생활을 했을까 라는 궁금증이 떠오를 것이다. 이 두 가지 궁금증은 분리되어있는 것이 아니라 서로 밀접하게 연결되어 있어서 함께 검토해보아야 할 사안이지만, 논의를 효과적으로 진행하기 위해 여기에서는 시기적으로 앞서는 두 번째 궁금증, 즉 원자시절 의자왕의 활동에 대한 내용부터 다루어보고, 첫 번째 궁금증인 태자책봉과 관련된 문제는 다음 절에서 살펴보도록 하겠다.

의자왕이 무왕의 원자로 태어났고 미륵사지 사리봉안기의 주인공인 사택왕후가 의자왕의 생모라면 무왕의 왕자들, 즉 의자왕의 형제들 중에서 원자인 의자왕과 태자의 자리를 놓고 경쟁을 벌일 상대는 없었으리라고 본다. 물론 의자왕에게 정신적이거나 신체적인 결함 또는 만성적인 질병 등이 있었다면 이야기는 다르다. 그러나 의자왕에게 이런 개인적인 문제가 있었다는 어떠한 증거도 없고, 또 결국은 태자를 거쳐 왕위에 올라 백제의 왕으로서 노년에 이르기까지 여러 가지 치적(治積)을 남긴 것을 보면, 그는 정신적으로나 육체적으로 모두 건강했음이 분명하다.

의자왕에게 형이 있었을 가능성을 앞장에서 타진(打診)해 본 바 있는데, 의자왕이 무왕의 원자로 나타나고 있기 때문에 형이 있었다면 그 형은 의자왕과는 어머니가 다른 서형(庶兄)으로 보아야 한다. 왕자시절의 무왕이 본부인(本夫人)인 사택왕후와의 사이에서 의자왕을 낳기 전에 이미 다른 여인과의 사이에서 아들을 낳았을 개연성(蓋然性)은 충분히 생각해볼 수 있다. 다만 의자왕에게 서형이 있었다 해도 무왕이 왕위에 오른 뒤 사택왕후가 왕비로 되고, 그 왕비가 낳은 의자왕이 원자로서 왕실의 총애를 한 몸에 받게 된 이상 의자왕은 자신의 형제들 그 누구보다도 우월한 위치에서 성장했으리라고 여겨진다. 이렇게 어려서부터 왕실의 총애를 받고 자랐다면 당연히 자신감도 충만했을 것이고, 그리하여 용맹스럽고 담이 크며 결단성이 있는 성품도 자연스럽게 형성되었을 것이다.

그러면 의자왕이 어떤 성장과정을 거치며 청소년기를 보냈을까 궁금한데, 이러한 궁금증을 해결해줄만한 역사기록은 찾아볼 수 없다. 그나마 관심을 끄는 것이 천안 위례성과 관련된 민간설화에 나오는 의자왕 이야기이다. 설화의 내용 그대로를 역사 속으로 끌어올 수는 없지만, 용맹스럽고 담이 크며 결단성이 있었다는 의자왕의 성품과 설화의 내용을 연결시켜보면서 그 안에 담겨있는 역사성을 찾아보는 일은 나름대로 의미가 있다고 본다.

한강유역을 고구려와 신라에게 연달아 빼앗긴 뒤 그곳을 되찾기 위해 절치부심(切齒腐心) 노력해온 웅진시기 및 사비시기의 백제가 그 북쪽 변경지대에 있는 천안지역을 군사적인 요충지로 활용했을 것임은 묻지 않아도 알 수 있다.

충남 천안시 동남구 북면 운용리와 서북구 입장면 호당리의 접경에 자리를 잡고 있는 위례산(慰禮山) 및 서북구 성거읍 천흥리와 동남구 북면 남안리·목천면 석천리의 경계에 위치한 성거산(聖居山) 정상부에는 각각 삼국시대에 쌓은 것으로 추정되는 산성이 있는데, 충청남도 문화재 자료 제263호인 성거산성은 성곽이 많이 훼손되어 옛 모습을 찾아보기 어렵다. 이 성거산성에서 능선을 따라 북쪽으로 계속 가면 만나는 위례산 정상부의 산성을 "천안 성거산 위례성(天安 聖居山 慰禮城)"이라고 부르며 충청남도 기념물 제148호로 지정하여 보호하고 있다. 그런데 『삼국유사』 왕력(王歷)편 가장 앞에 나오는 연표에서는 백제 1대 왕인 온조왕에 대해 "위례성(慰禮城)에 도읍했다. 사천(蛇川)이라고도 하며 오늘날의 직산(稷山)이다."라고 소개하고 있다. 백제의 첫 번째 도읍인 위례성이 지금의 직산이라는 것이다. 물론 『삼국유사』에서 말하는 위례성은 행정구역 명칭으로 여겨지기 때문에 현재의 위례산 정상부에 있는 위례성 자체를 가리킨다고는 볼 수 없다. 위례산 가까이에 지금도 천안시 서북구 직산읍이 있듯이 직산은 천안 서북쪽의 일부 지역에 해당하는 지명(地名)인데, 『삼국유사』에서는 이곳을 백제의 초기 도읍지인 위례성으로 소개하고 있는 것 같다.

한편 1989년부터 2017년에 이르기까지 6차례의 발굴조사가 진행된 "천안 성거산 위례성"에서는 그동안 타날문토기호(打捺文土器壺) 편(片), 우각파수호(牛角把手壺) 편, 삼족토기(三足土器) 편, 토제마(土製馬), 철겸(鐵鎌), 철준(鐵鐏) 등 백제시대의 유물과 국내 최대 규모로 인정받는 대형 목곽고(木槨庫)

와 같은 백제유적도 발견되었으며, 방사성탄소연대측정 결과 2010년 전의 것으로 밝혀진 숯도 나왔다고 한다.

이러한 발굴조사 성과와 위례산, 위례성이라는 산과 산성의 이름, 그리고 『삼국유사』 왕력편의 내용 등을 근거로 삼아 하남위례성의 위치가 천안 위례성 일대라는 주장이 오래 전부터 있어왔고, 지금도 이러한 인식은 여전히 남아있다. 그러나 서울 강남지역의 몽촌토성이나 풍납토성이 없다면 모를까 이들이 존재하는 이상, 규모면에서도 그렇고 발굴을 통해 드러난 유물이나 유적들을 비교해 보아도 그렇고, 천안의 위례성이나 직산지역에서 백제 초기의 궁성인 하남위례성의 존재를 찾는 것은 아무래도 현실성이 떨어진다고 보아야 하겠다. 천안의 직산이 위례성이라는 『삼국유사』의 기록을 받아들이기 어렵다면, 왜 이러한 명칭이 천안지역에서 등장했을까 의문이 제기될 수밖에 없다.

일찍이 다산 정약용 선생은 『아방강역고(我邦疆域考)』 위례고(慰禮考)에서 문주왕이 웅진으로 천도할 때 도중의 천안 직산에 잠시 머물면서 정사(政事)를 처리했기 때문이 아니었을까 라는 해석을 내놓았다. 신채호 선생은 광개토왕의 한성 공격으로 위기에 처한 백제가 직산지역으로 천도하여 475년 고구려에게 함락될 때까지 이곳을 도읍으로 삼았기에 신위례성이라 칭했을 것으로 보았다. 이병도 선생은 본래 직산 일대가 마한 중심세력인 목지국의 소재지였는데, 이것이 뒤에 잘못되어 백제의 고도인 위례로 와전된 것이라 보았다. 최근의 견해로는 강종원 교수의 설명이 주목된다. 즉, 문주왕은 웅진천도 다음 해에 대두산성을 수축하여 한강 북쪽의 민호(民戶)를 옮겨왔는데, 이 지역이 직산이라고 보면서 사민(徙民)된 주민들은 자신들 원거주지의 이름을 따서 직산지역을 위례성이라 부르고, 또 고구려의 남진에 대비하기 위해 자신들이 쌓은 산성을 위례산성으로 부른 것이 아닐까 추정하고 있다.

분명한 증거를 찾을 수 없는 역사사실을 다룰 때 사용하는 방법 중 하나가 역사적 상상력을 동원해보는 것이다. 직산을 위례로 보는 견해 중에는 온조왕이 처음 이곳에 도읍을 정했다가 후에 한강유역으로 옮겨갔다는 주장도 있다. 위례산 중턱의 금성사에 세워진 「금성사중창공덕연혁비」에 보면, 금성사의 원래 이름은 위례사였는데 언제부턴가 이름이 바뀌었다는 내용과 함께 금(錦)은 온조왕을 뜻하고 성(城)은 백제부흥을 기원하는 의미를 담고 있다는 내용이 소개되어 있다. 위례산 금성사에는 백제에 대한 그리움이 담겨있음을 느끼게 한다. 어쩌면 한강유역을 다시 수복하고자 하는 백제인들의 염원이 이곳에 집결되어서, 또는 끝내 한강유역을 되찾지 못한 한(恨)이 이곳에 맺혀서, 한강유역의 백제 초기도읍지 이름인 위례성이란 명칭까지 이곳에 붙여놓은 것이 아닐까 싶기도 하다.

웅진시기와 사비시기에 백제의 군사요충지로서 중요한 역할을 한 이곳 주민들의 백제에 대한 애착과 그리움의 정서가 그만큼 컸기 때문인지 이곳에는 백제와 관련된 전설도 상당수 전해온다.

백제시조 온조왕이 이곳에서 밤마다 용이 되어 우물을 통해 한강과 금강을 오갔다는 이야기, 웅진시대 용으로 변한 백제왕이 땅속 물줄기를 통해 웅진과 이곳 용샘을 왕래하며 고구려와 싸우다가 비밀을 눈치 챈 처남에게 죽임을 당했다는 이야기, 사비시대의 일로 의자왕이 13세 때 이곳에 와 도(道)를 닦았다는 이야기, 또는 백제왕이 여기에서 7일 동안 단식을 하며 활쏘기 연습을 했다거나 용샘을 통해 밤에는 부여로 가서 놀고 낮에는 위례산성에서 왕 노릇을 했다는 이야기, 서해바다로 가서 고기나 새가 되기도 하고 중국 산동성까지 왕래했다는 등의 이야기가 전해온다.

물론 그동안 용샘 내부에서 백제시대부터 고려시대까지의 유물이 뒤섞여있는 것을 확인했고 잉어 모양의 목제품 2점도 수습했으며, 국내 최대 규모의 백제시대 목곽고까지 발굴해냄에 따라 이들 전설이 단순한 전설이 아니라 여러 가지 사연을 지니고 있으리라는 것과 실제로 백제와 밀접하게 연결되어있다는 것도 알게 되었다.

이들 전설 가운데 웅진시대 이야기에 고구려와의 대립관계가 담겨있듯이 의자왕이나 사비시대 관련 전설에서도 나름대로의 역사성을 찾아볼 수 있을 것 같다. 예를 들어, 의자왕이 13세 때 위례산성에 와 도를 닦았다는 내용을 통해 그가 원자시절 도성에서 편한 생활만 한 것이 아니라 여러 지역을 다니며 자기계발에 힘쓰고 지지기반도 확대해 나가려 나름대로 노력하지 않았을까 추측해보게 된다. 또 백제왕이 부여와 천안, 서해바다, 중국의 산동성을 왕래했다는 이야기 역시 의자왕과 연결시켜보는 경우, 그가 도성에만 머물지 않고 신라를 친정하거나 지방을 수시로 순행하는 등 적극적인 정치활동을 펼친 사실, 또는 항복한 그가 바다 건너 산동반도를 통해 중국 낙양성까지 끌려간 사실, 또는 의자왕의 태자 부여융이 웅진도독으로서 산동반도를 거쳐 중국과 백제를 자주 왕래한 사실 등이 반영되어 있는 것은 아닐까 생각해 보게 된다.

무왕이 즉위하고 무왕의 원자인 의자왕이 아직 어린 나이였을 때부터 백제와 신라는 끊임없는 전쟁의 소용돌이 속으로 휘말려 들어가고 있었다.

의자왕의 출생년도를 598년으로 보는 경우, 그의 나이 5세이며 무왕 즉위 3년째인 602년 8월에 백제는 신라를 두 번 공격했는데 모두 패배한 것으로 보인다. 의자왕이 8세 때인 605년 8월에는 반대로 신라가 백제를 공격해 왔지만 승패는 알 수 없다. 14세 때인 611년 10월에는 백제가 신라를 공격해 승리한 것으로 나타나고, 19세 때인 616년 10월에도 신라를 공격했는데 승패는 알 수 없다. 21세 때인 618년에는 신라가 백제를 공격해서 치열한 전투 끝에 가잠성(椵岑城)을 되찾아간 것으로 보인다. 26세 때인 623년 가을에는 백제가 신라를 공격했으나 승패는 알 수 없다. 그리고 27세, 29세, 30세 때인 624년 10월, 626년 8월, 627년 7월에는 백제가 신라를 공격해 모두 승리하고 있다. 31세 때인 628년 2월에도 백제가 신라를 공격했지만 이번에는 신라가 승리하였다.

한편 의자왕은 35세 때인 632년 정월 태자로 책봉되었는데, 그 해에도 7월에 백제는 신라를 공격했으나 승패는 알 수 없다. 36세 때인 633년 8월 백제는 다시 신라를 공격해 승리를 했고, 39세 때인 636년 5월 또 백제가 신라를 공격했지만 이번에는 신라가 승리를 하고 있다.

무왕 재위 기간 동안 백제와 신라 사이에서 벌어진 총 14번의 전쟁 중 백제가 일으킨 것이 12번, 신라가 일으킨 것이 2번으로 백제의 공격이 압도적으로 많았고, 승패는 결과가 불확실한 4번을 제외하면 각각 5번으로 서로 똑 같이 나타나고 있다.

이처럼 의자왕은 태자가 되기 이전의 어린 시절부터 신라와의 전쟁을 보고 듣고 겪으며 자랐다. 그것도 거의 일방적으로 백제가 전쟁을 준비하고 밀어붙이는 추세였는데, 당시 백제의 이러한 사회분위기가 의자왕에게 영향을 주지 않았다면 그것이 더욱 이상할 것이다.

의자왕이 천안 위례산성에 와서 도를 닦았다는 전설상의 나이 13세에 어떤 역사성을 부여할 수 있는지 정확하게 말할 수는 없다. 다만 어느 정도 철들 나이로 성장하여 현실에 눈을 뜨게 되면서 백제와 신라 사이에 벌어지고 있는 전쟁의 원인에 대해서도 알게 되고, 그리하여 교육의 힘이든 스스로의 깨우침이든 백제 왕실의 원자로서 도성(都城)생활의 편안함만 추구한 것이 아니라 책임의식을 가지고 천안 위례산성과 같은 군사요충지를 돌아다니며 문무(文武)의 능력을 키우기 위해 의자왕 자신이 부단히 노력한 사실을 알려주는 내용으로 받아들여도 좋지 않을까 싶기는 하다.

전체 14번의 전쟁 중 의자왕이 20세가 된 이후에 일어난 전쟁이 9번이다. 이 횟수는 의자왕의 나이를 최소한으로 낮추어서 본 것이기 때문에 실제로는 10번 이상 일 수도 있다. 그리고 이 가운데 의자왕이 태자로 책봉된 35세 이후에 일어난 전쟁이 3번이다.

의자왕이 20세 이후 성인(成人)이 된 뒤에 적어도 9번 이상, 그중에서도 마지막 3번은 원자가 아니라 이제 태자라는 차기 왕위계승자로서의 새로운 위상을 확립해 놓은 상태에서 신라와 전쟁이 일어난 것이다. 용맹스럽고 담이 크며 결단성이 있었다는 의자왕의 성품을 고려하면 이들 전쟁의 결정과정에 의자왕이 직접 또는 간접으로 개입했거나 신라와의 전쟁에 스스로 참여하여 군사들을 독려(督勵)했을 가능성도 생각해볼 수 있지만 구체적인 증거는 없다.

무왕의 태자가 되다

무왕은 왕의 자리에 오른 지 33년째 되는 632년 정월에 원자인 의자왕을 태자로 책봉하였다. 의자왕의 나이를 최소한으로 계산해도 35세가 되었을 때이니 상당히 늦었다고 할 수 있다.

『삼국사기』 백제본기에서 태자책봉의 예를 찾아보면, 온조왕은 재위 28년에 다루왕을, 다루왕은 재위 6년에 기루왕을, 아신왕은 재위 3년에 전지왕을, 문주왕은 재위 3년에 삼근왕을, 무왕은 재위 33년에 의자왕을, 의자왕은 재위 4년에 부여융을 태자로 책봉한 6건의 기사가 나온다. 태자책봉 기사가 없는 백제왕들이 25명으로 훨씬 많기 때문에 정확한 상황파악을 하기는 어렵다. 위 6명의 왕 외에 다른 백제왕들은 모두 태자를 책봉하지 않은 것인지, 아니면 『삼국사기』 편찬자들이 수집한 자료에 태자책봉과 관련된 내용이 없어서 소개를 해놓지 못한 것인지 불분명한데, 아무래도 편찬자들이 관련 자료를 확보하지 못한 후자의 가능성이 커 보이기는 한다.

어쨌든 밝혀진 내용으로만 보면 무왕의 태자책봉은 다른 어떤 백제왕들보다도 늦게 이루어진 것으로 나타난다. 왕으로 즉위한지 33년만에야 의자왕이 원자임에도 불구하고 이미 30대 중반 이후의 나이가 된 의자왕을 태자로 책봉하여 자신의 후계자로 삼고 있는 것이다. 무왕의 재위기간으로 보나 의자왕의 나이로 보나 늦어도 너무 늦었다고 할 수밖에 없다. 왜 무왕이 이렇게 의자왕의 태자책봉을 늦게까지 미루었는지 그 분명한 이유가 드러나 있지 않다보니, 이 문제를 놓고 연구자들 사이에서는 그동안 다양한 의견이 제시되어 왔다.

여기에서는 일단 눈길을 끌지만 인정하기는 어려운 주장으로 대표적인 것 3가지 정도만 소개해 보겠다.

첫째, 서동설화 속의 선화공주를 역사적인 존재로 받아들이면서 그녀와 의자왕과의 관계 속에서 이유를 찾는 경우이다. 신라 진평왕의 셋째 딸인 선화공주가 실제로 의자왕의 친모(親母)이자 무왕의 첫째 왕비라는 것, 그런데 무왕이 42년이란 긴 기간 동안 장기 집권하는 과정에서 선화공주는 사망했고 다른 여인이 무왕의 두 번째 왕비가 되었을 뿐만 아니라 무왕에게는 왕비 이외에도 다른 부인들이 여러 명 더 있었으리라는 것, 결과적으로 적대국가인 신라를 외가(外家)로 두고 있는 의자왕은 유력하면서도 유일한 후견인이었던 선화공주가 죽음으로써 고립무원(孤立無援)의 처지에서 열세(劣勢)에 놓일 수밖에 없었으며, 이러한 상황에서 무왕은 다른 부인이 낳은 왕자를 태자로 삼으려는 생각까지 품고 태자 책봉을 미루면서 여러 부인들의 친정(親庭) 가문, 즉 외척들과의 관계를 조정해나가려 했다는 것, 따라서 태자의 자리를 둘러싸고 여러 왕자들 사이에 경합이 벌어질 수밖에 없었는데, 원자인 의자왕은 부모에게 효도하고 형제들과 우애롭게 지내 "해동증자(海東曾子)"라는 칭송을 들을 정도로 자기관리를 철저히 하여 결국 무왕과 왕비는 물론이고 백제 귀족들의 신임을 얻음으로써 태자에 책봉되고 무왕 사후(死後)에는 왕으로 즉위할 수 있었다는 것, 그 과정이 길었고 순탄치 않아서 의자왕의 태자책봉이 그만큼 늦게 이루어졌다는 것 등이 이 주장의 중심내용이다.

논의의 출발점부터 부자연스러운 이 주장의 가장 큰 문제점은 문학적인 가상세계 속의 선화공주를 역사 속의 실존인물로 끌어들이고 있다는 것이다. 문학과 역사의 차이에 대한 분명한 인식이 결여되어있다 보니, 이후의 모든 설명들이 현실성을 잃어버린 주장으로 받아들여질 수밖에 없다. 특히 선화공주라는 가상세계의 인물을 근거로 삼아 의자왕의 외가를 신라로 보면서 그것이 태자로 책봉되는 과정에서 의자왕에게 절대적인 약점으로 작용했으리라는 주장은 엄청난 역사왜곡을 불러일으킬 위험성을 안고 있기 때문에 역사학자라면 함부로 언급해서는 안 될 내용이라고 판단된다. 한 번의 잘못된 역사인식이 연쇄적인 역사왜곡으로 이어질 수 있음을 보여주는 것 같아 안타깝기도 하다.

의자왕이 "해동증자"로 칭송되었다는 것과 태자책봉이 늦어졌다는 기본적인 사실 외에 위 주장에서 제시되고 있는 다른 내용들, 즉 무왕의 왕비가 도중에 바뀌었다거나, 무왕이 의자왕 말고 다른 왕자를 태자로 삼으려는 생각으로 태자책봉을 미루었다거나, 태자의 자리를 둘러싸고 여러 왕자들 사이에 경합이 벌어졌다거나, 의자왕이 힘겨운 노력 끝에 무왕과 왕비는 물론이고 백제 귀족들의 신임을 얻음으로써 비로소 태자에 책봉될 수 있었다거나 하는 내용들 역시 합리적인 근거제시 없이 불안한 논리 위에서 나온 추측성 발언이기 때문에 선뜻 받아들여지지 않는다.

둘째, 『일본서기』 서명천황(舒明天皇) 3년(631) 3월 경신(庚申)조에 보이는 "백제왕 의자(義慈)가 왕자 풍장(豊璋)을 들여보내 인질로 삼았다."는 기사의 내용을 근거로 삼아 의자왕이 동생인 풍장과 후계자 경쟁을 한 끝에 어렵사리 태자로 결정되었기 때문에 태자책봉이 그만큼 늦어질 수밖에 없었다는 주장이다.

일본의 서명천황 3년인 631년은 무왕 32년에 해당한다. 그런데 『일본서기』의 내용상에서는 무왕이 아닌 의자왕이 왕자인 풍장을 일본에 파견한 것으로 나와서 시기와 내용이 서로 맞지 않는다. 그러다 보니 이를 둘러싸고 또 다양한 주장이 제기되었는데, 그중 내용보다는 『일본서기』의 편년(編年)을 받아들여서 의자왕을 무왕의 오기(誤記)로 보고 풍장을 의자왕이 아니라 무왕의 아들로 생각하는 연구자들도 등장하게 되었다.

풍장이 무왕의 아들이라면 의자왕과는 당연히 형제관계가 되고, 또 의자왕은 무왕의 원자가 분명하므로 풍장을 의자왕의 동생으로 생각한 것 같다. 물론 의자왕이 원자이기는 하지만 그에게 서형(庶兄)이 존재했을 가능성을 앞장에서 언급한 바 있듯이 의자왕에게 반드시 동생만 있었다고 생각할 이유는 없다. 여하튼 풍장을 의자왕과 형제관계로 보면서 무왕이 632년 의자왕을 태자로 책봉하기에 앞서 631년, 즉 바로 전 해에 풍장을 일본으로 들여보낸 것은 의자왕을 태자로 임명할 때 혹시나 발생할지도 모를 형제간의 불상사를 사전에 방지하려는 차원에서의 조치였고, 따라서 이 일은 의자왕이 풍장과 후계자 경쟁을 한 끝에 어렵게 승리하여 태자로 결정된 사실을 알게 해주는 상징적인 사건으로 볼 수 있다는 것이 이 주장의 핵심이다.

이 주장의 가장 큰 문제점은 『일본서기』에서 풍장을 분명히 의자왕의 왕자로 기술해 놓았음에도 이를 무시하고 편년 상의 문제를 내세워 무왕의 왕자로 탈바꿈시키는 것이 과연 타당할까 라는 사료비판 과정을 충분히 거치지 않았다는 데에 있다. 사실 사료의 생산자인 인간 자체가 모두 이것저것 여러 가지 한계를 지닐 수밖에 없는 존재이기 때문에 이 세상에 그대로 믿고 따라도 좋을 사료는 하나도 없다고 본다. 그래서 역사가는 모든 사료를 대할 때 기본적으로 회의정신(懷疑精神)을 가지고 있어야 한다는 말도 나오게 되었다. 의심하고 또 의심하고 계속 의심한 뒤 그래도 받아들여질 수 있다면 사료의 내용을 따르고, 그렇지 않다면 그 사료가 지니고 있는 문제의 본질을 정확하게 파악하여 숨어있는 진실을 찾기 위한 노력을 멈추어서는 안 된다는 것이다.

『일본서기』 서명천황 3년 3월 경신조에 나오는 풍장(豐璋)의 이름은 일본이나 중국의 역사서에서 부여풍(扶餘豐), 풍(豐), 여풍(餘豐), 여풍장(餘豐璋), 풍장(豐璋), 규해(糺解) 등 다양하게 나타나는데, 본명은 부여풍장(扶餘豐璋), 즉 성은 부여, 이름은 풍장으로 보아야 할 것 같다. 성을 생략하고 이름만 표기하거나 성과 이름을 외자(外字)로 표기하는 과정에서 다양한 표현이 등장하게 된 것이다. 오늘날의 연구자들은 보통 부여풍이란 이름으로 부르면서 백제부흥운동시기에는 풍왕(豐王)이란 호칭을 사용하기도 한다. 『일본서기』 제명천황(齊明天皇) 7년(661) 4월조에 보이는 규해(糺解)는 그 이름의 정확한 내막을 알 수 없으나 이 역시 부여풍의 또 다른 이름인 것은 분명하다.

부여풍과 관련된 가장 빠른 역사기록이라고 할 수 있는 『일본서기』 서명천황 3년 3월 경신조의 내용이 지니고 있는 모순은 지금까지 세 가지 정도의 다른 견해를 만들어낸 것 같다. 첫 번째는 서명 3년에 보이는 풍장(豐璋)과 이후의 시기에 나타나는 풍장(豐璋)은 한문이 약간 다른 것까지를 감안하여 동명이인(同名異人)으로 보아야 한다는 것이고, 두 번째는 내용보다 시기를 중시하여 풍장을 무왕의 아들로 보는 것이며, 세 번째는 시기보다 내용을 중시하여 의자왕의 아들로 보는 것이다. 이들 견해 중 어느 것을 취사선택(取捨選擇)할지는 연구자의 입장에 따라 다르겠지만, 그래도 역시 가장 설득력이 있는 것은 마지막 견해가 아닐까 싶다.

첫 번째의 견해처럼 풍장(豐璋)과 풍장(豐璋)의 한문이 약간 다르다고 해도 사료에 따라 부여풍의 이름이 다양하게 변형되어 나타나고 있는 상황을 감안하는 경우, 분명한 사료적 근거가 있다면 모를까 긴가민가한 정도의 사료 제시나 연구자의 주관적인 판단으로 동명이인을 주장하는 것은 받아들이기 어렵다고 생각한다. 특히 무왕이나 의자왕시대의 왕자들 속에서 같은 이름으로 볼 수밖에 없는 두 사람의 존재를 가정한다는 것은 그 자체가 너무 무리한 발상이라고 여겨진다.

두 번째와 세 번째 견해에 대한 이해를 위해서는 문헌기록에서 나타날 수 있는 실수의 가능성도 생각해볼 필요가 있다. 전통시대의 역사가들은 『자치통감』이나 『일본서기』와 같은 편년체 형식의 역사서를 편찬할 때 먼저 관련 사료들을 광범위하게 수집하고 그것을 시대별로 배열하여 장편(長編)을 만든 다음, 그 장편 속에서 필요한 내용들을 뽑아내어 정리하는 방법으로 작업을 했다. 따라서 시대별로 배열할 때 중국의 『자치통감』처럼 각 왕조에서 사용한 연호(年號)를 기준으로 삼기도 하고, 『일본서기』처럼 각 천황의 재위년도에 따라 순서를 정하기도 했다. 그런데 이러한 기준이나 순서가 오늘날의 서력기원(西曆紀元) 역법(曆法)처럼 편리하지 못하고 다양하면서도 복잡한 연호나 천황의 명칭, 또는 간지(干支)를 활용하다보니 본의 아닌 착오가 발생하는 일도 종종 있었다. 따라서 의도적인 왜곡이 아니라면 특정한 사건의 내용 자체를 완전히 다른 글자나 내용으로 바꾸어 기록해놓는 것보다 시기적인 순서를 잘못 판단하거나 실수로 다른 곳에 배치해놓을 위험성이 훨씬 컸던 것이 사실이다.

문제가 되는 서명 3년을 서명 13년(641) 이후로 연대를 조정하여 풍장을 백제왕자 교기(翹岐)로 파악하는 견해도 있고, 서명 3년은 신묘(辛卯)년이므로 이것을 의자왕 3년(643)에 해당하는 계묘(癸卯)년의 착오일 것으로 보는 견해도 이미 제기되고 있는데, 의자왕 3년인 계묘년, 즉 643년으로 보는 견해는 다른 주장들보다 설득력이 큰 것으로 받아들여진다.

『속일본기(續日本紀)』의 천평신호(天平神護) 2년(766) 6월조에는 과거의 사실을 기록하면서 "의자왕이 그 아들 풍장왕 및 선광왕을 들여보내 (천황을) 모시게 했었다(義慈王遣其子豊璋王及禪廣王入侍)."라고 하여 분명하게 의자왕이 아들인 풍장을 일본으로 보냈다고 밝혀놓고 있다. 그리고 『일본서기』 황극천황(皇極天皇) 2년(643) 11월조에 보면 "백제의 태자 여풍(餘豊)이 벌통 4개를 삼륜산(三輪山)에 놓아길렀으나 끝내 번식하지 않았다."라고 하여 643년 11월부터 실제로 일본에서 부여풍의 활동내용이 확인된다. 그렇다면 부여풍은 의자왕의 왕자로서 서명 3년이 아닌 의자왕 3년, 즉 643년 3월에 의자왕의 또 다른 아들인 선광과 함께 일본으로 파견되었다고 보아도 좋을 것 같다.

그러므로 『일본서기』 서명천황 3년 3월 경신조에서 풍장이 의자왕의 아들로 나오는 내용을 제쳐두고 편년을 근거로 삼아 풍장을 의자왕의 동생으로 탈바꿈시키면서 의자왕과 풍장이 태자자리를 놓고 오랫동안 서로 경쟁관계에 있었다고 보는 둘째 주장 역시 받아들이기 어려운 것이 사실이다.

셋째, 최근에 많이 거론되고 있는 무왕의 익산천도 설 속에서 의자왕의 태자책봉이 늦어진 이유를 찾아볼 수 있다는 주장이다. 백제의 무광왕이 지모밀지로 천도하고 새로 제석정사를 지었다는 『관세음응험기』의 내용에서 무광왕을 무왕, 지모밀지를 익산지역으로 받아들이는 데에는 현재 별다른 이견이 없는 것 같다. 그런데 여기에서 더 나아가 제석정사의 실체가 이미 드러났고, 미륵사지 서탑에서 출토된 사리봉안기를 통해 대규모 왕실사찰인 미륵사의 건립과 관련된 내용까지 밝혀짐에 따라 『관세음응험기』의 사료적 가치를 높게 평가하는 연구자들 사이에서는 무왕의 익산천도 가능성을 더욱 적극적으로 인정하려는 분위기가 조성되어 있기도 하다.

셋째 주장은 이러한 익산천도를 둘러싸고 찬성세력과 반대세력 사이에 갈등이 발생했을 가능성, 다시 말해 정치중심지인 왕도를 사비에서 익산으로 옮겨가는 문제를 놓고 이에 반대하는 사비에 기반을 둔 사씨세력과 찬성하는 익산세력 사이에 치열한 정치적 갈등이 발생했을 가능성이 크다는 것, 그리고 이들 사이의 갈등은 천도만이 아니라 태자책봉과도 연결되어있어서 복잡한 양상을 띠고 있었다는 것, 그러다가 결국은 사씨세력의 부상(浮上)과 익산세력의 약화라는 정국(政局) 변화 속에서 사씨세력의 정략적 지지에 힘입어 의자왕이 태자로 책봉될 수 있었다는 것 등이 주요 내용이다.

이 주장에서 우선적으로 마음에 걸리는 것은 『관세음응험기』의 사료적 가치에 대한 평가 부분이다. 제석정사의 부지(敷地)와 화재(火災)의 현장이 밝혀짐으로써 『관세음응험기』 안에 기본적인 역사사실이 많이 반영되어 있다는 것은 알게 되었지만, 그럼에도 『관세음응험기』의 중심내용은 현실적이기보다 불교의 신기한 이적(異蹟)을 소개하는 설화적 성격을 강하게 지니고 있는 것이 사실이다. 때문에 『관세음응험기』를 사료로 활용하려 할 때 역사가 입장에서는 기록상의 내용을 그대로 믿고 따르기보다 그 속에 숨어있는 역사성을 찾아보는 데에 힘을 기울여야 하는 부분 또한 적지 않다는 것을 분명히 인식해야 할 필요가 있다.

무왕이 익산으로 천도했다거나 아니면 최소한 천도를 시도했다는 주장조차도 믿고 따를만한 분명한 증거가 준비되어있지 않다면 함부로 말할 수 없다고 본다. 수도를 옮기는 천도 자체의 엄청난 파급력을 생각하면 사료에 대한 치밀한 분석과 충분한 고민이 수반되지 않은 상태에서 이와 관련된 주장이 역사가의 글을 통해 일단 발표되는 순간 잘못하면 백제사를, 그리고 백제사에 대한 사람들의 인식을 사실과 완전히 다른 새로운 왜곡의 수렁으로 빠트릴 위험성도 있기 때문에 이 문제는 무척 신중하게 다루어야 한다. 『관세음응험기』 외에 무왕의 익산천도를 증명해줄만한 다른 사료는 발견되고 있지 않다. 따라서 역사사실이 어느 정도 반영되어 있다고는 하지만, 그래도 현실세계보다 불교의 설화적인 가상세계에 중심이 놓여있는 『관세음응험기』의 내용에 의존하여 무왕의 익산천도를 기정사실화하는 주장은 매우 우려스럽게 받아들여진다.

한편 한성(서울), 웅진(공주), 사비(부여) 등 백제가 도읍으로 삼은 지역들은 한결같이 바다로 연결되는 큰 강을 옆에 끼고 중국이나 일본까지 대외교통이 편리하게 이루어질 수 있는 장점을 공통적으로 지니고 있었다. 그런데 익산은 이러한 지리적인 입지조건에서도 특별한 장점을 찾아볼 수 없다. 뿐만 아니라 실행에 옮기기가 결코 쉽지 않은 천도라는 국가적인 대사업을 무리하게 감행하면서까지 무왕이 새로운 수도로 삼고 싶어 할 만큼 익산지역이 정치적으로나 경제적으로나 외교적으로나 군사적으로나 특별한 매력을 지니고 있는 곳이었다고 보기도 어렵다. 물론 제석정사나 미륵사와 같은 왕실사찰이 세워진 것을 보면 종교적으로는 중요한 의미를 지닌 곳이 분명한데, 그래도 이 정도를 가지고 익산천도를 이야기하는 것은 너무 무리한 주장이 아닐까 싶다.

　최근에는 무왕의 익산천도설이나 백제의 동서(東西) 양성(兩城)에 대한 유력한 증거라며 백제 왕궁시설로 밝혀진 왕궁리유적을 거론하기도 한다. 그러나 이 왕궁시설은 백제의 정치 중심지로서의 왕도(王都)보다는 무왕과 사택왕후가 미륵사가 있는 익산지역에서 지내기 위해 만든 왕실의 별궁(別宮)일 가능성이 더 크다고 판단된다.

　그러므로 『관세음응험기』의 익산천도 내용은 그것을 역사사실 자체로 받아들이기보다 그 안에 역사적인 상징성이 담겨있다고 보아야 할 것 같다. 그리고 그 상징성이 무엇인지 정확한 대답을 내놓을 수는 없지만, 미륵사지 사리봉안기에 무왕의 장수와 왕비의 건강을 축원하는 내용이 들어있듯이 미륵사는 무왕과 그 왕비인 사택왕후를 위해 지은 왕실사찰이 분명한 만큼 무왕과 사택왕후가 말년에 익산으로 와 이 절과 별궁에서 지내다가 오늘날 쌍릉이라고 부르는 무덤에 안치되었을 가능성 정도는 생각해볼 수 있다. 의자왕 입장에서 보아도 부모의 염원이 담겨있고 부모가 지은 미륵사와 별궁이 자리를 잡고 있는 익산지역은 큰 의미가 있는 곳으로 받아들여질 수 있다. 따라서 부모의 무덤을 이곳에 조성했을 가능성 역시 충분히 생각해볼 수 있기 때문에 쌍릉을 무왕 부부의 무덤으로 받아들여도 이상할 것이 없다. 혹시 『관세음응험기』의 익산천도 내용 속에 이러한 역사성이 반영되어 있는 것은 아닐까 추측해볼 뿐이다.

　다음으로 태자책봉 문제를 왕실차원이 아니라 관료나 귀족들 사이의 힘의 논리로 바라보는 시각에 대해서도 다시 생각해볼 필요가 있다.

　태자의 자리를 놓고 경쟁하는 왕자들이 여러 명일 경우 각각의 지지세력이 형성될 수는 있다. 그러나 왕실의 의지와 관계없이 이 지지세력들의 경쟁결과에 의해 태자책봉이 이루어질 수 있다고 보는 시각에는 동의하기 어렵다. 이러한 경우가 전혀 없지는 않겠지만, 대개는 반대의 경우, 즉 왕실에서 이루어지는 태자책봉의 결과에 따라 지지자들이 영향을 받는 경우가 더 많으리라고 본다. 태자책봉이라는 왕실문제에 관료나 귀족들이 관심을 가질 수는 있지만, 그 문제에 관여하며 지지세력까지 결성하여 결정과정에 깊숙이 개입하는 일은 극히 예외적인 경우가 아니라면 사실 생각하기 어렵다. 무왕의 원자인 의자왕 역시 태자책봉의 시기가 늦기는 하지만 그가 태자의 자리를 놓고 형제들과 경쟁을 하였다거나 그의 지지세력이 따로 있었다는 사실을 보여주는 증거는 없다. 직접적인 증거가 있다면 모를까 그렇지 않다면 예외적인 상황보다 일반적인 경우에 비추어서 그의 태자책봉문제도 생각해 보아야 할 것 같다.

무왕이 재위 33년 만에 의자왕을 태자로 책봉한 것도 그렇고, 의자왕이 30대 중반 이후라는 늦은 나이에 태자에 임명된 것도 그렇고, 모두 정상적인 상황에서는 이해가 되지 않는 모습이다. 이로 인해 위에 소개한 바와 같은 여러 주장들이 등장하게 되었는데, 이들 주장 모두를 받아들이기 어렵다면 보다 가능성이 큰 새로운 이유를 찾아보아야 할 것이다.

여기에서는 무왕과 의자왕 사이의 태자책봉 문제를 북송(北宋) 태종(太宗)이 아들인 진종(眞宗)을 태자로 늦게 임명한 중국 사례와 비교하면서 논의를 진행해보도록 하겠다. 북송 태종과 백제 무왕은 서로 다른 시대 다른 역사무대에서 살았지만, 두 사람의 삶의 모습은 비슷한 부분이 많아서 눈길을 끈다.

우선 두 사람 모두 즉위과정이 순탄하지 않았다는 점에서 공통성을 보여준다. 북송의 두 번째 황제인 태종은 자기 형인 태조(太祖)를 시해(弑害)하지 않았을까 의심받을 정도로 우여곡절을 겪으며 어렵게 황제의 자리에 올랐다. 백제 무왕 역시 왕의 자리에 오르는 과정이 쉽지 않았으리라는 점을 앞장에서 지적한 바 있다. 황제나 왕의 자리에 쉽게 오를 수 있는 상황이 아니었다는 것은 그 자리에 오르기까지 주변으로부터 많은 도움을 받았다는 의미도 될 수 있지만, 동시에 당사자 역시 모든 어려움을 극복하고 자신의 목적을 이루어낼 만큼 강한 집념과 권력의지로 충만해있었다는 뜻도 된다. 즉위 이후에 두 사람 모두 적극적인 정치활동을 펼쳐나가며 마지막까지 자신들의 임무에 최선을 다하는 모습을 보여준 것 역시 이들이 황제나 왕의 자리에 그만큼 강한 애착과 책임감을 느끼며 확고한 권력의지를 가지고 활동했기 때문에 나타나게 된 공통적인 현상으로 받아들여도 좋을 것 같다.

다음 두 사람의 활동내용 중에서 군사적인 부분의 비중이 상당히 컸다는 점도 주목된다. 북송 태종은 거란족의 요(遼)나라가 차지하고 있던 연운16주(燕雲十六州)라 불리는 북경(北京) 부근의 중국 땅을 되찾기 위해, 그리고 백제 무왕은 신라에게 빼앗긴 한강유역의 백제 옛 땅을 회복하기 위해 재위 기간 내내 전쟁을 멈추지 않았다. 두 사람 모두 황제나 왕의 자리에 올라 적대국(敵對國)과의 전쟁분위기를 고조시키면서 그 전쟁을 적극적으로 수행했다는 점에서 공통적인 모습을 보여주고 있는 것이다.

마지막으로 태자책봉이 비정상적으로 늦게 이루어졌다는 측면에서도 공통성을 엿볼 수 있다. 북송 태종은 38세인 976년에 즉위하여 59세인 997년에 사망할 때까지 22년 동안 황제의 자리에 있었는데, 재위 20년째이자 죽기 2년 전인 995년(至道元年) 8월에 진종을 태자로 책봉했다. 태자로 임명될 당시 진종의 나이는 28세였다. 재위기간 42년 중 33째 되는 632년 정월에 적어도 35세 중반 이후의 나이가 된 의자왕을 태자로 임명한 무왕의 경우보다는 빠른 편에 속하지만, 북송 태종의 22년 재위기간 중 사망하기 2년 전에 이루어진 태자책봉이나 책봉 당시 진종의 나이가 이미 28세였다는 점을 생각하면 북송 태종의 태자책봉도 정상적으로 이루어졌다고는 할 수 없다.

이렇듯 본인들의 즉위과정부터 태자책봉 문제에 이르기까지 북송 태종과 백제 무왕은 여러 가지로 공통점을 보여주는데, 태자책봉이 늦어진 이유 역시 이런 두 사람의 공통성 속에서 답을 찾아보고 싶다.

첫 번째로는 두 사람 모두 권력의지가 매우 강했다는 점을 생각해볼 수 있다. 황제나 왕의 자리에 대한 애착과 남다른 책임감이 두 사람 모두를 자신들이 소유한 권력에 집착하도록 만들어서 후계자를 정하는 태자책봉 문제까지 쉽게 결정하지 못하고 계속 뒤로 미루게 만들지 않았을까 여겨지기도 하는데, 이러한 해석은 두 사람 모두를 너무 권력의 화신(化身)으로 평가절하(平價切下)하는 것 같아 피하고 싶다.

두 번째로는 전쟁분위기가 고조되어 사회 전체를 긴장감에 휩싸이도록 만든 불안정한 정국(政局)이 태자책봉 문제에 영향을 주었을 가능성도 생각해볼 수 있다. 다만 의자왕이 즉위 4년째 되는 해, 즉 신라에 대한 공격을 적극적으로 펼쳐나가던 644년에 부여융을 태자로 일찍 책봉한 사례가 있듯이 전쟁만을 이유로 태자책봉이 늦어졌다고 말하기는 어렵다. 똑같은 전쟁 상황 속에서도 부모와 자식 간의 관계는 얼마든지 다른 모습으로 나타날 수 있다고 본다.

예를 들어 자식을 생각하는 마음이 강한 부모의 적극적인 애정표현은 태자책봉 문제를 일찍 매듭지은 의자왕처럼 자식 스스로가 현실의 여러 가지 어려움에 직접 부딪치면서 그것을 극복해나갈 수 있는 능력과 책임감을 키우도록 자식의 현실참여를 독려하고 이끌어주는 모습으로 나타날 것이다. 반대로 자식을 아끼는 마음이 너무 각별하거나 자식의 능력에 대한 믿음이 아직 부족한 상태에서 사회분위기까지 전쟁에 휘말려 안정되지 못하고 혼란스럽다면 자식의 현실참여를 서두르기보다 부모의 보호하에 좀 더 편한 생활을 하며 배움의 과정을 거치기를 바라는 소극적인 애정표현으로 나타날 수도 있다.

이들 두 경우 중 어느 경우이건 부모의 뜻을 따를 수밖에 없는 자식보다는 그 부모의 입장이 크게 반영될 것으로 본다. 북송 태종이나 백제 무왕이나 모두 군주로서는 강한 권력의지를 가지고 자신들의 맡은 바 소임에 최선을 다하는 적극적인 모습을 보여주었지만, 그 권력을 자식에게 물려주는 부모와 자식 간의 문제에서만큼은 두 사람 다 적극적이기 보다 소극적인 애정표현을 보임으로써 태자책봉 시기도 그만큼 늦어지게 되었다고 보면 어떨까 싶다.

부모슬하의 해동증자

의자왕을 부정적으로 바라보는 시각이 팽배해있는 오늘날에도 "해동증자(海東曾子)"라는 말은 의자왕을 향한 칭송의 표현으로 사람들 입에 오르내리고 있다. 『삼국사기』 의자왕본기의 즉위년 기사를 비롯해 의자왕을 "해동증자"라고 소개한 용례(用例)는 중국의 역사서나 문학작품 곳곳에서 발견된다. 사실은 『삼국사기』도 중국의 역사기록에 따라서 의자왕을 "해동증자"로 소개한 것인데, 의자왕의 효행(孝行)에 대한 내용을 자세히 기록해놓은 자료가 없어서 아쉽기는 하지만 의자왕을 "해동증자"로 인식하는 분위기가 중국내에 폭넓게 자리를 잡고 있었던 것은 분명한 사실이다.

『구당서』, 『당회요(唐會要)』, 『태평환우기(太平寰宇記)』 등의 백제(국) 전에는 "해동증민(海東曾閔)"으로, 『신당서』, 『문헌통고(文獻通考)』의 백제전에는 "해동증자"로 나온다. 이런 역사서 외에 북송 휘종(徽宗) 때 마영이(馬永易)라는 사람이 유명한 옛 인물들을 광범위하게 수집해 놓은 책인 『실빈록(實賓錄)』이나 남송 말기에 임동(林同)이 역대(歷代) 효자들을 시(詩)로 칭송한 『효시(孝詩)』 등에서도 의자왕을 "해동증자"로 소개해놓고 있어서 눈길을 끈다.

"해동"은 중국이 우리나라를 부를 때 흔히 사용하는 호칭이고 『구당서』의 "증민"은 증삼(曾參)과 민손(閔損)을 가리키는데, 『신당서』에서는 증삼만을 지목하여 "해동증자"로 표현하고 있다. 『삼국사기』는 『신당서』의 기록을 따른 것으로 보인다. 증삼과 민손은 두 사람 다 공자의 제자 중에서 효성이 뛰어난 인물로 유명하며 증자와 민자라고도 불리고, 증삼은 자(字)가 자여(子輿)로 증자여, 민손은 자(字)가 자건(子騫)이어서 민자건이라고도 부른다.

원(元)나라 때 곽거경(郭居敬)이 중국 역사 속에 나타나는 대표적인 효자 24명을 뽑아서 세상의 사표(師表)로 삼고 어린아이들의 교화(敎化)자료로 이용하기 위해 편찬한 『이십사효(二十四孝)』에도 증자(曾子)와 민자(閔子)가 들어있다. 증자는 「설지심통(囓指心痛)」의 고사, 민자는 「단의순모(單衣順母)」의 고사에서 주인공으로 나온다.

증자는 그 어머니를 지극한 효성으로 모셨는데, 하루는 증자가 산으로 나무하러 갔을 때 집에 손님이 찾아왔다. 아들을 부를 마땅한 방법이 없는 어머니가 자신의 손가락을 깨물자 갑자기 마음속에 통증을 느낀 증자가 땔감을 지고 부지런히 집으로 돌아와서는 그 이유를 어머니에게 물었고, 어머니는 "급한 손님이 왔기 때문에 내가 손가락을 깨물어 너에게 알렸을 뿐이다."라고 대답했다는 것이 「설지심통」의 고사이다. 그리고 민자는 어려서 어머니가 일찍 죽고 아버지가 다시 계모를 맞아들여 두 아들을 낳았는데, 그 계모는 자신이 낳은 아들들에게만 솜을 넣어서 만든 따뜻한옷을 입히고 민자에게는 갈대꽃(蘆花)을 넣어서 만든 홑옷(單衣)을 입혔다고 한다. 하루는 아버지가 민자에게 수레를 끌게 했는데, 민자는 추위 때문에 그만 수레의 손잡이를 놓치고 말았다. 그 이유를 알게 된 아버지가 계모를 내쫓으려 하자 민자는 "어머니가 있으면 한 아들이 춥지만, 어머니가 나가면 세 아들이 외롭게 됩니다."라고 말하였고, 이 말을 들은 계모도 뉘우치며 자신의 잘못을 고쳤다는 것이 「단의순모」의 고사이다.

의자왕의 부모형제에 대한 효성과 우애가 어느 정도였는지 구체적인 증거는 없지만, 중국의 역사가들이 그를 증삼과 민손에 견주어 평가하고 있다는 것 자체가 의자왕 당시부터 많은 사람들이 부모형제를 위하는 의자왕의 마음을 실제로 높게 평가하며 인정해주고 있었음을 알려주는 증거라고 할 수 있겠다.

『구당서』, 『당회요』, 『태평환우기』 등의 백제(國) 전에서는 백제가 정복당한 뒤 의자왕이 중국으로 끌려가 죽었다는 내용 바로 앞 기사(記事)에 부모를 효행으로써 섬겨 널리 알려졌고 형제와 우애롭게 지내 당시 사람들이 "해동증민"이라 불렀다고 간단히 소개해놓고 있다. 『신당서』와 『문헌통고』 백제전에는 의자왕 즉위기사 다음에 부모를 효로써 섬기고 형제와 우애롭게 지내 당시에 "해동증자"라 불렀다고 나온다. 역사서에 따라 해당 기사의 위치가 두 종류로 다르게 나타남을 볼 수 있다. 『구당서』 등은 의자왕의 죽음 바로 앞에 그 기사를 배치하여 그의 생애 전반에 대한 평가로서의 성격을 보여주고 있고, 『신당서』 등은 즉위 기사 바로 뒤에 배치하여 의자왕이 즉위하기 이전, 즉 원자와 태자시절 의자왕의 생활모습을 소개한 내용으로 볼 수 있게 해준다.

이처럼 기사의 위치에 따라 약간의 성격차이가 느껴지기는 하지만, 두 종류의 기사 모두 의자왕이 부모에게 효도를 다하고 형제들과 사이좋게 지냄으로써 사람들의 칭송대상이 되었다는 사실을 알려주고 있다는 점에서는 다르지 않다고 본다. 그렇다면 이들 중국의 역사서들은 무엇을 근거로 삼아 이런 기록을 남겼을까 궁금한데, 지금으로서는 역사적 상상력에 의존하여 궁금증을 달래볼 수밖에 없다.

중국의 역사가들이 아무런 근거도 없이 단순한 소문만을 듣고 이런 기록을 남겼을 리는 없다고 본다. 무언가 역사기록에 올릴 정도의 확신이 있었다고 보아야 할 것이다. 이 경우 생각해볼 수 있는 것이 의자왕만이 아니라 왕자들과 많은 수의 백제 관료 및 백성들이 중국에 함께 끌려갔으며 며칠 뒤 의자왕이 죽자 장례절차를 마친 후 낙양 북망산에 무덤을 만들고 비석까지 세웠다는 사실이다.

중국 황제의 배려 속에서 일정한 격식을 갖추어 진행된 의자왕의 장례식은 당시 중국인들에게도 관심의 대상이 되었을 것이다. 그리고 장례식장에서는 고인이 된 주인공 의자왕에 대한 여러 가지 추모의 이야기들도 오갔을 것이다. 그중에는 의자왕이 보여주었던 부모에 대한 효성과 형제 간의 우애를 떠올리며 의자왕을 칭송하는 사람들도 있었을 것이고, 그것이 중국인들에게 인상깊이 받아들여지지 않았을까 싶기도 하다. "해동"이란 호칭이 들어간 것을 보면 "해동증민"이나 "해동증자"는 중국인들 입장에서 붙여진 명칭으로 여겨질 수도 있겠지만, 당시 사람들이 "해동증민" 또는 "해동증자"라고 불렀다는 기사(記事)의 내용을 염두에 둔다면 이 표현은 중국의 역사가들이 만들었다기보다 이미 백제인들 사이에서 의자왕을 칭송하는 말로 폭넓게 퍼져있었다고 보아야 맞을 것 같다.

물론 그렇다고 장례식장에서의 망자(亡者)에 대한 추모담(追慕談)만을 가지고 중국의 역사가들이 그 내용을 역사서에 그대로 옮겨 적었다고 보기는 어렵다. 보다 확실한 물증(物證)이 필요했을 텐데, 의자왕의 무덤 앞에

세워진 비석에 그 내용이 새겨졌다면 이야기는 달라진다. 지금으로서는 의자왕 비문의 내용을 알 길이 없지만, 의자왕이 이미 생전에 백제인들로부터 "해동증민"이나 "해동증자"로 칭송받고 있었다면 그 내용은 당연히 비문에 들어갔을 것이다. 그리고 비석에까지 쓰였다면 이제 그 내용은 단순한 소문이 아니라 공식적인 사실로 인정받게 됨으로써 중국의 역사가들 역시 의자왕을 소개하면서 그 내용 그대로를 역사서에 기록해 넣었을 수도 있는 것이다.

중국 역사서들의 간단한 기록과 달리 『삼국사기』 의자왕본기 즉위년 기사는 "해동증자" 내용의 앞뒤 맥락을 연결시켜볼 수 있도록 구성되어있기 때문에 이 기사를 이용해 몇 가지 사실관계를 좀 더 살펴보기로 하겠다.

『삼국사기』 의자왕본기의 즉위년 기사 내용을 풀어보면, 의자왕은 무왕의 원자로 용맹스럽고 담이 크며 결단성이 있었다는 것, 무왕 재위 33년에 태자가 되었는데 어버이를 효도로써 섬기고 형제와 우애롭게 지내어 당시 사람들이 "해동증자"라고 불렀다는 것, 무왕이 죽자 태자로서 왕위를 이어받았다는 것 등의 순서로 나타난다.

이 『삼국사기』의 내용을 그대로 따른다면 의자왕은 이미 원자 시절부터 용맹스럽고 담이 크며 결단성이 있는 모습을 보여주었다는 것인데, 그 구체적인 내용은 알 수 없지만 나이 35세 이후까지 원자로 있었고 이 무렵 백제와 신라 사이에 전쟁분위기가 고조되던 상황이었음을 감안할 때 원자인 의자왕 역시 신라와의 전쟁에 적극 개입하여 여러모로 군사적인 능력을 보여주었기 때문에 이런 평판을 얻게 되지 않았을까 싶기는 하다. 그리고 태자로 책봉된 이후에는 부모에 대한 효도와 형제간의 우애가 깊어서 당시 사람들이 "해동증자"라고 불렀다는 내용을 소개하고 있어서 의자왕이 태자시절에 "해동증자"로 칭송받았음을 느끼도록 해주고 있다.

『삼국사기』 편찬자들이 어떤 자료를 참고로 하여 기록의 순서를 이와 같이 정했는지 알기는 어렵다. 무언가 근거가 있어서 이런 내용 순으로 기록했을 수도 있고, 아니면 특별한 의도 없이 의자왕과 관련하여 잘 알려진 사실들을 전체적으로 소개해 놓는다는 것이 결과적으로 이런 순서로 나타났을 수도 있다. 그 이유야 어떻든 품성은 하루아침에 형성되는 것이 아니기 때문에 용맹스럽고 담이 크며 결단성이 있었다거나 부모를 효도로 섬기고 형제들과 우애롭게 지내 "해동증자"라고 불렸다는 의자왕의 품성은 이미 원자 시절부터 형성되어 있었다고 보아도 무리는 없을 것 같다.

그런데 무왕이 의자왕을 태자로 책봉한 시기가 비정상적으로 늦다보니 의자왕이 태자와 왕의 자리에 오르기까지 상당한 어려움을 겪었을 것으로 보는 연구자들이 많다. 그리고 의자왕이 겪었을 어려움의 실체를 나름대로 추론하면서 의자왕이 그러한 어려움을 극복하고 태자를 거쳐 성공적으로 왕의 자리에 오르게 된 것은 의자왕 스스로가 "해동증자"로 인정받을 만큼 노력한 결과로 해석하기도 한다. 그 대표적인 견해 두 가지를 소개해 보겠다.

하나는 무왕이 태자책봉을 미루면서 여러 부인들의 친정가문, 즉 외척 또는 왕비족이라고 표현하기도 한 세력들 간의 상호 견제와 경쟁으로 얻어진 긴장을 통해 정국을 자신의 의도대로 운영하려고 하였기 때문에 의자왕에 대한 태자책봉이 늦어졌다고 보는 시각이다.

무왕의 이러한 태도가 태자 자리를 놓고 여러 왕자들이 경합을 벌이도록 만들어서 의자왕 역시 원자이지만 태자로 책봉되기까지 숱한 시련과 시험을 당할 수밖에 없었는데, 이런 어려움을 극복하고 의자왕이 태자로 책봉될 수 있었던 가장 중요한 요인이 바로 당시 사람들로부터 칭송받던

"해동증민" "해동증자"라는 그의 품성이라는 것이다. 이러한 의자왕의 품성이 이해관계가 복잡하게 얽혀있는 귀족사회에도 호의적인 인식을 심어주었고, 그래서 태자책봉을 계속 미루던 무왕도 귀족들의 신임까지 얻은 의자왕을 마침내 태자로 책봉했다는 것이다. 다시 말해 여러 왕자들이 경합하는 상황에서 의자왕이 불리한 정국을 일거에 역전시키고 태자로서 2인자의 자리에 오를 수 있도록 결정적인 역할을 해준 요인이 바로 "해동증민" "해동증자"로 인정받을 만큼 뛰어난 그의 덕성(德性)이었다는 것이다.

또 하나는 의자왕이 부모를 효로써 섬기고 형제와 우애롭게 지내 "해동증민"이나 "해동증자"로까지 불리게 된 것을 왕위계승 과정에서 일어날 수 있는 왕제(王弟)들의 반발을 무마하고 왕족들과의 긴밀한 유대를 맺기 위한 노력의 결과로 보는 시각이다. 그러면서 의자왕은 이러한 노력에도 불구하고 왕위에 오르기까지 계속 어려움을 겪었다고 보고 있기도 한데, 그 원인을 무왕이 측근 중심의 정치를 했다는 데에서 찾고 있다.

무왕이 측근 중심의 정치를 했다는 근거로는 재위 37년째인 636년 무왕이 대왕포(大王浦)와 망해루(望海樓) 등에서 신하들과 잔치를 베풀면서 술을 마시고 노래와 춤을 추었다는 기사 및 재위 39년째인 638년 큰 연못(大池)에 배를 띄우고 비빈(妃嬪)들과 어울려 놀았다는 기사를 들고 있다. 무왕이 이렇게 향락에 빠지면서 측근 중심의 정치가 이루어졌고, 의자왕은 이런 무왕의 측근들로부터 심한 견제를 받게 되었다는 것이다. 그리고 이렇게 어려운 상황에서 왕위에 오른 의자왕은 반대세력을 눌러 왕권을 강화하고 정계를 개편하기 위한 일련의 노력을 기울였는데, 이를 보여주는 것이 의자왕이 즉위 초에 단행한 친위정변이라고 해석하기도 한다.

이들 주장대로라면 의자왕은 무왕의 원자로 태어나기는 했지만 무왕의 적극적인 지지를 받지 못했고, 태자로 되기까지 또 태자에서 왕의 자리에 오르기까지 형제들 중에 많은 경쟁자들이 있었을 뿐만 아니라 더 나아가서는 무왕의 측근세력들로부터도 끊임없이 견제를 받는 등 상당히 어려움을 겪으며 지내다가 결국은 "해동증민" "해동증자"라는 칭송을 들을 정도로 자기관리를 잘 하여 힘든 과정을 다 극복해내고 왕위에 오를 수 있었다는 결론에 다다른다.

그러나 이러한 내용들은 말 그대로 연구자들의 추측성 주장일 뿐이지 그것을 증명해줄 확실한 근거들이 제시되고 있지 않아서 문제를 해결해 주기 보다는 오히려 새로운 의혹만 더 부추기는 결과를 초래하고 있지 않나 싶기도 하다.

과연 무왕이 원자인 의자왕 외에 다른 아들들도 태자의 자리에 앉혀 자신의 후계자로 삼을 수 있다는 생각을 품고 있었을까? 태자의 자리를 놓고 의자왕과 경합을 벌이던 다른 형제들이 과연 있었을까? 원자나 태자 시절의 의자왕을 괴롭히고 어려움에 처하도록 만들 만한 특정한 정치세력이나 집단이 과연 있었을까? 그리고 가장 핵심적인 문제로서 의자왕이 태자를 거쳐 왕의 자리에 오르기까지 주변의 인심을 얻으려고 스스로 끈질긴 노력을 하지 않으면 안 될 만큼 왕자시절의 의자왕은 정말 많은 시련을 겪으며 생활했나?

이들 네 가지 궁금증을 시원하게 풀어줄 제대로 된 단서 하나 가지고 있지 못한 현재로서는 그럴 수도 있고 그렇지 않을 수도 있겠다는 애매모호한 대답만 떠올릴 수밖에 없을 것 같은데, 그렇다면 애초에 이들 인정받기 어려운 주장 자체가 나와서는 안 되는 것이었다고 보아야 더 맞지 않을까라는 생각도 든다. 분명한 증거는 그만두고 그 개연성조차 의심받을 소지(素地)가 큰 주장들을 함부로 발표한다는 것은 역사왜곡을 넘어 허구적인 역사를 새로 만들어내는 심각한 문제를 야기할 수도 있기 때문에 역사학자라면 누구나 경계해야함에도 이러한 일이 실제로는 자주 일어나고 있다.

태자책봉은 왕실가문 및 부모로서의 왕과 왕후, 그리고 당사자인 본인은 물론이고 주변의 모든 사람들에게도 초미의 관심사이자 국가의 중대사이기 때문에 어떤 불가피한 상황이 발생하지 않는 한 원칙과 기준을 가지고 신중하게 결정되는 것으로 보아야 한다. 그때그때의 사회분위기와 세력관계의 변화에 영향을 받아서 쉽게 흔들리거나, 경쟁하면서 수시로 바뀔 수 있는 것으로 보아서는 안 된다. 의자왕의 경우도 이와 같은 사실을 염두에 두면서 살펴보아야만 좀 더 역사사실에 가까운 모습을 찾아낼 수 있으리라고 본다.

만일 의자왕이 태자의 자리를 둘러싸고 자신의 형제들과 벌인 기나긴 경쟁에서 자기관리를 잘 하여 모든 난관을 극복하고 성공적으로 목적을 달성했다고 본다면, 실제로는 태자책봉 문제에서 자식으로서 수동적인 입장일 수밖에 없는 의자왕이 능동적인 주체로 떠오르고, 부모로서 당연히 능동적이어야 할 무왕이나 왕후는 오히려 의자왕을 중심으로 형성된 대세(大勢)의 흐름을 수동적으로 따르는 상당히 어색한 모습으로 나타나게 됨으로써 상황 자체가 무언가 현실에 맞지 않는 느낌을 받을 수밖에 없게 된다. 또한 의자왕이 아버지인 무왕으로부터도 확실한 지지를 받지 못하는 상태에서 여러 형제들의 견제를 받으며 태자나 왕의 자리를 놓고 경쟁을 하였고, 그 와중에 소기의 목적을 달성하려고 부모에게 효도하고 형제들과 우애롭게 지내는 모습을 보여주었다면 과연 당시 사람들이 이런 의자왕을 "해동증민" "해동증자"라고 부르며 진심으로 칭송해줄 수 있었을까 의심이 들게도 만든다.

그러므로 현실에 맞지 않는 어색한 결론이나 의구심을 양산하는 주장들 대신 여기에서는 "해동증자" 의자왕의 모습을 좀 더 새로운 각도에서 들여다보도록 하겠다.

일단 무왕의 왕비가 도중에 바뀌었다는 어떠한 물증도 없고, 앞장에서 살펴보았듯이 사리봉안기에 나오는 사택왕후를 의자왕의 생모로 받아들여도 크게 문제될 것이 없는 상황이라면, 이를 부정하고 근거도 없는 반대의 경우를 떠올리기보다 있는 그대로의 내용을 사실로 받아들이는 것이 보다 합리적인 태도라고 할 수 있다. 그리고 의자왕이 무왕과 사택왕후 사이에서 원자로 태어나 성장했다는 사실을 인정하는 순간 위에 소개한 여러 가지 추측성의 주장들과 그로 인해 파생된 궁금증들은 아무런 의미도 갖지 못하게 된다. 당연히 무왕이 의자왕 외에 다른 왕자들을 후계자로 삼으려는 생각을 품고 있었다거나, 왕비족이라 부를 정도로 강력한 외척세력들이 존재했다거나, 태자의 자리를 놓고 의자왕이 형제들과 경쟁을 벌였다거나, 무왕이 측근정치를 했고 그 측근들의 의자왕에 대한 견제가 심했다거나, 의자왕이 태자나 왕의 자리에 오르기까지 많은 시련을 겪으면서 무왕을 비롯해 주변의 인심을 얻으려고 끈질기게 노력했다는 등의 내용들 역시 설 자리를 잃게 될 것이다.

무왕이 의자왕을 태자의 자리에 너무 늦게 앉힌 것이 결과적으로 오늘날의 연구자들로 하여금 의자왕의 형제들이나 외척세력 또는 무왕의 측근세력 등을 떠올리며 의자왕과 그들과의 경쟁 혹은 견제라는 불확실한 가정 및 여러 가지 추측성 주장들을 내놓게 만들었는데, 태자책봉 문제의 당사자는 부모인 무왕과 사택왕후, 그리고 그들의 원자인 의자왕이므로 그들 사이의 관계에서 해답을 찾아야 할 것으로 본다.

이 경우 태자책봉의 능동적인 주체는 부모인 무왕과 사택황후이고, 의자왕은 수동적으로 이들의 결정을 따를 수밖에 없는 자식이었기 때문에 무왕과 사택왕후, 그중에서도 특히 무왕의 입장이 태자책봉 문제에 큰 영향을 주었다고 보아야 할 것이다. 그리고 이에 대해서는 이미 바로 앞 절에서 북송 태종과 무왕의 공통점을 지적하면서 두 사람 모두 군주로서는 강한 권력의지를 가지고 자신들의 소임에 최선을 다하는 적극적인 모습을 보여주었지만, 그 권력을 자식에게 물려주는 부모와 자식 간의 태자책봉 문제에서만큼은 적극적이기 보다 소극적인 애정표현을 보임으로써 태자책봉 시기가 그만큼 늦어지게 되었다고 보면 어떨까라는 나름대로의 의견을 제시한 바 있다.

문제는 이를 받아들이는 자식으로서의 의자왕의 입장일 것이다. 그런데 『삼국사기』 의자왕본기 즉위년 기사에서 원자와 태자 시절의 의자왕에 대해 "용맹스럽고 담이 크며 결단성이 있었다." "부모를 효도로써 섬기고 형제와 우애롭게 지내 당시에 해동증자라고 불렀다."라고 소개한 내용을 보면서 의자왕과 부모형제 사이에 눈에 보이지 않는 갈등이 있었다거나 의자왕이 형제들과 경합을 벌였다거나 태자나 왕의 자리에 오르기까지 의자왕이 많은 시련을 겪으면서 무왕이나 주변 사람들의 인정을 받기 위해 힘들게 노력했다는 등의 모습을 떠올리기는 사실 어렵다. 오히려 이와는 반대로 의자왕이 무왕의 원자로서의 위상에 어울리는 자신감 넘치는 성품을 지니고 형제들과도 사이좋게 지내면서 부모를 효성으로 받드는 생활을 했다고 보는 것이 훨씬 자연스럽다.

그러므로 태자책봉이 늦어지는 것에 대해서도 불만을 품기보다는 무왕과 사택왕후의 결정을 믿고 따르면서 자기 나름대로의 역할에는 최선을 다하려고 노력하는 삶을 살았기 때문에 당시 사람들도 의자왕을 "해동증민" "해동증자"로까지 칭송하게 되었다고 결론을 내리고 싶다.

마지막으로 이런 의자왕의 부모에 대한 효성이 『관세음응험기』에 나오는 무왕의 익산천도 설을 출현시켰을 가능성에 대하여 간단히 언급해보고 싶다.

어머니 사택왕후가 재물을 희사(喜捨)하여 익산에 미륵사를 짓고 그 서탑에 사리봉안기를 안치한 639년은 의자왕이 632년 태자로 책봉되고 나서 8년 정도 지난 뒤의 시기이며 의자왕의 나이를 최소한으로 계산해도 이미 42세가 넘었을 때이다. 그러니 의자왕의 효성과 나이를 생각하면 당시 태자로 있던 그가 어머니 사택왕후를 도와 미륵사 창건에 관여했을 가능성은 매우 크다. 그리고 사리봉안기의 내용을 통해 알 수 있듯이 왕실 사찰인 이 미륵사에는 의자왕 부모인 무왕 부부의 강한 염원이 담겨있는 만큼, 이 절이 자리를 잡고 있는 익산지역도 의자왕에게는 매우 큰 의미가 있는 곳으로 받아들여졌으리라고 본다. 따라서 의자왕이 부모의 무덤을 이곳에 조성했을 가능성도 충분히 생각해볼 수 있기 때문에, 쌍릉을 무왕부부의 능으로 보고 무왕 부부의 무덤을 익산에 조영(造營)한 이 일이 무왕의 익산천도설로 변형되어 『관세음응험기』에 나타나지 않았을까 해석해볼 수도 있을 것 같다.

태자 시절 의자왕의 적자와 서자

의자왕의 나이를 최소한으로 낮추어 그가 598년에 태어났다고 보는 경우 태자로 책봉된 632년 그의 나이는 35세가 되고 641년 왕으로 즉위할 때는 44세라는 계산이 나온다. 이 나이는 그가 615년 적장자로 여겨지는 부여융을 낳기 2년 전, 즉 뒤에 언급하겠지만 613년에 15세의 나이로 서자인 첫아들 부여풍을 낳았다고 가정하여 나온 것이기 때문에 의자왕의 실제 나이는 이보다 더 많았을 가능성이 크다. 그리고 이를 통해 의자왕은 태자로 책봉되기 거의 20년 전 원자 시절부터 슬하에 자식을 두고 있었고, 그리하여 그가 태자로 책봉될 무렵에는 이미 20세 정도의 나이에 이른 자식도 있었다는 것을 알 수 있다.

의자왕이 언제 어떤 여인과 결혼하여 몇 살 때부터 자식을 낳았는지, 원자나 태자 시절 부인은 본부인 1명만 있었는지 아니면 다른 여인들을 부인으로 더 두어 그들과의 사이에서도 자식을 낳고 있었는지 정확한 내용파악은 사실상 어렵다. 그렇지만 의자왕의 왕자들과 관련된 기록을 살펴보면 본부인 외에 적어도 다른 부인이 1명 정도는 더 있었고 그 사이에서도 자식이 태어난 것은 의심의 여지가 없어 보인다.

의자왕의 아들로서 역사기록 속에 가장 먼저 이름을 드러낸 사람은 부여융이다. 무왕 재위 38년째인 637년의 일로 『구당서』 본기(本紀) 3, 태종하(太宗 下)와 『책부원귀(冊府元龜)』 외신부(外臣部), 조공(朝貢) 3의 정관(貞觀) 11년 12월(辛酉)조 기록을 보면, "백제왕이 그 태자 융을 보내와 조공을 바쳤다(百濟王 遣其太子隆來朝)." "백제왕 부여장이 그 태자 융을 보내와 황제를 뵙고 아울러 철갑과 조부를 바치니 황제가 그를 우대하고 위로해주었다(百濟王扶餘璋 遣其太子隆 來朝幷獻鐵甲雕斧 帝優勞之)."라고 나온다. 그리고 『구당서』 백제전에는 "(정관) 11년 사신을 보내와 황제를 뵙고 철갑과 조부를 바치니, 태종이 그를 우대하고 위로해주었으며 채백 3천단과 금포 등을 하사하였다(貞觀 … 十一年 遣使來朝 獻鐵甲雕斧 太宗優勞之 賜彩帛三千段幷錦袍等)."고 기록되어 있다. 『삼국사기』 무왕본기의 무왕 38년 겨울 12월조에도 『구당서』 백제전의 정관 11년조와 같은 내용이 들어있다.

그런데 부여융과 관련이 있는 이 기록은 내용과 편년이 서로 맞지 않는 모순을 지니고 있어서 그동안 여러 연구자들이 이 모순에 대해 나름대로의 견해를 발표해왔다. 연구자들의 시각은 크게 두 갈래로 나뉘어있는 것 같다.

　하나는 이 기록의 편년에 주목하여 무왕 38년(637)의 태자는 의자였지 융이 아니었기 때문에 편년과 태자에 초점을 맞추어 이때 파견된 인물은 태자인 의자로 받아들여야 한다는 견해이다.

　또 하나는 기록에 "의자"가 아니라 분명히 "융"으로 나오므로 편년보다 기록상의 내용에 주목하여 이때 파견된 인물을 부여융으로 보아야한다는 견해이다.

　이들 두 견해가 팽팽히 맞서고 있는 상황에서 우리는 양자택일을 요구받는 입장에 놓여있다. 무왕 38년에 백제의 조공사신이 중국으로 파견된 것은 거의 확실하기 때문에 두 견해 가운데 하나는 정답이 분명하다. 그렇다면 어떻게 정답을 찾을 것인가 고민해보아야 하는데, 이 문제를 해결하기 위해서는 역사기록이 범할 수 있는 오류의 가능성에 대해 다시 한 번 생각해볼 필요가 있다.

　이미 앞에서 『일본서기』 서명천황 3년(631) 3월 경신조에 나오는 "백제왕 의자가 왕자 풍장(豐璋)을 들여보내 인질로 삼았다."는 기사, 즉 이때의 백제왕은 의자왕이 아니라 무왕이었기 때문에 기사의 편년과 내용이 서로 맞지 않는 모순을 설명하면서 의도적인 왜곡이 아니라면 특정한 사건 자체를 완전히 다른 글자나 내용으로 바꾸어 기록해놓는 것보다 편년을 잘못 판단하거나 실수로 다른 곳에 기사를 배치해놓을 위험성이 훨씬 더 크다고 지적한 바 있다. 그러면 『구당서』나 『책부원귀』의 정관 11년 12월 부여융 기사도 이 기준에 따라 내용보다 편년의 문제로 받아들여야 하나, 아니면 이번에는 편년보다 내용의 문제로 받아들여야 하나 또 한 번 고민에 빠질 수도 있는데, 이 경우는 문헌기록이 지닐 수 있는 또 다른 실수로 오자(誤字)나 탈자(脫字)의 가능성에 대해 알려주는 대표적인 사례로 받아들여야하지 않을까 싶다.

『구당서』나 『책부원귀』 정관 11년 12월조의 "견기태자융래조(遣其太子隆來朝)"라는 기사는 사실 "견기태자자융래조(遣其太子子隆來朝)"라고 하여 태자 다음에 자(子)라는 글자가 한 번 더 들어가면 아무런 문제가 안 될 부분이 연구자들을 괴롭히고 있다. "태자자융(太子子隆)"이라고 같은 자(子)자를 두 번 써야 하는 경우 자칫 부주의하거나 방심하여 한번을 빠트릴 위험성은 다른 어떤 실수의 가능성보다 크다고 보아야한다.

역사가도 사람인 이상 편년의 순서를 잘못 헤아리거나 사실관계를 착각해서 다른 내용으로 기록해 놓을 수 있다. 그러나 전문적인 학식을 갖춘 역사가들이 사명감을 갖고 신중하게 글을 쓰는 과정을 거치는 만큼 이러한 실수는 그렇게 많이 발생하지도 않고 발생할 수도 없는 것 또한 사실이다. 이에 비해 오자나 탈자의 가능성은 항상 존재한다. 그래서 글을 쓰는 사람이나 글을 읽는 사람이나 모두 오자와 탈자는 늘 경계해야 하는 것이 고금(古今)의 이치인데, 『구당서』와 『책부원귀』 정관 11년 12월 부여융의 기사 역시 탈자로 인해 발생한 문제로 받아들이는 것이 가장 합리적이라고 여겨진다.

그리고 당시 부여융은 23세였기 때문에 나이로 보아도 중국에 조공 사신으로 파견될 수 있는 조건은 충분히 갖추고 있었다. 나중에 신라 무열왕이 되는 김춘추(金春秋)의 둘째 아들 김인문(金仁問)이 진덕여왕 5년(651) 처음 당나라에 숙위(宿衛)로 들어갈 때의 나이가 23세였고, 견훤(甄萱)이 신라에 반기를 들었을 때의 나이 역시 23세였다. 참고로 김춘추의 원자인 김법민(金法敏), 즉 신라의 문무왕이 진덕여왕 4년(650) 여왕이 비단에 직접 쓴 「태평송(太平頌)」을 가지고 당 고종을 찾아가 바칠 때의 나이는 25세였다.

정관 11년 12월 백제의 조공 기사에서 또 하나 눈길을 끄는 것은 백제 사신이 황제를 뵙고 철갑과 조부를 바치니, 당 태종이 그를 우대하고 위로해주었으며 채백 3천단과 금포 등을 하사했다는 내용이다. 백제가 중국에 조공사신을 파견한 사례를 우리나라와 중국의 역사서에서 모두 찾아보면 총 73회의 내용이 눈에 띄는데, 대부분은 사신을 파견해 방물(方物)을 바친 사실만 간단히 기록하고 있고, 이에 대한 중국 황제의 반응까지 소개한 것은 비유왕 때인 450년, 성왕 때인 541년, 무왕 때인 637년 세 번밖에 없다. 따라서 이 세 번의 조공은 다른 조공 때와는 달리 특별한 무엇인가가 있었고, 그리하여 중국 황제도 남다른 반응을 보였기 때문에 그 내용이 역사기록으로까지 남게 되었다고 보아야 할 것이다. 좀 더 자세히 언급하면, 조공이 있으면 상사(賞賜)가 있다는 말처럼 주변국이 바치는 조공물품에 대해 중국에서도 황제의 하사품 형식으로 중국물품들을 내어주었으므로 조공무역이란 역사용어까지 등장하였는데, 450년, 541년, 637년의 세 경우는 이런 일반적인 조공절차와는 다른 황제의 특별한 배려가 따로 더 있었기 때문에 역사서에 오를 정도로 이목을 끌게 되었다는 것이다.

실제로 450년은 비유왕의 요구를 받아들여서 『역림(易林)』, 식점(式占), 요노(腰弩) 등 점술과 관련된 책이나 도구 및 무기를 백제에 보내주었고, 541년은 성왕의 요청에 따라 열반경(涅槃經)과 같은 불교나 유교의 경전 및 모시박사(毛詩博士), 강례박사(講禮博士), 의공(醫工), 공장(工匠), 화사(畵師) 등 중국의 학자나 의사, 기술자, 화가 등 사람들까지 백제에 보내준 것으로 나온다. 그러나 백제왕의 특별한 요청에 의해 이루어진 이 두 번의 조공 때와 달리 637년은 백제에서 요구한 것이 아니라 중국 황제가 자발적으로 사신을 우대하고 위로해주면서 많은 하사품까지 내려주고 있다.

이러한 의미에서 637년의 조공은 특히 더 눈길을 끄는데, 당시의 백제 사신은 부여융이 분명하므로 당 태종이 사신으로 파견되어 온 부여융을 특별히 위해주면서 백제의 요구가 없는데도 채백 3천단과 금포를 하사 하는 등 상당한 호의를 베풀었다는 사실을 알 수 있다. 그렇다면 부여융 은 백제의 단순한 왕족이 아니라 왕족 중에서도 특별한 인물이었다고 보 아야 하겠다. 나이는 23세로 아직 어린 편이지만 중국 황제가 극진한 대 접을 해줄 정도의 위상이라면 무왕의 태자인 의자왕의 적장자, 다시 말해 무왕의 적장손으로서 무왕 이후 의자왕을 이어 백제왕의 자리에 오를 차 세대 후계자로 확실시되는 인물이기 때문에 중국에서도 그만큼 큰 관심 을 보이며 대우해준 것이 아닐까 싶기도 하다.

물론 부여융의 자식으로서의 서열을 정확하게 알려주는 자료는 현재 찾아보기 어렵다. 그러나 『삼국사기』 의자왕본기의 의자왕 4년 춘정월(春 正月) 기사에 "왕자 융을 태자로 삼았다(立王子隆爲太子)."라고 하여 의자왕이 즉위한지 4년째 되는 644년에 부여융을 태자로 신속하게 책봉한 것을 보 면 부여융은 의자왕의 적장자로서 원자가 거의 확실하다고 보아도 좋을 것 같다. 이미 무왕 때인 637년 23세의 나이로 중국에 파견되어 당 태종 의 인정을 받으며 성공적으로 임무를 완수한 적장자 부여융에 대한 의자 왕의 믿음이 컸기 때문에 그의 태자책봉도 그만큼 빨리 이루어진 것으로 판단된다.

다만 『삼국사기』에서는 부여융을 장자나 원자가 아니라 단순히 왕자로 소개하고 있는데, 『삼국사기』의 부여융 관련기사를 보면 무언가 미심쩍 은 부분이 곳곳에 눈에 띈다. 부여융은 644년 태자로 책봉된 이후 660년 백제가 신라와 당나라 연합군에게 점령당할 때까지 계속 그 자리에 있었 다는 사실을 「대당평백제국비명」, 「유인원기공비」, 『일본서기』, 『구당서』,

『신당서』, 『자치통감』, 『삼국유사』 등 많은 역사기록이 확인시켜주고 있다. 그럼에도 유독 『삼국사기』 의자왕본기 660년의 기사에서만 백제태자를 부여융이 아닌 부여효로 소개하고 있다. 또 『구당서』 백제국전에 나오는 취리산맹약문 내용을 『삼국사기』 문무왕본기 5년 8월조에 소개하면서도 "고립전백제태자사가정경부여융위웅진도독(故立前百濟太子司稼正卿扶餘隆爲熊津都督)"이라고 되어있는 기사를 "고립전백제대사가정경부여융위웅진도독(故立前百濟大司稼正卿扶餘隆爲熊津都督)"이라고 기록함으로써 "태자(太子)"를 "대(大)"로 바꾸어 부여융이 백제태자였다는 사실을 의도적으로 감추고 있다. 왜 부여융이 『삼국사기』에서 이처럼 왜곡되어 나타나고 있는지 아직까지는 그 이유가 밝혀지지 않은 가운데 연구자들 사이에 지금도 논쟁만 분분(紛紛)하다.

역사서에 이름까지 등장하고 있는 의자왕의 아들, 즉 부여융의 형제들로는 풍(豊), 교기(翹岐), 규해(糺解), 효(孝), 태(泰), 연(演), 선광(禪廣), 새성(塞城), 새상(塞上), 용(勇), 궁(躬) 등의 이름이 눈에 띈다. 이중 풍이 『일본서기』 황극 2년 4월조에는 교기, 제명 7년(661) 4월조에는 규해로도 나타나고 있듯이 『일본서기』 백치(白雉) 원년(650) 2월조에 나오는 새성, 제명 6년(660) 10월조에 나오는 새상 및 『속일본기』 천평신호 2년(766) 6월조에 나오는 선광과 『구당서』 유인궤(劉仁軌)전에 부여융의 동생으로 나오는 용 역시 같은 인물일 가능성이 커 보인다. 그리고 『삼국사기』 신라 태종무열왕본기에는 660년 7월 12일 나·당 연합군이 부여 소부리 벌판으로 진격할 때 의자왕의 서자 궁(躬)이 좌평 6명과 함께 소정방을 찾아가 사죄했다는 기록도 있어서 부여융을 포함해 이름을 알 수 있는 의자왕의 아들은 모두 7명이라고 할 수 있다.

이들의 이름이 나오는 역사서의 내용을 조사해보면, 『삼국사기』 의자왕본기의 의자왕 20년(660) 항복기사에는 태자 효, 왕자 태, 융, 연의 순서로 나온다. 이에 비해 「대당평백제국비명」에는 태자 융, 외왕(外王) 여효(餘孝)로부터 13인이라고 나오며, 『구당서』와 『신당서』의 백제(국)전에는 태자 융, 소왕(小王) 효, 연, 소정방(蘇定方)전에는 융, 태의 순서로 나타난다. 그리고 『책부원귀』 자부(子部) 장수부(將帥部)에는 태자 융, 소왕 효, 연, 손(孫) 문사(文思)의 순서로 나온다.

이들 내용을 종합하면 태자는 역시 융이었고 효와 연은 외왕 또는 소왕의 지위에 있었던 것 같은데, 태와 연은 융의 동생으로 보이지만 효는 『삼국사기』에서 태자로 내세운 것을 볼 때 융의 형이었을 가능성도 배제할 수 없다. 그리고 만일 적장자인 융의 형이었다면 효는 의자왕의 서자로서 융의 서형이 된다. 『삼국사기』에서는 융보다 태를 앞세워 소개하고 있으나, 이는 사비도성이 함락당할 당시 효와 태와 융의 역할을 잘못 기록하는 과정에서 나타나게 된 오류로 여겨지며 태는 역시 융의 동생으로 받아들여야 하지 않을까 싶다. 이 문제는 5장 의자왕의 노년 시절을 다루는 부분에서 좀 더 자세히 검토해보겠다.

부여풍 또한 의자왕의 서자로서 융의 서형이 아닐까 짐작되는 인물이다. 『일본서기』 황극 2년(643) 11월 기사에는 "백제의 태자 여풍(餘豐)이 벌통 4개를 삼륜산에 놓아길렀으나 끝내 번식하지 않았다."라는 내용이 있다. 여기에서 주목해보아야 할 부분은 그가 태자라고 기록되어있는 사실 및 그 시기가 부여융이 태자로 책봉되기 바로 직전의 해인 643년 11월이라는 것이다. 이를 통해 의자왕의 태자가 정해지기 이전에는 주변에서 풍을 태자로 인식하고 있었던 것이 아닐까 풀이해볼 수도 있겠으며, 동시에 그의 나이가 왕자들 중에서 가장 많았기 때문에 이런 상황이 벌어지지 않았을까 여겨지게도 한다.

그렇다면 부여풍은 태자책봉에서 동생인 부여융에게 밀려난 셈이다. 의자왕이 왜 이와 같은 결정을 했는지 분명한 증거는 없으나, 풍은 왕자 중에서 나이가 가장 많았다 해도 서자이기 때문에 태자책봉에서 밀려났고, 적자 중에서 장자인 부여융을 태자로 삼으려할 때 혹시 있을지도 모를 형제간의 질투나 불화, 또는 반발을 예방한다는 차원에서 외교적인 임무를 부여하는 형식으로 그를 일본에 파견했다고 보는 것이 그래도 타당성이 있지 않을까 생각한다. 이 경우 풍과 함께 일본으로 보내진 선광, 즉 부여용도 풍과 같은 서자출신의 왕자일 가능성이 크다.

660년 의자왕과 함께 당나라로 끌려간 왕자들의 수를 보면 부여융까지 포함해 「대당평백제국비명」에는 14명, 『일본서기』 제명 6년(660) 7월조의 「이길련박덕서」에는 13명으로 나타나고 있다. 두 기록 사이에 1명의 차이가 보이는데, 이 문제는 5장 의자왕의 노년 시절에서 의자왕의 둘째 아들로 나오는 태(泰)에 대해 살펴볼 때 자세히 검토해보도록 하겠다. 여하튼 의자왕이 항복을 하고 중국으로 압송(押送)될 때 의자왕의 왕자들도 적자이던 서자이던 모두 함께 중국으로 가서 백제 땅에는 남아있는 아들이 없었을 것으로 여겨진다. 따라서 당시 일본에 있던 풍과 선광까지를 합하면 의자왕에게는 15명이나 16명 정도의 아들이 있었다는 계산이 나온다.

그런데 『삼국사기』 의자왕본기의 의자왕 17년(657) 춘정월 기사에는 왕서자(王庶子) 41명을 좌평(佐平)으로 삼고 각각 식읍(食邑)을 주었다는 내용이 있다. 여기에서 서자를 중자(衆子)로 해석하는 경우도 있지만, 중자이던 말 그대로 서자이던 이를 사실로 받아들이면서 의자왕이 원자와 태자시절에 혼맥(婚脈)을 통해 다양한 귀족가문의 지지를 얻으려고 최소 10명 이상의 부인을 둔 결과 이렇듯 많은 자식을 두게 되었다는 해석도 이미 나와 있다. 그렇지만 이러한 해석에는 동의하기 어렵다.

무왕 당시 의자왕이 아무리 원자였다고 해도 자신의 지지기반을 넓히려고 스스로의 판단에 의해 수많은 귀족가문의 여인을 부인으로 삼는 결정을 하거나 그것을 실천에 옮기는 일을 감행하기는 사실상 어렵다고 보아야한다. 부모인 무왕 부부의 판단이나 허락에 따른 것이라면 가능할 수도 있겠지만, 무왕시기 백제왕실의 권위가 이런 비정상적인 방법을 동원하지 않으면 안 될 정도로 흔들리고 있었던 것 같지도 않고, 설령 필요가 있었다 해도 그것은 백제왕인 무왕 자신이 해결해야할 문제이지 원자인 의자왕, 즉 자식에게 떠넘길 수 있는 문제도 아니었다. 정상적인 부모라면 자식에게 이런 비상식적인 결혼생활을 요구하거나 허락한다는 것 자체가 있을 수 없는 일이기도 하다.

그리고 의자왕이 아무리 무분별한 권력행사를 했다고 해도 다른 사람도 아닌 자신의 서자들, 그것도 41명이라는 수많은 서자들을 백제 최고의 관직인 좌평의 자리에 동시에 앉힌다는 것 역시 납득하고 받아들이기 어렵다. 또 657년 1월이면 의자왕이 즉위한지 17년째로 접어드는 해이다. 만일 좌평에 임명되고 있는 왕서자들의 나이를 최소한으로 낮추어 공자(孔子)가 지학(志學)의 나이로 표현한 15세 이상으로 잡고 이들이 의자왕의 서자라고 가정한다면, 이들은 모두 의자왕이 왕으로 즉위하여 3년째되는 643년 이전에 태어난 것이 된다. 또한 시기를 빠르게 잡아서 의자왕이 15세부터 이들을 낳았다고 본다면, 이들은 대략 612년에서 643년에 이르는 32년 동안에 태어난 것으로 된다.

다시 말해 의자왕은 생식능력을 갖춘 이후 해마다 서자만 1~2명 정도씩 낳은 것으로 되는데, 여기에 비슷한 수의 공주도 있었다고 보아야 하겠고 적자까지 감안한다면 의자왕은 결국 해마다 자식을 2~4명씩 낳은 것으로 결론이 난다. 다른 식으로 표현하면 의자왕은 원자와 태자시절부터 왕으로 즉위한지 3년째 되는 해에 이르기까지 이미 90명 정도의 자식들을 두고 있었다는 계산이 나온다.

결국 왕서자 41명을 좌평에 임명했다는 『삼국사기』의 기록은 그 속에 편찬자의 어떤 숨은 의도가 있는 것인지 아니면 기사를 단순화시키는 과정에서 나타나게 된 우연의 소산인지 알 수 없지만, 그것의 현실성 문제까지를 엄밀히 따져보면 이 기록을 그대로 사실로 믿고 받아들이기는 어렵다고 보아야 하지 않을까 생각한다.

그러므로 「대당평백제국비명」이나 『일본서기』의 「이길련박덕서」에 나오는 의자왕의 왕자들과 관련된 기록을 참고로 하면 위에서 지적했듯이 의자왕에게는 적자와 서자를 포함해 15명이나 16명 정도의 아들이 있었다고 보아야 역사사실에 부합할 것 같고, 그중에서도 역사서에 이름이 등장하는 풍, 효, 융, 태, 연, 용 등은 모두 의자왕이 왕위에 오르기 전, 즉 의자왕이 태자로 있을 때 이미 20대 전후의 나이로 성장하여 나름대로 아들로서의 역할도 했을 것으로 여겨진다. 그리고 정확한 사실관계를 파악하기는 어렵지만, 이들 가운데 의자왕의 적장자는 부여융이었고, 풍과 효는 서자로서 융의 서형, 나머지는 적서(嫡庶) 관계없이 모두 융의 동생들로 받아들여도 될 것 같다.

무왕시대 말기의 백제

무왕시대 말기 백제의 대내외적인 정치상황은 의자왕시대가 출현하는 시대적인 배경인 동시에 의자왕 정권의 성격이 형성되는데 중요한 역할을 한 선행조건들을 제공해주었기 때문에,

이 시기 백제가 당면하고 있던 여러 가지 국내외 문제에 대하여도 살펴볼 필요가 있다.

먼저 이 시기 동아시아의 국제 관계부터 보면, 고구려·백제·신라가 서로 대립하는 삼국의 항쟁기로 이미 접어든 상태에서 백제와 신라는 중국과의 활발한 외교를 통해 고구려를 견제하고 있었다. 삼국간의 항쟁은 551년 백제와 신라가 함께 고구려로부터 한강유역을 수복했다가 553년 7월 신라 진흥왕이 기습적으로 백제가 차지한 한강 하류지역을 점령하고, 이에 대해 554년 7월 백제가 가야군과 합세하여 신라를 공격했다가 성왕이 관산성전투에서 전사하면서 본격화되었다. 특히 백제는 신라를 최대의 적으로 생각하며 수시로 침략하기 시작했다.

그동안 6세기 중기에서 말기에 이르는 기간에는 고구려와 신라가 연합하여 백제와 대립한 것으로 보는 의견도 있었다. 당시 대내적인 내분(內紛)과 서북부 국경지대에서 돌궐(突厥)의 위협을 우선적으로 해결해야 할 급박한 상황에 처해있던 고구려가 현실적인 필요성에 의해 이미 상실한 한강유역을 포기하고 신라와 평화관계를 맺으려 모색했을 가능성도 있다는 데에서 나온 견해로 여겨진다. 당시 고구려 입장에서는 남방의 국경수비 문제를 해결하는 방법으로 남쪽의 두 세력, 즉 백제와 신라를 서로 싸우게 하여 그들의 위협을 줄여나가는 것보다 더 좋은 방법은 없었을 것이다.

문제는 한강유역 16개의 군(郡)을 백제와 신라의 동맹군에게 빼앗긴 고구려가 대규모의 영토상실이라는 현실적으로 민감한 사건을 그대로 인정하며 신라에게 그것을 모두 양보하고 새로운 연합을 도모한다는 것 자체가 쉬운 일은 아니라는 데에 있다. 가능성만으로는 설명이 안 되는 만큼 그 주장을 뒷받침해줄 분명한 증거가 있어야 하는데, 그동안 방증자료로 제시된 『삼국유사』의 진흥왕조나 「마운령비문(磨雲嶺碑文)」의 내용은 현실감이 너무 떨어져서 사료로서의 가치를 인정해주기 어렵다.

『삼국유사』 기이 1, 진흥왕조에는

> 승성(承聖) 3년(554) 9월 백제 군사가 진성(珍城)을 침범하여 남녀 39,000명과 말 8,000필을 빼앗아갔다. 이보다 먼저 백제가 신라와 군사를 합쳐서 고구려를 치려고 했는데, 진흥왕이 말하기를 "나라의 흥망은 하늘(天)에 달려 있다. 만일 하늘이 고구려를 미워하지 않는다면 내가 어찌 감히 (고구려가 망하기를) 바라겠는가."라고 하고는 이 말을 고구려에 전하게 하니, 고구려는 이 말에 감동되어 신라와 통호(通好)하였다. 백제는 그것을 원망하여 쳐들어온 것이다.

라는 내용이 있다. 그러나 이 기록은 551년부터 554년까지 백제와 신라 양국 간의 한강유역 영토소유권을 둘러싼 다툼, 즉 양국의 군대가 공동으로 고구려로부터 한강유역을 빼앗은 내용이나 신라가 백제소유의 한강하류 6군을 기습 탈취한 사실, 그리고 이에 대한 보복으로 백제 성왕이 신라와 싸우다 관산성에서 전사한 사건 등과는 서로 맞지 않는 모순을 담고 있다. 당시의 상황으로 볼 때, 554년 7월 성왕이 전사할 정도의 심각한 타격을 입은 백제가 곧이어 9월에 신라를 다시 공격했다는 내용 자체가 현실적으로 믿기 어렵다. 혹시 백제가 9월에 신라를 공격했다고 해도 그 이유를 성왕의 복수가 아니라 친고구려적(親高句麗的)인 성향의 진흥왕이 고구려를 함께 공격하자는 백제의 제안을 거절한 데에 대한 앙갚음으로 돌리고 있는 『삼국유사』의 내용은 엉뚱하다 못해 너무 황당하다.

「마운령비문」의 경우에도 "사방에서 경계를 맡기어 백성의 땅을 넓게 획득했고, 이웃나라가 믿음을 맹세하여 화해의 사신이 왕래하였다. …"라는 내용은 신라 중심의 세계관을 강조하기 위한 의례적인 수식어이므로,

그것을 역사사실로 받아들일 수는 없다고 본다. 이러한 신라 중심의 수식어는 771년에 만들어진 「성덕대왕신종(에밀레종)」의 명문에 "…사방 이웃나라들이 멀리서 와서 주인으로 섬겼으며 오직 흠모하는 마음만 있을 뿐 일찍이 화살을 겨누고 넘겨보는 자가 없었다."라는 현실과 거리가 먼 내용으로 나타나고도 있다.

그러므로 믿기 어려운 자료들에 의존하여 6세기 중기에서 말기에 이르는 기간 동안 고구려와 신라가 연합하였다고 주장하는 것은 견강부회(牽强附會)일 수밖에 없다고 본다. 사실 백제와 신라의 동맹군에게 한강유역 대부분의 영토를 빼앗긴 고구려가 이들 양국에게 좋은 감정을 가질 수는 없다. 오히려 이전부터 이들 사이에 자리를 잡고 있던 적대감만 더 강화시키는 계기로 작용했다고 보아야 자연스럽다. 다만 이 무렵의 고구려는 국내문제와 서북방 국경지대의 위협을 먼저 해결해야할 상황에 있었기 때문에 남쪽에 있는 백제나 신라와의 군사적인 충돌은 없었던 것으로 여겨진다.

그러나 고구려에서 영양왕(嬰陽王)이 즉위한 6세기 말에서 7세기 초에 들어오면 다시 고구려의 한강유역에 대한 공격이 본격화되는데, 이러한 고구려의 활동은 그동안 잠재되어있던 삼국간의 대립관계가 다시 표면으로 부상하여 나타나게 된 현상이라고 해석해야만 전후의 시대흐름이 자연스럽게 연결된다. 그리고 삼국의 항쟁이 본격화되면서 백제와 신라는 국가 간의 문제를 해결하기 위해 중국에 의존하는 경향이 보다 강해진 것으로 나타난다.

삼국의 항쟁시기에 백제와 신라가 적극적으로 중국과 외교관계를 맺은 것은 중국의 힘을 이용하여 고구려의 남진(南進)을 막고 자국의 안전과 이익을 도모하기 위함이었다고 판단된다. 그런데 무왕 때인 612년 수(隋)

나라가 고구려를 공격할 때 "(백제는) 안으로 가만히 고구려와 통하였다."라는 기록이나 "(백제는) 말로는 (수나라) 군대를 돕는다고 하면서도 사실은 두 마음(兩端)을 지니고 있었다."라는 기록이 『삼국사기』 고구려본기의 영양왕 23년조와 『수서(隋書)』 백제전 등에 전해오듯이 백제는 중국과의 약속을 액면 그대로 이행하지 않고 자국의 이익을 계산하며 나름대로 독자적인 행보를 걸었던 것도 알 수 있다.

백제의 이와 같은 이중적인 태도는 한반도 삼국이 중국과 맺은 조공 및 책봉관계를 실제로 어떻게 활용했는지 보여주는 대표적인 예라고 할 수 있다. 그런데 무왕을 거쳐 의자왕대에 오면 고구려만이 아니라 심지어는 중국과의 관계보다도 신라에 대한 문제를 더 우선시하면서 백제의 이중적인 외교정책은 더욱 복잡한 변화를 보이게 된다.

다음 무왕시대 말기 백제의 국내 상황에 대해서는 태자인 의자왕이 대신라전(對新羅戰) 등 국정의 상당부분을 위임받아 권한을 행사하고 무왕은 상왕(上王=大王)으로 현실정치에서 물러나 있었던 것으로 추정하는 견해도 눈에 띈다. 하지만 왕의 높임말인 대왕(大王)을 상왕(上王)과 같은 의미로 받아들이는 것도 그렇고, 또 무왕 스스로가 상왕의 자리로 물러나서 태자인 의자왕에게 국정을 맡겼다고 볼만한 어떠한 증거도 없기 때문에 이 부분까지 인정하기는 어렵다.

그러나 태자에 책봉된 의자왕이 아버지 무왕을 도와 정치와 군사 활동 전면에 나섰을 가능성을 보여주는 예는 여러 곳에서 찾아볼 수 있다. 편년과 내용 사이의 모순 때문에 앞에서 이미 살펴본 바 있는 무왕 38년(637) 의자왕이 태자로 있을 때 아들인 부여융을 중국에 사신으로 파견한 일은 태자인 의자왕 개인의 판단이었다기보다 무왕과 사택왕후를 포함한 왕실 및 조정의 관료들과도 협의를 거쳐 결정되었다고 보아야 할 것이다.

물론 그렇다고 해도 부여융은 의자왕의 적장자인 만큼 결정과정에서 의자왕이 적지 않은 역할을 했을 것임은 분명하고, 따라서 이를 통해 태자로서의 의자왕이 무왕을 도와 이미 현실정치에 깊숙이 참여하여 활동하고 있었다는 사실도 미루어 짐작할 수 있다.

신라에 대한 군사행동 문제에서는 태자로서의 의자왕이 어느 정도 역할을 했는지 알아내기가 쉽지 않다. 다만 그의 나이가 30대 중반을 넘어선 632년 정월 태자로 책봉되었고, 그로부터 6개월 뒤인 7월에 바로 백제가 신라를 공격하고 있으며, 그 다음 해인 633년 8월과 636년 5월에도 신라를 공격하는 등 신라에 대한 공세를 적극적으로 펼치고 있는 것을 보면, 태자인 의자왕 역시 용맹스럽고 담이 크며 결단성이 있었다는 평가에 걸 맞는 역할을 했을 것으로 판단된다. 641년 3월 무왕이 사망한 뒤 왕위에 오른 의자왕이 다음 해 7월 본인이 직접 군사를 이끌고 신라를 침공하여 미후성(獼猴城) 등 40여 성을 함락시켰고, 8월에는 장군 윤충(允忠)을 파견해 대야성(大耶城)을 점령하는 등 신라에 대한 공격을 쉬지 않고 밀어붙이고 있는 것을 볼 때 의자왕이 태자시절부터 이미 비슷한 자세로 신라를 대했을 가능성은 충분하다고 생각한다.

또한 의자왕이 태자로 책봉되고 8년 정도 지난 639년 어머니인 사택왕후가 익산에 미륵사를 짓고 사리봉안기를 안치할 때 의자왕 역시 어머니와 함께 이 일에 관여했을 가능성이 크다는 것도 앞에서 이미 지적한 바 있다. 639년은 무왕이 사망하기 2년 전이다. 이 무렵 무왕의 건강이 이미 좋지 않았기 때문에 왕실사찰인 미륵사를 창건하며 사리봉안기에서 무왕의 장수(長壽)를 축원했을 것 같기도 하고, 익산 쌍릉을 무왕 부부의 무덤으로 보는 연구자들도 많은데 "해동증민" "해동증자"라고 불릴 정도로 부모에 대한 효성이 지극했던 의자왕이 미륵사 창건에만 관여한 것이 아니라 부모의 염원이 담겨있는 미륵사의 소재지 익산지역에 부모의 무덤을 조성했을 가능성도 충분히 생각해볼 수 있다.

그러나 여기에서 한 가지 분명히 해야 할 것은 639년 무왕의 건강상태가 좋지 않았다 해도 사리봉안기에 대왕폐하(大王陛下)의 장수와 함께 그 치세가 오래 유지되기를 염원하는 내용이 담겨있듯이 무왕이 현실정치에서 물러나 태자인 의자왕에게 국정을 모두 맡기는 상황으로까지는 가지 않았다는 점, 그러므로 의자왕은 태자로서 정치적으로나 군사적으로 무왕을 보좌하며 활동하는 모습을 보여주고 있었다는 점도 간과하면 안 되리라고 생각한다.

마지막으로 미륵사가 있는 익산지역과 관련하여 또 하나 지적해놓고 싶은 내용은 사비시대 백제의 동서(東西) 양성(兩城) 문제이다. 『구당서』와 『신당서』의 백제(국)전에는 백제왕이 동쪽과 서쪽 두 개의 성(城)에 거주했다고 나온다. 그런데 이 기록은 구체적인 설명이 없이 간단한 사실만 소개하고 있어서 두 성이 어디를 가리키는지 분명하지가 않다. 그래서 사람들은 백제 사비시대의 도성 소재지인 부여와 웅진시대의 도읍지로 웅진성이 있는 공주를 동서(東西)의 두 성이 있는 장소로 보기도 하고, 또는 부여와 미륵사지가 있는 전북의 익산으로 받아들이기도 한다.

공주와 익산의 정치적 중요성을 둘러싼 견해차이가 쉽게 좁혀지지 않고 논쟁이 이어지는 이유는 결정적인 증거가 없는 상태에서 사비시대의 도성인 부여는 말할 것 없고 공주와 익산도 백제왕이 그곳에 거주했음을 알게 해주는 나름대로의 증거들을 가지고 있기 때문이다. 결국 사실관계를 규명하려면 그 가능성과 개연성을 타진해볼 수밖에 없는데, 두 지역에서 나타나는 증거물들을 비교해보면 어느 정도의 실상이 드러난다.

공주의 경우 『삼국사기』 무왕본기의 무왕 28년(627)조를 보면, 무왕이 신라에게 빼앗긴 땅을 회복하려고 군사를 크게 일으켜 웅진으로 나가 주둔했다가 신라 진평왕이 당나라에 사신을 보내 급함을 고하자 왕이 이 말을 듣고 그만 두었다고 한다. 또 무왕 31년(630) 2월 사비의 궁성을 중수(重修)하면서 왕이 웅진성으로 행차해있었는데, 여름에 가뭄이 심하여 사비의 역(役)을 멈추게 하고는 7월에 웅진에서 돌아왔다고 한다. 무왕이 5개월 동안 웅진에서 거처하고 있었음을 알게 한다.

한편 660년 7월 13일 신라와 당나라 군대에게 사비도성이 포위당하자 의자왕이 신하들을 거느리고 밤에 웅진성으로 피신했다가 5일 뒤인 7월 18일 태자와 웅진지방의 군사를 거느리고 웅진성으로부터 와서 항복했다는 내용도 보인다. 또 2011년 공산성의 백제시대 유적층에서는 전쟁의 흔적과 함께 당나라 태종 때 연호인 "정관(貞觀) 19년 4월 21일"이라는 붉은 글씨가 선명하게 쓰인 상태로 두껍게 옻칠이 되어있는 고급 갑옷이 물웅덩이 속에서 출토되기도 했다. 정관 19년에 해당하는 645년은 의자왕이 사비도성이 있는 지금의 부여에서 즉위한지 5년째 되는 해이다.

전북의 익산지역은 공주처럼 왕의 행차사실을 알려주는 역사기록이 전해오고 있지 않다. 따라서 이 지역이 백제왕들의 거주 장소로 어떻게 활용되었는지 자세히 알기는 어렵다. 무왕의 익산천도 내용이 담겨있는 「관세음응험기」나 무왕과 관련된 서동설화의 내용이 눈길을 끌기는 하지만 이들 기록을 그대로 역사사실로 믿고 받아들이기는 힘들다. 다만 2009년 1월 14일 미륵사지 서탑에서 금제사리호와 금제사리봉안기 등이 발견됨으로써 이 지역이 백제왕실, 그중에서도 특히 백제 최고의 귀족가문출신인 사택적덕의 딸이자 의자왕의 어머니인 사택왕후와 밀접한 관련이 있다는 사실은 분명해졌다. 그리고 최근에 무왕의 익산천도나 백제 동서 양성의 유력한 증거로서 왕궁리유적의 백제 왕궁시설이 주목받고 있기도 한데, 앞에서 지적했듯이 이 왕궁시설은 정치적이거나 군사적인 기능보다 왕과 왕후가 미륵사가 있는 익산지역에 머물기 위해 만들어진 왕실의 별궁(別宮)일 가능성이 더 큰 것으로 판단된다.

공주와 익산 두 지역에 관한 이상의 내용에서 공주는 사비시대에도 정치적·군사적으로 중요한 역할을 유지하며 무왕이나 의자왕이 필요에 따라 이곳의 웅진성에 와서 거주했던 사비도성의 배후지였음이 직접적으로 드러난다. 이에 비해 익산은 「관세음응험기」나 서동설화, 미륵사의 사리봉안기에서 강하게 나타나듯이 정치적·군사적 측면보다 종교적인 상징성이 두드러지며, 실제로 백제왕들이 이곳에 와서 거주한 적이 있는지 여부도 가능성만 있을 뿐 현재로서는 정확한 사실관계를 파악하기가 힘들다.

그러므로 『구당서』와 『신당서』의 백제(國)전에 나오는 동서의 두 성이 어디인지 분명하게 말할 수는 없다 해도 익산보다 공주일 가능성이 큰 것은 사실이다. 사비시대에도 웅진성이 있는 공주에 백제왕들이 드나들며 활동한 것을 보면, 현재의 공산성인 웅진성이 백제의 지방통치에서 중요한 역할을 담당한 또 하나의 정치적 중심지로서 지속적인 기능을 수행했음은 의심의 여지가 없다고 본다.

04

장년 시절

백제 31대 왕으로 즉위하다

　　　　　　　　의자왕이 632년 태자의 자리에 오르고 10
년 정도 지난 641년 3월에 42년 동안 왕의 자리에 있던 아버지 무왕이
사망하면서 의자왕은 백제 31대 왕으로 즉위했다. 당시 의자왕은 공자가
불혹(不惑)의 나이라고 표현한 40세를 훌쩍 넘어선 말 그대로 인생의 완숙
기에 왕의 자리에 올랐다. 준비된 대통령이라는 예전의 유행어처럼 의자
왕은 준비된 왕으로서 즉위했고, 그리하여 이후 그의 통치행위는 일사불
란(一絲不亂)하게 진행된 것으로 나타난다.

　『구당서』 백제국전에 따르면, 의자왕은 무왕 사후(死後) 바로 당나라에
사신을 파견해 무왕의 사망소식을 알림으로써 당 태종이 소복(素服)을 입
고 곡(哭)을 하면서 부물(賻物) 200단(段)과 함께 사신을 보내와 의자왕을 주
국(柱國)으로 삼고 대방군왕백제왕(帶方郡王百濟王)에 책봉했음을 알게 한다.
『삼국사기』 무왕본기의 무왕 42년조나 의자왕본기의 즉위년기사 및 『신
당서』 백제전, 『책부원귀』 외신부(外臣部) 봉책(封冊) 2 등의 기록에 의하면
당 태종은 장안성의 북문인 현무문(玄武門)에서 애도의 뜻을 표하고 책봉

사신으로 사부낭중(祠部郎中) 정문표(鄭文表)를 파견한 것으로 나온다. 중국
으로부터의 책봉은 백제왕으로서의 정통성을 확립하고 국내는 물론 국제
사회에서 의자왕이 자신의 권위를 내세우거나 인정받기 위해 꼭 필요한
절차였는데, 당 태종은 무왕 때와 마찬가지로 중국 관제(官制)로 종2품에
준하는 훈관(勳官)인 주국(柱國) 및 종1품의 대방군왕과 정1품의 백제왕을
작호(爵號)로 수여하였다.

신라의 경우 선덕여왕은 재위 4년째인 635년에 주국낙랑군공신라왕
(柱國樂浪郡公新羅王), 진덕여왕은 원년(647) 2월에 주국낙랑군왕(柱國樂浪郡王),
태종 무열왕은 원년(654) 5월에 종1품인 개부의동삼사(開府儀同三司)와 신라
왕에 책봉되었고, 고구려의 영류왕은 7년(624) 2월에 정2품에 준하는 훈
관인 상주국(上柱國)과 종2품의 요동군공(遼東郡公) 및 정1품의 고구려왕, 보
장왕도 2년(643) 윤6월에 상주국요동군공고구려왕으로 임명되었다.

삼국의 책봉호칭을 비교해 보면, 훈관의 경우 고구려왕에게는 정2품의
"상주국", 백제왕과 신라왕에게는 종2품의 "주국"을 제수하고 있어서 큰
차이는 없다 해도 중국을 중심으로 한 동아시아 국제사회에서의 위상은
고구려가 약간 높게 나타나고 있고, 백제와 신라는 서로 동등하면서도 고
구려보다는 조금 낮은 위치에서 중국과 조공 및 책봉관계를 맺으며 교류
가 이루어졌음을 보여준다. 그러면서도 고구려왕에게는 종2품에 해당하
는 "요동군공", 백제왕에게는 종1품의 대방군왕, 신라왕에게는 종1품의
"낙랑군왕"을 작위(爵位)로 수여하고 있어서 작위에서는 백제와 신라가 고
구려보다 약간 높게 나타나고 있는 점도 눈에 띈다.

물론 이들 훈관이나 작위는 실제 직무를 수행하는 실직(實職)이 아니라
이름뿐인 명예직이고, 백제왕, 고구려왕, 신라왕이라는 호칭만이 각국의
최고통치자로서의 위상을 나타내주는 실직(實職)이라고 할 수 있다. 따라

서 각국의 왕들은 정1품에 해당하는 왕으로서의 위상을 지니고 모두가 동등한 입장에서 서로 관계를 맺으며 중국과의 교류도 그러한 분위기 속에서 이루어졌다고 보아야 할 것이다.

다만 삼국의 책봉호칭에서 우리가 하나 눈여겨 볼만한 것은 중국 황제가 삼국의 왕들을 책봉할 때 백제는 대방군, 신라는 낙랑군, 고구려는 요동군으로 삼국을 분명하게 구분하여 호칭을 정해주고 있다는 점이다. 지방행정 단위로서의 군(郡)은 수나라 때 완전히 없어졌기 때문에 수나라와 당나라에 이들 군이 실제로 존재했던 것은 아니다. 따라서 이들 지역과 관련된 관직도 실무(實務)와는 거리가 먼 작위로서의 명예직이기는 하지만, 그렇다고 해도 수나라와 당나라의 황제가 삼국의 왕들에게 책봉을 통해 그 관직들을 계속 수여하다보니 결과적으로 대방군은 백제, 낙랑군은 신라, 요동군은 고구려를 상징하는 명칭으로까지 자리를 잡게 되었다.

백제의 경우 근초고왕 때인 372년 6월에는 동진(東晉)의 황제인 간문제(簡文帝)로부터 진동장군령낙랑태수(鎭東將軍領樂浪太守)에 책봉되어 백제왕이 낙랑태수로 임명된 적도 있었다. 그런데 이 무렵에는 고구려의 고국원왕(故國原王)이 이미 355년 12월에 전연(前燕)으로부터 정동대장군영주자사(征東大將軍營州刺史)와 낙랑공왕(樂浪公王)에 봉해지고 있어서 낙랑의 호칭이 백제왕에게만 적용되고 있었던 것은 아니라는 사실 또한 알게 해준다. 아마도 백제의 근초고왕이 371년에 고구려 평양성(平壤城)으로 쳐들어가 낙랑공왕의 책봉호칭을 지니고 있던 고국원왕을 전사(戰死)시키는 위업을 달성한 것이 동진에게서 높은 평가를 받아 진동장군령낙랑태수로 책봉되지 않았나 싶기도 하다. 그러다가 이후에는 백제왕의 책봉호칭이 낙랑에서 대방으로 바뀌었는데, 백제왕의 책봉호칭에 대방군이 처음 들어간 것은 위덕왕 때인 570년 북제(北齊)로부터 사지절시중표기대장군대방군공백제왕(使持節侍中驃騎大將軍帶方郡公百濟王)을 제수받았을 때이다.

이보다 앞서 신라의 진흥왕은 565년 2월 북제로부터 사지절동이교위낙랑군공신라왕(使持節東夷校尉樂浪郡公新羅王)에 책봉되었다. 북제의 신라왕에 대한 책봉호칭에 이미 낙랑군이 들어갔기 때문에 이보다 5년 정도 늦게 책봉이 이루어진 백제왕의 호칭에는 대방군을 넣은 것이 아닐까 여겨지기도 한다. 백제 입장에서 보면 "낙랑"의 호칭을 신라에게 빼앗기고 대신 "대방"의 호칭을 얻은 셈인데, 여하튼 이후 581년에도 위덕왕은 수나라로부터 상개부의동삼사대방군공백제왕(上開府儀同三司帶方郡公百濟王)을 수여받아 대방군공이란 책봉호칭을 유지하다가 무왕이 624년 당나라로부터 대방군왕백제왕으로 책봉되어 대방군왕으로 지위가 상승되었다. 이 대방군왕이라는 호칭은 의자왕을 거쳐 이후 백제의 영토가 신라에게 완전히 넘어간 뒤에도 중국에 있던 의자왕의 태자 부여융과 그 손자인 부여경(扶餘敬)에게로 계속 이어지면서 백제왕실의 적통(嫡統)을 상징하는 명칭으로 사용되었다.

당 태종으로부터 주국대방군왕백제왕에 책봉된 의자왕의 치세(治世)는 660년 7월 백제가 신라와 당나라 연합군에게 점령당하고 자신은 포로가 되어 당나라로 끌려갈 때까지 20년간 지속되었다. 의자왕 치세의 결말은 백제영토를 점령군에게 빼앗기고 의자왕 본인은 포로로 붙잡혀가는 불행한 모습을 보여주는 등 한 나라 왕으로서의 통치능력에 분명히 한계가 있었다. 그렇지만 또 한편으로는 그가 다스린 20년 동안 백제가 대내외적으로 적지 않은 발전을 이룩하면서 백제 최대의 숙원사업인 신라와의 영토다툼 문제도 백제에게 유리하도록 국면(局面)을 전환시키는 등 인정받을 만한 부분 역시 많았던 것이 사실이다.

따라서 의자왕이 백제 31대 왕으로 즉위하면서 백제의 여러 가지 현실

문제를 풀어나가기 위해 애쓰던 모습 및 그의 통치내용에 대한 보다 객관적인 평가, 그리고 의자왕의 역사적 공과(功過)를 정확하게 분석해봄으로써 지금까지 의자왕에게 덧씌워져 내려온 왜곡의 껍데기를 벗겨내고 그 속에 숨어있는 진실을 밝히는 작업에 좀 더 힘을 기울여야 하지 않을까 생각한다.

20년간에 걸친 의자왕의 정치활동 내용을 전체적으로 보여주는 자료는 『삼국사기』의 백제 의자왕본기밖에 없다. 그런데 그 본기의 마지막 부분에 자리를 잡고 있는 논찬(論贊)을 보면,

> … 백제의 말기에 이르러서는 소행이 도리에 어긋남이 많았다. 또 대대로 신라를 원수로 여기면서 고구려와 화친하여 신라를 침략하고, 유리한 기회가 올 때마다 신라의 중성(重城)과 거진(巨鎭)을 빼앗는 것(割取)을 그치지 않았으니, 이른바 인(仁)을 가까이 하고 이웃나라와 사이좋게 지내는 것을 나라의 보배로 삼지 않았다. 이에 당(唐)의 천자(天子)는 두 번 조서를 내려 그 원한을 풀도록 했으나, 겉으로는 따르는 척하면서 속으로는 그것을 어겨 대국(大國)에 죄를 지었으니, 그 멸망은 또한 당연하다 하겠다.

라는 내용이 나온다. 『삼국사기』 편찬자인 김부식(金富軾)의 백제 멸망에 대한 평가이다. 백제의 입장이 전혀 배려되고 있지 않은 이러한 시각은 신라 왕실의 후손이자 유교사상을 익힌 유학자로서의 김부식이 신라 중심의 역사관과 중국 중심의 사대주의(事大主義) 의식을 강하게 지니고 있었다는 사실을 알게 해준다. 그러므로 신라나 당나라와 같은 승리자 입장에서 패배자인 백제를 바라보고 있는 『삼국사기』의 의자왕본기를 비롯한 백제관련 기록들은 사료로서의 한계가 클 수밖에 없다고 판단되는데, 현재로서는 가능한 조심하며 이를 이용하되 다른 사료에 나타나는 기록들

을 동원하여 부족한 부분을 보충해야 할 것 같다.

의자왕은 즉위하면서 곧바로 당 태종에 의해 주국대방군왕백제왕으로 책봉되어 정통성을 확립한 뒤, 안으로는 정권안정에 힘쓰고 밖으로는 중국과의 교류를 지속시키는 한편 신라에 대해서는 강경책을 구사하는 동시에 고구려나 일본과는 화친을 도모하는 다각적인 방안을 마련하여 추진해나갔다.

즉위한 다음 해인 642년 2월 주(州)와 군(郡)을 순무(巡撫)하고 사형수를 제외한 모든 죄수를 석방해주었다는 『삼국사기』 의자왕본기의 내용은 집권 초기 통치자의 교체과정에서 흔들릴 수 있는 민심을 안정시키고 자신의 존재를 확실하게 인식시키기 위한 대내적인 활동모습이라 판단된다. 또 644년에는 왕자 부여융을 태자로 삼고 죄수를 크게 풀어주었다는 기사도 보이는데, 이러한 조치 역시 왕권안정과 민심수습을 위한 정치활동의 기본적인 수순으로 받아들여진다.

대외정치에서는 즉위한 641년부터 645년까지 해마다 당나라에 사신을 파견하는 등 중국과의 교류에 힘을 기울이면서, 신라에 대하여는 642년 7월과 8월 및 643년, 645년 군사적인 공격을 계속 밀어붙이고 있다. 『삼국사기』 의자왕본기에서는 의자왕이 즉위한 641년부터 644년까지 중국에 사신을 파견하고 645년부터 당 태종이 죽고 고종이 즉위한 다음 해인 650년까지는 사신을 보내지 않은 것으로 나온다. 그러나 『책부원귀』 외신부 조공(朝貢) 3에는 정관(貞觀) 19년, 즉 645년 정월에도 태자인 부여강신(扶餘康信)을 중국에 파견한 내용이 소개되어 있다. 당시 태자는 부여융이었는데 이때 파견된 부여강신을 태자로 소개하고 있어서 부여융과 부여강신은 동일인물로 받아들여지기도 한다.

한편 고구려에서는 642년 10월 연개소문(淵蓋蘇文)이 정변을 일으켜 군국(軍國)의 대권을 장악했는데, 의자왕은 이러한 연개소문 정권과 연합하여 신라를 공격한 것으로 나타난다. 다시 말해 백제와 고구려는 이때에 이르러 과거의 적대감정을 떨쳐버리고 새로이 우호관계를 형성한 것이다. 이러한 관계변화 속에는 영토소유권 문제를 둘러싸고 두 나라가 신라에 대해 공통적으로 지니고 있던 원한감정이 깊숙이 자리를 잡고 있었다. 이에 대한 문제는 뒤에서 좀 더 자세히 살펴보겠다.

일본에서는 의자왕이 즉위한 641년에 서명(舒明)천황이 죽고 황극(皇極)천황이 즉위했는데, 의자왕은 즉위 다음 해인 642년에 조의사신(弔使)을 일본에 파견했으며 이후에도 사신파견은 계속 되었다. 이들 사신파견 기록은 모두 『일본서기』에서 찾아볼 수 있는 내용들로 642년부터 백제가 신라와 당나라 연합군에게 정복당하는 660년까지 11회에 걸쳐 나타나고 있다. 백제가 신라를 공격하거나 신라의 침략을 받고 있는 해를 제외하면 모든 시기에 사신의 왕래기록이 나올 정도로 의자왕은 일본과의 교류를 중시했다. 특히 『삼국사기』 의자왕본기에는 653년에 "왜국과 통호(通好)했다."는 기사가 나오고 있어서 이때에 이르면 일본에서도 백제에 사신이 파견되면서 백제와 일본 양국이 정식으로 국가 간의 수교를 체결했음을 알게 해준다.

그리고 이렇게 하여 새롭게 형성된 한반도 삼국의 관계가 다시 중국과의 관계에 영향을 미침으로써 의자왕이 집권 초기에 부단히 노력했던 중국과의 우호관계 증진은 실현되지 못하고 백제와 당나라는 갈수록 사이가 나빠져 끝내는 적대적인 관계로 변모하였으며, 그 결과 중국과 한반도 삼국은 고구려-백제-일본으로 연결되는 세력과 당나라-신라로 이어지는 연합세력이 서로 대결하는 구도를 보여주게 되었다.

충청남도 역사문화연구원에서는 2007년도에 백제문화사대계(百濟文化

史大系) 연구총서(研究叢書) 총 15권을 편찬했다. 그중 백제의 대외교섭을 다룬 9권에서 의자왕과 관련된 내용을 보면, 의자왕의 대중국(對中國) 외교에 대한 우리 학계의 일반적인 견해가 어떤 것인지, 또 무엇이 문제인지 곧바로 드러난다. 그 내용은 두 가지로 요약된다.

하나는 의자왕시대 백제의 대당(對唐) 외교가 신라의 적극적인 외교공세에 밀려 국난극복에 도움이 되지 못하고 말았다는 것이다.

또 하나는 이런 외교적 고립에 직면한 백제는 어제의 적국이었던 고구려와 연결을 꾀하면서 난국타개를 모색하게 되었다는 것이다.

중국에 대한 의자왕의 주체적인 외교활동 역량이 신라보다 뒤떨어져 외교전쟁에서 밀려났고, 그래서 어쩔 수 없이 차선책으로 고구려와 연결을 꾀하게 되었다는 것이다. 어떻게 보면 의자왕의 무능력을 강조하는 내용으로 귀결된다.

중국이 신라와 손을 잡고 백제를 공격했으며, 백제와 고구려가 연합하여 신라를 공격한 사실은 부정할 수 없다. 그러나 이러한 역사적인 현상이 나타나기까지 중국, 백제, 고구려, 신라, 일본 등 당시의 동아시아 국가들은 나라마다 제각기 다른 여러 가지 사정을 지니고 있었다. 따라서 우리는 결과에 맞추어 과정을 설명하는 단선적인 연구방법이 지닐 수 있는 위험성을 경계하면서 역사사실에 보다 가까운 진실을 찾아보려고 노력하는 자세를 지녀야 하리라고 본다. 이러한 의미에서 당시 통치자들이 지니고 있던 외교능력의 우열(優劣)을 중국과의 외교관계 성립 여부만을 가지고 판단하는 것은 문제가 있지 않나 싶다.

물론 중국은 당시 동아시아의 최강국으로서 국제사회에 막대한 영향력을 행사하고 있었다. 때문에 어느 나라이건 중국과의 관계를 무시할 수는 없었겠지만, 그래도 필요에 따라 얼마든지 외교활동 상에서 변화와 융통성을 발휘할 수 있는 것이고, 중국 중심의 시각에서 벗어나 또 다른 측면에서 보면 이러한 융통성을 발휘하는 것 역시 뛰어난 외교술이라고 생각한다. 그러므로 의자왕의 경우도 이와 같은 측면까지 고려하면서 그가 과연 신라의 적극적인 외교공세로 대당(對唐)외교에서 밀려나 당나라와의 관계를 포기한 것인가, 또 대당(對唐)외교에 실패하여 국제사회에서 고립될 위기에 있었기 때문에 어쩔 수 없이 고구려와 손을 잡은 것인가에 대한 답을 찾아야 하리라고 본다.

그런데 의자왕은 이미 즉위한 641년부터 당나라에 사신을 파견하고 있고, 그 다음 해인 642년과 643년에는 고구려와 연합하여 신라를 공격하고 있는 내용이 『삼국사기』 신라 선덕왕본기 11년 8월조 및 백제 의자왕본기 3년 11월조에 담겨있다. 이들 내용을 보면 의자왕은 즉위하면서 곧바로 중국과의 교류 및 고구려와의 연합을 동시에 추진한 것이지, 중국과의 외교관계가 실패했기 때문에 차선책으로 고구려와 연합한 것이 아니라는 사실을 명확히 알 수가 있다. 또 645년 부여강신을 사신으로 당 태종에게 파견했다가 그때까지 매년 이어져오던 중국과의 외교관계가 갑자기 끊어진 것이나, 태종이 죽고 고종이 즉위하자 다시 651년과 652년 연이어 당 고종에게 사신을 파견했지만 그 이후에는 중국과의 외교관계가 완전히 단절된 것 역시 신라의 외교공세 때문에 백제가 밀려난 것이 아니라, 백제의 입장을 고려해주지 않고 국가 간의 평화만을 강조하며 의자왕의 신라에 대한 군사공격을 지속적으로 걸고넘어지는 당 태종이나 고종의 태도에 실망한 의자왕이 신라를 계속 공격하기 위해 스스로 중국과의 외교관계 단절이라는 결단을 내린 것으로 보아야 하겠다.

어머니의 죽음과 정치개혁

의자왕 초기의 통치활동이 왕 자신의 정치개혁에 의해 새롭게 마련된 집권체제를 바탕으로 하여 이루어진 것인지, 아니면 아버지 무왕 때에 갖추어진 정치기반을 그대로 이어받아 수행된 것인지 분명히 밝히기는 어렵다. 그러나 이 문제는 그동안 의자왕 정권의 성격을 이해하기 위한 중요한 논쟁점으로 다루어져왔기 때문에 그 논의 내용 속에서 해답을 찾아볼 수 있을 것 같다.

대다수의 연구자들은 이 문제를 해결하기 위한 열쇠로서 『일본서기』 황극 원년(642) 2월조에 "금년 정월 국주모(國主母)가 돌아가셨다. 또 제왕 자아교기(弟王子兒翹岐) 및 그 모매여자(其母妹女子) 4인, 내좌평 기미(岐味)와 고명(高名)한 40여 명의 사람이 섬으로 쫓겨났다(今年正月 國主母薨 又弟王子兒翹岐及 其母妹女子四人 內佐平岐味 有高名之人四十餘 被放於島)."라고 한 의자왕 어머니의 죽음과 백제 정변기사의 편년을 주목하고 있다.

여기에서 "제왕자아교기(弟王子兒翹岐)"는 "의자왕의 동생왕자의 아들 교기"나 "의자왕의 동생왕자와 의자왕의 아들 교기"로 해석될 수 있고, "기모매여자 4인(其母妹女子四人)"은 "교기의 어머니 여자동생들 4인" 또는 "의자왕의 어머니 여자동생들 4인" 또는 "교기 어머니 여자동생의 아들들 4인" 또는 "의자왕 어머니 여자동생의 아들들 4인" 등 다양한 해석이 나올 수 있는데, 이중 "의자왕의 동생왕자와 의자왕의 아들 교기" 및 "교기 어머니 여자동생의 아들들 4인"이 가장 타당한 해석으로 받아들여진다.

『일본서기』의 편년에 따르면 이 기사의 내용은 의자왕이 즉위하고 바로 다음 해인 642년 정월에 발생한 일이 된다. 그러므로 의자왕이 원자와 태자시절 왕의 자리를 놓고 다른 형제들과 경쟁을 했다거나 무왕의 측근

혹은 귀족세력의 견제 때문에 왕위에 오르기까지 많은 어려움을 겪었을 것으로 보는 연구자들, 또는 『일본서기』에 나오는 국주모(國主母)가 의자왕의 친어머니가 아니어서 의자왕과 알게 모르게 갈등을 겪었을 것으로 보는 연구자들 입장에서는 의자왕이 반대세력을 눌러 왕권을 강화하고 정계를 개편하기 위해 친위(親衛) 정변을 단행했다는 증거로 『일본서기』의 이 기록을 내세운다.

그러면서 의자왕이 모후(母后)가 죽은 뒤에 바로 정변을 단행한 것은 모후가 외척을 중심으로 한 귀족세력과 긴밀한 관계를 맺고 있었고 모후 자매의 자식들이 권력의 중추에 있었기 때문에 왕권 중심의 국정운영체제를 재정립하고자 의자왕이 이들을 추방한 것으로 해석하고 있다. 다시 말해 이 사건은 왕권을 강화하려는 의자왕과 모후를 등에 업은 세력 사이의 마찰과 알력의 산물이라는 것, 그리고 이를 통해 의자왕은 반대세력들을 대거 제거하여 왕권의 안정을 이루었기 때문에 이후 백제의 정치상황은 안정되고 영토는 확장되었으며 외교관계도 비교적 안정적으로 수행될 수 있었다고 보기도 한다.

그렇지만 이미 앞에서 가능성을 타진해보았듯이 무왕 말기 미륵사지 사리봉안기의 주인공인 사택왕후는 의자왕의 친어머니일 확률이 다른 어떤 경우보다 크고, 또 "해동증민"이나 "해동증자"로 불릴 만큼 의자왕과 어머니와의 관계는 좋았기 때문에 이들 모자 사이에 권력을 둘러싼 암투나 갈등이 있었다고 보기도 어렵다. 그리고 『일본서기』 황극 원년 2월조에 나오는 국주모(國主母), 즉 의자왕의 어머니는 당연히 사택왕후로 받아들여야 할 것이다. 하지만 "기모매여자사인(其母妹女子四人)"에서 "기모(其母)" 즉 그 어머니는 국주모인 사택왕후보다 그 문장 바로 앞에 나오는 의자왕의 아들인 교기의 어머니, 바꾸어 말하면 의자왕의 부인으로 보아야 할 것 같다.

『일본서기』 제명 6년 겨울 10월조 세주(細註)에는 "백제왕 의자, 그 처 은고, 그 아들 융 등…(百濟王義慈 其妻恩古 其子隆等…)"이라고 하여 의자왕의 왕비이자 부여융의 어머니는 이름이 은고(恩古)로 나온다. 부여풍의 또 다른 이름으로 보이는 교기는 부여융의 서형으로 여겨지는 만큼 그 어머니 역시 의자왕의 왕비이자 부여융의 어머니인 은고가 아니라 소실(小室)의 위치에 있는 다른 여인이었을 것으로 판단된다. 여하튼 효자로 이름난 의자왕이 어머니 생전에는 참았다가 어머니가 돌아가시자 곧바로 자신의 동생과 자신의 서자인 교기 및 그 교기 어머니 자매의 자식, 곧 교기의 이종사촌들과 관련된 모종(某種)의 적폐(積弊)를 바로 잡고자 국정을 쇄신시킨 것이 아닐까 싶다. 의자왕이 단행한 이 정변의 실체를 정확히 알 수는 없지만, 자신의 동생과 서자인 교기 및 그 교기의 이종사촌 형제들 4명, 그리고 내좌평으로 있던 기미와 명성이 높은 40여 명의 인물들이 섬으로 추방된 것을 보면 어머니의 죽음을 계기로 의자왕이 대대적인 정계개편을 일으킨 것은 분명한 사실로 믿어진다.

그렇다면 의자왕이 이처럼 정치개혁을 단행한 시점이 언제일까 궁금해지는데, 『일본서기』 황극 원년 봄 정월조와 2월조 기사를 그대로 받아들이면 즉위한 다음 해인 642년 정월로 보아야 한다. 그러나 『일본서기』 황극 원년의 기사는 내용상 많은 문제를 안고 있어서 그것을 어떻게 받아들여야 하는가가 첨예한 논쟁을 불러일으키고 있다. 주요 쟁점은 이를 『일본서기』의 편년 그대로 황극천황 원년의 일로 받아들여야 하느냐, 아니면 황극천황과 제명천황은 같은 인물이므로 제명천황 원년(655)의 기사로 옮겨서 볼 수 있지 않느냐의 문제이다.

일단 『일본서기』의 관련기사들을 모두 소개하면 다음과 같다.

1) 봄 정월 … 을유(29일), 백제에 사신으로 갔던 대인(大仁 : 서기 604년인 推古 11년 12관위 가운데 제3위) 아담연비라부(阿曇連比羅夫=다아즈미노무라지히라부)가 축자국(筑紫國)에서 역마를 타고 와서 "백제국이 천황(天皇)이 돌아가셨다(崩)는 소식을 듣고 조문사를 파견했는데, 신(臣)은 그 조문사를 따라 함께 축자국에 도착했습니다. 신은 장례식에 참석하고자 먼저 혼자 왔습니다. 그런데 그 나라는 지금 대란(大亂)이 일어났습니다."라고 하였다(皇極天皇 元年 春正月 丁巳朔 乙酉條).

2) 2월 정해삭 무자(2일), 아담산배연비라부(阿曇山背連比羅夫)·초벽길사반금(草壁吉士磐金=쿠사카베노키시이와카네)·왜한서직현(倭漢書直縣=야마토노아야노후미노아타이야가타)을 백제 조문사가 있는 곳에 보내어 그쪽 소식을 물었다. 조문사는 "백제국주(百濟國主=의자왕)가 신에게 '새상(塞上)은 항상 나쁜 짓을 한다. 귀국하는 사신에게 딸려 보내주기를 청하더라도 천조(天朝)에서는 허락하지 말라.'라고 말했습니다."라고 대답했다. 백제 조문사의 종자(傔人) 등이 "지난해(641) 11월 대좌평(大佐平) 지적(智積)이 죽었습니다. … 금년(642) 정월에는 국주(國主=의자왕)의 어머니가 죽었고, 또 동생왕자와 자식 교기(翹岐), 그 어머니 여동생의 자식 4명, 내좌평(內佐平) 기미(岐味), 이름이 높은 사람 40여 명이 섬으로 추방되었습니다."라고 말하였다(皇極天皇 元年 二月 丁亥朔 戊子條).

3) 2월 경술(24일), 교기(翹岐)를 불러 아담산배연(阿曇山背連)의 집에 머무르게 했다(皇極天皇 元年 二月 庚戌條).

4) 여름 4월 병술삭 계사(8일), 대사(大使) 교기(翹岐)가 그의 종자를 데리고 조정에 알현하였다(皇極天皇 元年 夏四月 丙戌朔 癸巳條).

5) 가을 7월 을해(22일), 백제 사신 대좌평(大佐平) 지적(智積) 등에게 조정에서 연회를 베풀었다. <혹본(或本)에는 백제 사신 대좌평 지적과 그의 아들 달솔(達率 : 이름은 빠졌다), 은솔(恩率) 군선(軍善)이 참석했다고 한다.> 이에 건강한 아이에게 명해서 교기(翹岐) 앞에서 씨름을 하도록 했

다. 지적(智積) 등은 연회가 끝난 후 물러나와 교기(翹岐)의 문전에서 절하였다(皇極天皇 元年 秋七月 乙亥條).

642년 정월 백제가 대 혼란에 빠졌다는 것으로, 의자왕의 모친이 죽으면서 의자왕이 자신의 동생과 아들 교기(翹岐), 교기의 이종사촌 4명, 내좌평으로 있던 기미(岐味)를 비롯한 유명인사 40여 명을 섬으로 추방했다는 내용이다. 따라서 별다른 사료비판 없이 『일본서기』의 편년과 내용을 그대로 받아들여 의자왕이 즉위하자마자 바로 다음 해 어머니의 죽음을 계기로 정변을 단행하여 정계를 새롭게 개편하고 자신의 왕권을 강화했다고 이해하는 학자들이 많다.

그러나 위에 소개한 내용들을 서로 비교해보면 그 사이에 많은 모순이 내재해 있다는 것을 알 수 있다. 2)의 기사에 의하면 대좌평 사택지적은 641년에 죽은 것으로 되고, 의자왕의 아들 교기는 642년 정월 섬으로 추방되었다고 볼 수 있다. 그런데 3), 4), 5)의 기사를 보면 섬으로 추방되었다던 교기나 이미 죽었다는 사택지적이 이후에 일본에서 사신으로 활동하며 서로 만나고 있다. 위 『일본서기』의 내용 속에 심각한 모순이 자리를 잡고 있는 것이다. 또 2)의 기사는 "제왕자아교기(弟王子兒翹岐)"라고 하여 교기가 의자왕 동생의 아들, 즉 의자왕의 조카로 해석될 수 있는 여지도 남겨놓고 있지만, 『일본서기』 황극 2년 4월 경자(庚子)조에는 "백제국주아교기제왕자(百濟國主兒翹岐弟王子)"로 되어 있어서 교기는 의자왕의 아들로서 풍장(豐璋)과 동일인물일 가능성이 크기 때문에 의자왕의 자식으로 해석하는 것이 옳을 듯하다.

1948년 부여읍 부소산성 아래 관북리의 도로변 골재더미 속에서 발견된 「사택지적비(砂宅智積碑)」에 의하면 사택지적은 적어도 비를 세운 해인

갑인년(甲寅年: 654)까지는 생존한 것이 확인되므로 1), 2)의 기사는 편년상 654년 이후에 들어가야 합당하다. 그런데 황극천황(皇極天皇)과 제명천황 (齊明天皇)은 동일인물이다보니 『일본서기』의 편찬과정에서 황극 원년(642) 의 기사와 제명 원년(655)의 기사가 서로 잘못 섞일 가능성도 있을 수 있 고, 이도학 교수는 이미 이런 내용을 2004년에 논문으로 발표한 바 있다.

실제로 1), 2)의 황극 원년 기사를 제명 원년 기사로 보는 경우 사택지 적은 백제 조문사의 종자(傔人) 말처럼 지난 해, 즉 사택지적비를 세운 해 인 654년에 사망한 것으로 되어 역사사실로도 모순이 발생하지 않고 교 기의 활동내용 또한 문제가 없게 된다. 그러므로 『일본서기』, 황극 원년조 의 백제 정변기사는 제명 원년(655)에 일어난 일이 잘못 배치된 것으로 보 아야 자연스럽다. 당연히 의자왕의 어머니인 국주모(國主母)의 죽음도 642 년 정월이 아니라 655년 정월로 받아들여야 할 것이다. 그렇다면 이때의 조문사절은 서명천황(舒明天皇: 629~641)이 아닌 효덕천황(孝德天皇: 645~654)이 사망했을 때 파견된 것으로 볼 수 있는데, 3), 4), 5)의 기사에 나타나듯이 황극 원년에 파견된 사절단의 주요 구성원이었던 교기와 사택지적에 대 한 소식이 기사의 핵심을 이루다보니 『일본서기』의 편찬자가 사택지적과 국주모의 죽음 및 백제정변과 관련된 1), 2)의 기사도 황극 원년조로 잘못 배치하는 실수를 범한 것이 아닐까 판단된다.

그리고 후술하겠지만 655년 정변이 일어나게 된 배경에는 의자왕이 중국과의 외교관계를 끊으면서까지 신라에 대한 공격을 강행하는 등 이 무렵 의자왕의 대외정책이 완전히 자주외교 노선으로 변화하면서 이를 둘러싼 내부 갈등이 중요한 요인으로 자리를 잡고 있었던 것 같은데, 의 자왕은 이 정변을 통해 새로운 집권체제를 확립하고 자신의 의도대로 정 국을 이끌어나간 것으로 보인다.

그러므로 의자왕 초기의 통치행위는 역시 무왕 때에 갖추어진 정치기반 위에서 이루어졌고, 의자왕이 정계개편을 통해 자신의 집권체제를 새로이 마련하여 정치를 이끌어나간 것은 무왕의 왕비이자 자신의 어머니인 사택왕후가 죽은 655년 이후의 일로 받아들여야 하겠다. 655년 사택왕후가 죽으면서 그때까지 남아있던 무왕시대의 모든 그림자는 걷히고, 이제 의자왕시대가 본격적으로 열린 것 같은 느낌을 받게 되기도 한다.

그러나 이러한 사실이 인정된다고 하여 의자왕의 개인적인 생활이나 대내적인 정치모습 또는 대외적인 활동방향이 655년을 기준으로 갑자기 달라졌다고 판단해서는 안 될 것 같다. 오히려 집권초기에 보여준 강한 정치적 의욕 및 여러 가지 시책들은 이후에도 변함없이 이어졌고, 그렇기 때문에 그동안 대내외적으로 복잡한 상황전개 속에서 자신의 통치행위가 제대로 효력을 발휘하지 못하자 새로운 정치 분위기를 조성하여 그 한계를 극복해보려는 바람을 가지고 655년 정치개혁이 단행되었다고 해석해야 자연스럽다.

결국 의자왕의 정치는 655년을 기준으로 변모한 것이 아니라 초기의 정치가 더욱 강화된 형태로 진전되었다고 보아야 할 것 같다. 655년 이후 의자왕의 통치행위와 관련된 내용 중에는 655년 8월 고구려 및 말갈과 함께 신라의 30여 성(城)을 공격해 파괴했다거나, 659년 4월 군대를 보내 신라의 독산성(獨山城)과 동잠성(桐岑城)을 공격했다는 『삼국사기』 의자왕본기의 기사도 있다. 이들 기사에 주목한다면, 의자왕은 집권 초기부터 말기까지 의욕적으로 정치에 임하며 신라에 대한 공격을 계속 밀어붙이고 있었다는 사실을 느낄 수 있을 것이다.

『삼국사기』 의자왕본기에서 의자왕을 궁인(宮人)과 더불어 음황(淫荒)하고 탐락(耽樂)하며 음주(飮酒)를 그치지 않았다고 묘사해 놓은 것이나, 현실적으로 믿기 어려운 각종 요설(妖說)과 괴소문(怪所聞) 및 재앙(災殃)이 있었다고 기록해 놓은 것은 사실은 우리나라나 중국의 역사서술 전통 속에서 이해해야 한다. 즉, 패망한 왕조의 마지막 임금에 대한 역사적인 평가는 가혹하게 마련이다. 좀 더 자세히 말하면, 천명(天命)이 그에게서 떠나 새로운 왕조를 창업(創業)한 군주에게 옮겨갈 수밖에 없었다는 천명사상의 필연성을 강조하기 위해 실제 사실과 거리가 먼 허구적이거나 견강부회적인 내용들이 역사기록 속에 추가됨으로써 마지막 왕은 그만큼 더 나쁜 이미지를 지니게 되는 것이다.

당나라가 백제의 일을 천명사상 속에서 인식하며 처리하고 있는 실례도 찾아볼 수 있다.

당 고종이 651년 의자왕에게 보낸 국서(國書=璽書)의 내용이 『구당서』, 백제국전과 『삼국사기』, 의자왕본기 11년조에 보이는데, 그 내용 속에 "짐은 대천리물(代天理物), 즉 하늘을 대신해 만물을 다스린다."는 주장이 나온다. 다시 말해 중국의 황제는 자신의 뜻이 천명과 통한다고 자부하고 있는 것이다. 결국 의자왕에게 적용되고 있는 천명이란 중국 황제의 권위나 명령과 통하는 것으로 볼 수 있다. 또 「대당평백제국비명(大唐平百濟國碑銘)」이나 『구당서』, 백제국전과 『천지서상지(天地瑞祥志)』, 맹서(盟誓)조 등에 나오는 「취리산 맹약문(就利山 盟約文)」 등의 내용에는 백제를 오가는 길이 험하고 먼 것을 믿고 의자왕이 "감란천상(敢亂天常)" 또는 "모만천경(侮慢天經)", 곧 하늘의 도리를 어지럽히거나 얕보고 업신여겼다고 나온다.

하늘의 도리를 어지럽히거나 업신여겼다는 내용과 결과로 제시된 것이 『삼국사기』의 655년 이후에 나타나는 의자왕본기의 음주향락과 재이관련 기사들이라고 보면 될 것 같다.

물론 왕조 멸망기의 전쟁 때문에 겪을 수밖에 없었을 혼란 속에서 실제로 그 때의 왕에게 불리한 많은 유언비어들이 유포되고, 또 그것이 역사기록으로 채택된 경우도 있을 수 있다. 그렇지만 그러한 유언비어 역시 사실 여부를 논하기보다 오히려 그것이 언제 누구에 의해서 왜 만들어졌을까의 문제에 관심을 기울여야 할 것으로 본다.

신라에 대한 강경 노선

의자왕은 정치적으로 대내적인 문제보다 대외적인 문제 때문에 어려움을 겪었던 것으로 나타난다. 의자왕의 대외정책에서 최대의 관심사는 신라와의 전쟁이었다. 그의 외치(外治)는 대신라전(對新羅戰)에 초점이 맞추어져 있었고 시종일관 그것을 지속시켜나간 것이 특징인데, 그 원인과 결과는 모두 당시의 동아시아 국제관계가 새로운 모습으로 발전해나가도록 만들어놓기도 했다.

『삼국사기』 의자왕본기에 의하면, 의자왕은 즉위한 다음 해인 642년 7월 본인이 직접 군사를 이끌고 신라를 침공하여 미후성(獮猴城) 등 40여 성을 함락시켰고, 바로 이어 8월에는 장군 윤충(允忠)을 파견하여 군사 1만 명으로 지금의 경상남도 합천(陜川)에 있는 신라 대야성(大耶城)을 공격하게 했다. 그 결과 성주인 품석(品釋)이 그 처자(妻子)와 함께 성을 나와서 항복했지만 윤충은 이들을 모두 죽이고 목을 잘라 백제의 왕도(王都)로 보내고는 남녀 1천여 명을 사로잡아 나라의 서쪽 주현(州縣)에 나눠 살게 하면서 군사를 주둔시켜 그 성을 지키게 했기 때문에 왕은 윤충의 공(功)을 가상히 여겨 말(馬) 20필과 곡물 1천 석(石)을 상으로 주었다고 한다. 또 643년 겨울 11월에는 고구려와 화친(和親)하고, 신라 당항성(黨項城)을 빼앗아 신라가 당나라로 입조(入朝)하는 길을 막으려고 군사를 보내 그곳을 공격했는데, 신라왕 덕만(德曼=善德女王)이 당나라에 사신을 파견해 구원을 요청하자 의자왕은 이 말을 듣고 병사들을 거두어들였다고도 한다.

『삼국사기』 신라 선덕왕본기에서는 선덕왕 11년인 642년 8월에 백제가 고구려와 더불어 당항성을 공격했다고 소개하면서, 이 기사 뒤에 백제 장군 윤충의 공격으로 대야성이 함락당할 때 도독이찬(都督伊湌)으로 있던 품석 및 사지(舍知)로 있던 죽죽(竹竹)과 용석(龍石) 등이 전사한 사실을 기록해 놓고 있어서 백제의 당항성 공격 시점이 의자왕본기보다 1년 정도 빠르게 나타나고 있다.

642년 8월이던 643년 11월이던 의자왕은 신라에 대한 공격을 효과적으로 수행하기 위해 즉위한 뒤 그동안 적대관계를 유지해오던 고구려와 손을 잡는 쪽으로 외교방향을 전환하였음을 알게 해준다. 물론 백제와 고구려가 이 무렵 화친을 맺게 된 것은 신라에게 빼앗긴 한강유역을 둘러싸고 양국의 이해(利害)가 일치했기 때문이다. 국제사회에서의 외교관계가 각국의 이해(利害) 여부에 따라 끊임없이 변하는 것은 옛날이나 지금이나 다를 바가 없다고 생각한다. 중국과 우리나라 삼국 사이의 외교관계 역시 마찬가지라고 보는데, 당시 백제와 고구려도 서로의 필요에 따라 화친을 맺고 신라를 공격했지만 양국의 이해관계가 달라지는 경우 그 화친 또한 언제 깨질지 모르는 무상한 것이기도 했다.

이러한 사실은 대야성 전투 이후 김춘추가 고구려에 가서 고구려왕과 주고받은 이야기나, 고구려와 손을 잡고 신라를 공격하는 백제왕을 책망하는 당 태종에게 645년 정월 사신으로 간 백제의 태자 부여강신이 전한 말 등을 살펴보면 곧바로 드러난다. 그 내용을 다루기 전에 먼저 『삼국사기』 의자왕본기의 대야성 전투와 관련된 기사, 즉 대야성 전투 당시 성을 나와 항복한 성주(城主) 품석과 그 처자를 모두 죽이고 목을 잘라 왕도로 보냈다는 백제장군 윤충 및 그러한 윤충에게 많은 포상을 했다는 의자왕의 잔인성에 대한 문제부터 검토해보아야 할 것 같다.

전쟁 상황 자체가 사람들의 이성을 마비시키고 숨어있던 인간의 탐욕과 야만성을 걷잡을 수 없게 만들기도 하므로 전쟁이 일어나면 비정상적이고 잔인한 일들은 얼마든지 발생할 수 있다. 과연 대야성 전투에서 윤충도 이런 잔인한 일을 벌였을까 궁금하다.

대야성의 성주인 김품석과 그 처인 고타소랑(古陀炤娘)은 당시 신라에서 막강한 권력을 지니고 있으면서 나중에 신라 무열왕이 되는 김춘추의 사위와 딸이었다. 그러므로 대야성 전투에서 이들이 죽음으로써 백제와 신라의 전쟁은 이제 타협의 여지가 없이 서로 국운(國運)을 걸고 끝까지 싸울 수밖에 없는 적대적인 형세를 띠게 되었다. 『삼국사기』 신라 선덕왕본기 11년(642) 8월조에 나오듯이, 사위와 딸의 전사(戰死)소식을 전해들은 김춘추가 기둥에 기대어서서 종일토록 눈도 깜짝하지 않고 사람이나 물건이 앞으로 지나가도 알지 못하다가 얼마 후에 "슬프다. 사나이 대장부로서 어찌 백제를 멸망시키지 못한단 말이냐."라고 한탄했다는 내용 및 백제에 대한 복수를 위해 김춘추 스스로가 위험을 무릅쓰고 고구려, 일본, 중국 등지를 직접 다녀온 것에서 알 수 있듯이 백제와 신라의 싸움은 국가의 운명이 걸린 말 그대로 사생결단(死生決斷)의 대결로 발전하게 된 것이다.

그러나 의자왕 말기까지 신라가 대야성을 되찾았다는 기록은 보이지 않는다. 648년 김유신(金庾信)이 백제 군사를 대야성 밖으로 유인해 격파하고 사로잡은 백제 장군 8명과 김품석 부부의 유해(遺骸)를 교환하는 한편 이후에도 백제를 상대로 많은 공을 세워 상주행군대총관(上州行軍大摠管)이 되었다는 내용은 『삼국사기』 김유신전에 보이지만 대야성 자체를 탈환했다는 기록은 찾을 수 없다. 결국 이 성은 의자왕 말기까지 백제가 차지했다고 보아야 할 것이다.

그러면 백제와 신라를 타협이 불가능한 전쟁의 단계로 진입하게 만든 대야성 전투의 진실은 무엇일까 좀 더 깊숙이 들여다보아야 할 것 같다.

대야성 전투의 내용은 『삼국사기』 안에서도 곳에 따라 다르게 서술되어 있어서 진상 파악에 어려움을 준다. 의자왕본기에서는 성주 품석과 그 처자를 윤충이 모두 죽이고 머리를 베어 왕도로 보냈다고 되어 있으며, 선덕왕본기에는 품석과 처가 죽었다는 내용만 있다. 김유신전에는 김춘추의 딸 고타소랑이 남편 품석을 따라 죽었다고 나온다.

그러나 죽죽(竹竹)전에서는 완전히 다른 내용으로 나타난다. 대야성 싸움이 있기 전에 품석은 막객사지(幕客舍知) 검일(黔日)의 처가 예쁜 것을 보고 그녀를 빼앗았는데, 원한을 품은 검일이 대야성 전투 당시 백제군과 내통해 창고를 불태움으로써 신라군의 사기를 꺾어놓았다는 것이다. 그리하여 죽죽의 만류에도 불구하고 품석은 성문을 열고 항복하려다가 백제의 복병들이 신라군을 모두 살해한다는 말을 듣자 처자를 먼저 죽이고 자신도 자결했다고 나온다.

윤충이 항복한 품석 부부를 죽였나, 아니면 그들 스스로 자결했나, 고타소랑은 남편을 따라 죽었나, 아니면 남편의 손에 죽임을 당했나 등등의 궁금증이 앞서는데, 『삼국사기』가 신라인들 사이의 갈등이나 품석의 사생활을 거짓으로 왜곡시킬 이유가 없다는 점 및 내용의 자세한 정도에서 죽죽전은 단연 돋보인다. 다른 기록은 이 죽죽전의 내용을 어떻게 축소, 정리했는가 하는 기록방법이나 기록태도 상의 차이에서 나온 결과물이라고 보아도 좋겠다.

따라서 대야성 전투에서 신라가 패배한 원인으로는 무엇보다도 먼저 성주 김품석의 문란한 사생활을 주목해야 할 것 같다. 이로 인해 모척(毛

尺)이나 검일과 같은 인물이 백제 편으로 돌아섰고, 또 항복 여부를 둘러싸고도 내부갈등이 발생했으며, 그리하여 항복을 선택했다가 희망을 잃자 김품석은 아내와 자식을 죽이고 자신도 자결한 것으로 보인다. 이들의 수급(首級)을 취하여 백제조정에 보냈을 백제장군 윤충과 윤충의 공을 높이 사 포상을 후하게 했다는 의자왕은 『삼국사기』로 인해 매우 잔인하다는 누명을 쓴 셈이다.

여하튼 대야성 전투에서 사위와 딸을 잃은 김춘추는 백제에 대한 복수를 위해 642년 본인이 직접 모든 위험을 감수하며 그때까지 적대관계에 있던 고구려로 가서 군사원조를 요청했다가 647년에는 일본에 사신으로 건너가기도 했는데, 별다른 성과가 없자 결국 중국으로 가서 648년 자신의 아들 문주(文注)가 당 태종 곁에 숙위(宿衛)하도록 하는 소위 숙위외교를 성사시켰다. 백제와 손을 잡은 고구려나 일본의 도움을 기대할 수 없게 되자 신라는 모든 것을 중국에 의존하면서 김춘추의 아들인 문주의 숙위 및 당 고종이 즉위한 다음 해에는 진덕여왕이 직접 비단에 「태평송(太平頌)」을 써서 김춘추의 장남인 법민(法敏)으로 하여금 바치게 하는 등 사대외교 노선을 선택할 수밖에 없게 된 것이다.

그렇다면 이제 백제와 고구려가 당시에 맺은 화친의 성격은 어떠한 것이었는지 살펴볼 차례가 된 것 같다. 『삼국사기』 신라 선덕왕본기와 김유신전에는 대야성 전투 이후 김춘추가 고구려에 찾아가 군사원조를 요청했을 때 고구려 보장왕과 김춘추 사이에 오고간 대화내용이 소개되어 있다.

선덕왕본기 11년(642) 겨울조에서는 고구려 보장왕이 "죽령(竹嶺)은 본시 우리 땅이니 그대가 만약 죽령 서북의 땅을 돌려주면 군사를 내어 도와줄 수 있다."라고 하자 김춘추가 자신의 권한 밖이라며 거절했기 때문에 그를 별관(別館)에 가두었는데, 김유신이 결사대 1만 명을 거느리고 한강을 지나 고구려 남쪽 국경지역까지 들어왔다는 말을 듣고 김춘추를 풀어주었다는 내용이 나온다. 김유신전에는 보장왕이 땅을 돌려달라고 요구만 했지 군사를 내어 도와줄 수 있다고 말했다는 기사는 보이지 않는다. 대신 보장왕의 총신(寵臣)인 선도해(先道解)가 옥에 갇힌 김춘추에게 들려주었다는 우리가 잘 알고 있는 "거북이와 토끼 이야기"를 듣고 김춘추가 토끼처럼 보장왕에게 거짓말을 하여 위기상황에서 탈출할 수 있었다는 이야기가 소개되어 있다.

선덕왕본기와 김유신전의 내용이 약간 다르기는 하지만, 그동안 적대관계에 있던 고구려를 찾아가 도움을 요청한 김춘추의 모습이나, 백제와 화친을 맺고 있었으면서도 신라가 영토만 돌려주면 신라를 도와 백제를 공격할 수 있다는 고구려의 변절적(變節的) 태도는 자기 나라의 이익 앞에서 무상하게 변하던 것이 삼국시대 국제관계의 실상이었음을 알게 해준다. 의자왕 역시 『문관사림(文館詞林)』의 「정관년중무위백제왕조일수(貞觀年中撫慰百濟王詔一首)」나 『책부원귀』 외신부, 조공 3의 정관 19년(645) 정월조에 나오듯이 당 태종이 신라에 대한 강경책을 문제로 삼자 645년 정월 부여강신을 중국에 보내어 본인의 뜻은 황제의 군대(官軍)와 함께 고구려(凶惡)를 공격하기를 바라는 것이라는 발언을 하고 있어서, 백제 또한 자신의 이익에 따라 언제든지 고구려를 배반할 수 있다는 외교적 이중성을 보여주고 있다. 물론 이러한 모습은 한반도 삼국과 중국 또는 일본과의 관계에서도 마찬가지였다고 보아야 할 것이다.

백제의 외교적인 이중성은 백제 최대의 관심사인 대신라전(對新羅戰)을 위해 무왕 때부터 의자왕시대까지 변함없이 이어져 온 것으로 보인다. 이중 무왕의 경우는 이미 앞에서 살펴본 바 있다. 의자왕은 645년 정월 부여강신을 보내 당 태종에게 자신은 황제의 군대와 함께 고구려를 공격하기를 바란다고 말했으면서도, 645년 5월 당 태종이 고구려를 공격하고 신라가 군사 3만을 내어 이를 원조할 때에는 백제 역시 금휴개(金髹鎧)와 문개(文鎧) 등 갑옷을 만들어 당 태종에게 보낸 것으로『삼국사기』의 고구려 보장왕본기에 나타나고 있지만, 이와 동시에 신라 선덕왕본기 14년 5월조에 보면 그 틈을 노려 신라의 7성(城)을 쳐서 빼앗은 것으로도 나온다. 『구당서』백제국전에서는 신라의 10성을 습파(襲破)했다고 나오고, 신라국전에서는 신라가 5만의 응원군을 보냈다고 하여 구체적인 수치는 사료마다 차이가 있는데, 여하튼『구당서』백제국전에서는 의자왕의 이러한 행동에 대해 두 마음을 품고 있다고 평하고 있다.

무왕과 의자왕 모두 중국으로부터 두 마음을 지니고 있다는 평을 들었다는 점에서 공통성을 보인다. 그러면서도 두 사람의 차이점을 보면, 무왕은 처음부터 끝까지 중국과 신라 사이에서 신라보다 중국과의 관계를 더 중시했던 것으로 나타난다. 이에 비해 의자왕은 초기에는 무왕과 같은 모습을 보이지만, 시간이 흐를수록 중국보다 신라와의 문제를 더 우선시하여 결국은 중국의 반대를 무시하며 신라에 대한 강경책을 밀어붙이는 쪽으로 대외정책을 바꾸고 있다. 따라서 중국에 대해 사대외교를 강화해 나가던 신라와 달리 의자왕은 중국과의 조공 및 책봉 관계까지 단절하면서 자주외교 노선의 길을 걷는 모습을 보여주게 되었다.

의자왕의 재위 20년 기간 동안 백제와 신라 사이의 전쟁기사를 조사해 보면, 백제가 신라를 공격한 회수가 642년 2회, 643년 1회, 645년 2회, 647년 1회, 648년 2회, 649년 1회, 655년 1회, 659년 1회로 총 11회이고, 신라가 백제를 공격한 것은 644년 1회, 650년 1회, 660년 1회로 모두 3회이다. 백제가 신라를 거의 일방적으로 밀어붙이고 있다. 신라는 백제의 공격을 막아내기 위해 중국에 철저히 의존한 것으로 나타나는데, 결국 당 태종과 고종의 잇단 경고에도 659년 4월 의자왕이 신라의 독산성(獨山城)과 동잠성(桐岑城)을 공격한 것이 빌미가 되어 신라의 구원병 요청을 받아들인 당 고종이 소정방(蘇定方) 등에게 13만 군대를 거느리고 가 백제를 정벌하도록 명령을 내렸고, 이렇게 하여 시작된 신라와 당나라 연합군의 공격 앞에서 의자왕은 어쩔 수 없이 항복하게 되었다.

다만 여기에서 한 가지 분명히 해야 할 것은 660년 백제의 항복이 백제와 신라 양국 간의 대결의 결과가 아니라 소정방이 이끈 13만이라는 당나라 대군의 개입으로 인해 초래되었다는 사실이다. 대외정책의 측면에서는 신라의 사대외교가 백제의 자주외교를 이긴 셈이지만, 대내적으로는 당시 의자왕의 정치가 신라를 압도할 정도로 상당한 성공을 거두고 있었다는 증거를 여러 곳에서 확인해볼 수 있다.

즉위 8년째 되는 648년 3월 백제 장군 의직(義直)이 신라 서쪽 변경의 10여 성을 함락시키는 등 전쟁이 한창일 때, 『삼국사기』 김유신전에 보면 신라의 김유신이 진덕여왕에게 대야성의 원수를 갚자는 건의를 하자 여왕은 "작은 나라가 큰 나라를 침범했다가 위험하게 되면 어찌 하려는가?(以小觸大 危將奈何)"라고 대답하여 신라를 작은 나라(小), 백제를 큰 나라(大)로 표현하고 있다. 또 진덕왕본기 2년 3월조에는 이 무렵 중국의 도움을 요청하기 위해 당나라에 파견된 김춘추가 당 태종에게 백제는 강활(强猾)하다고 말하는 내용도 보인다. 648년경의 백제를 "큰 나라" 또는 "강활하다" 등으로 표현하는 이들 예는 그 대화 당시의 상황논리나 대화주체가 신라의 최고 권력자들이었다는 점을 생각할 때 단순한 수사적 표현이라기보다 의자왕의 대내정치가 실제로 성공을 거두고 있었음을 시사해주는 것이라 보아도 좋겠다.

또 백제가 신라와 당나라 연합군에게 정복당할 때의 호구수(戶口數)로서

『구당서』 백제국전과 『자치통감』 고종 현경(顯慶) 5년 8월조, 『삼국사기』 의자왕본기에는 76만 호(戶), 「대당평백제국비명」에는 24만 호 620만 구(口)가 기록되어 있는데, 「대당평백제국비명」의 내용은 호구의 비율로 보아 모순이 있다. 구수(口數)에 비해 호수(戶數)가 너무 적어 아마도 호수를 기록할 때 실수가 있지 않았나 싶다. 구수를 생각하면 『구당서』나 『삼국사기』처럼 최소한 70만 호 이상은 되어야 균형이 맞는다. 이에 비해 『삼국유사』 변한과 백제조에는 백제의 전성기 때 15만2천3백 호였다는 기록이 전해오지만, 이는 의자왕 때의 기록도 아니고 내용상 구체성이 결여되어 사료로서의 신뢰도도 떨어지기 때문에 채택하기 어렵다.

따라서 의자왕 말기의 호수는 일단 『구당서』와 『삼국사기』의 기사를 받아들여 76만 호로 보아야 무리가 없고, 구수는 「대당평백제국비명」의 620만 구로 생각해야 할 것 같다. 물론 백제의 옛 땅에 해당하는 전라남북도와 충청남도의 2000년 기준 총 호구수가 197만9천5백75 호, 610만 30 구인 것을 감안하면 620만 구라는 수치도 그대로 받아들이기에는 너무 크다. 그러나 분명한 것은 이와 같은 기록이 전할만큼 백제 말기의 호구수가 충실했다는 것이고, 이는 곧 의자왕의 내치(內治)가 백제 멸망 당시까지 성공을 거두고 있었음을 대변해준다는 것이다.

이러한 의자왕의 성공적인 내치가 있었기에 신라의 표현대로 의자왕시대의 백제는 신라와의 관계에서 강국으로 표현될 정도의 면모를 보이며 다시 태어나게 되었다고 본다. 동시에 의자왕이 당나라 태종과 고종의 거듭된 경고를 무시하면서까지 신라에 대한 공격을 밀어붙인 것은 이와 같은 대내적인 발전 위에서 그만큼 자신감이 충만해있었기 때문에 가능했다고 보아야 할 것 같다.

"貞觀十九年" 문자기록의 옻칠갑옷 제작

공주대학교 박물관 발굴조사단이 공주 공산성 성안마을 내 저수(貯水)시설의 백제유적층에서 2011년 10월 11일 "정관19년 4월 21일(貞觀十九年 四月 廿一日)"이란 붉은 색 글자가 선명하게 쓰인 옻칠갑옷 편들을 찾아냈다. 당나라 태종 때의 연호인 "정관 19년"은 645년으로 의자왕이 사비, 즉 지금의 부여에서 왕위에 오른 지 5년째 되는 해이다. 이때 만들어진 것으로 여겨지는 갑옷이 부여가 아닌 공주 공산성에서 출토되었으니, 이 새롭게 드러난 역사현장을 눈앞에서 확인한 조사단은 흥분과 기대감에 휩싸일 수밖에 없었다. 지금은 작고(作故)했지만 당시 공주대학교 박물관장이자 발굴조사단장으로 있던 이남석 교수의 전화를 받고 나 역시 곧장 현장으로 달려가 땅속에서 붉게 빛을 발하며 모습을 드러낸 그 글자들을 바라보던 기억이 아직도 생생하다.

옻칠을 10번 이상 두껍게 한 크고 작은 가죽 편들로 정교하게 만들어진 이 고급 갑옷은 마갑(馬甲), 마구(馬具), 대도(大刀), 장식도 등의 무기류와 함께 매장된 것으로 후에 밝혀졌는데, 이 저수시설에 대한 조사는 2011년에 동쪽 절반, 2014년에 서쪽 절반으로 두 번에 걸쳐서 진행되었다. 그 결과 "정관19년 4월 21일" 외에도 갑옷 편에 기록되어 있는 많은 글자들을 이곳에서 발견하였다. 그 글자들 가운데 "정관19년 4월 21일"이 갑옷의 제작과 관련된 날짜라는 점에서는 별다른 이견이 없지만, 갑옷의 제작 주체를 백제로 볼 것인가 당나라로 볼 것인가 주장이 엇갈리면서 갑옷에 쓰인 글자들의 판독을 둘러싸고는 논란이 이어져오기도 했다.

그러나 지금까지의 논란은 갑옷의 모든 글자들이 충분히 검토되지도 않았고 공개되지도 않은 상태에서 몇몇 학자들이 다소 성급한 의견을 밝히다보니 초래된 것이었다. 옻칠갑옷의 보존처리 1차 작업에만 6년 여의 기간이 소요되었기 때문에 갑옷의 글자들에 대한 상황파악도 그만큼 늦어질 수밖에 없었다. 2019년 4월 20일에야 한국목간학회를 통해 갑옷에 쓰인 모든 글자들을 공개하게 된 이유가 여기에 있다. 이 옻칠갑옷에 대한 본격적인 연구는 이제부터가 시작이라고 보아야 할 것 같다.

갑옷에서 확인된 글자들을 기록 방법과 글자들의 위치 및 내용에 따라서 성격을 구분하면 크게 세 종류로 나누어 볼 수 있다.

첫째는 갑옷의 제작과 관련된 내용을 붉은 글씨로 갑옷의 가슴 부분 바깥쪽 표면에 써놓은 공식적인 글자들이다. 갑옷 제작을 모두 마친 다음 주사(朱砂)에 옻칠을 섞어서 기록한 것으로 여겨진다. 글자 수가 102자 이상은 되었을 것으로 판단되는 만큼 갑옷의 가슴 한 쪽 부분은 붉은 색 글씨로 가득 차 있었으리라고 본다. 다만 옻칠까지를 모두 끝낸 상태에서 가장 바깥 표면에 글씨를 써놓았기 때문에 땅속에 묻힌 채 1300년 이상의 오랜 세월이 지난 현재는 글자가 훼손되거나 지워져서 판독이 어려운 부분들도 많이 있다.

둘째는 갑옷제작을 위해 필요한 내용들을 재단한 가죽 안쪽에 묵서(墨書)로 표시해놓은 글자들이다. 아직 옻칠이 안 된 가죽 편에 붓글씨로 기록한 다음 그 위에 옻칠을 여러 번 했기 때문에 가죽이 없어지고 칠(漆)만 남은 현재에는 칠막(漆膜)에 반영되어 뒤집힌 형태의 글자들이 일부 남아 있다. 대부분 숫자이고 등을 가리키는 배(背)와 같은 글자가 들어있는 것을 볼 때 가죽 편이 소용되는 부위를 효과적으로 분류하기 위해 공식적으로 기록한 것이 아닐까 싶다.

셋째는 갑옷을 제작한 공인(工人)들의 사적인 행위로 볼 수 있는 글자들이다. 옻칠이 끝난 가죽 편의 옻칠 막을 송곳과 같은 날카로운 도구로 긁어서 음각한 것인데, "시(時)", "시질(時質)", "등(鄧)"과 같이 정자로 반듯하게 쓴 글자도 있고, "공노(孔奴)"처럼 휘갈기듯이 긁어서 크게 쓴 글자도 있다. 추측하건대 제작과정 중 어떤 필요한 사안을 써넣은 것일 수도 있고, 정해진 갑옷제작 기간에 대한 공인들의 강박관념이나 초조함, 또는 "공노"와 같은 글자는 감정적인 불만을 표시한 것일 수도 있지 않을까 싶다.

여하튼 갑옷에 공식적으로 적어놓은 정관 19년(645) 4월 21일이란 날짜는 신라에 대한 강경책으로 인해 의자왕이 당 태종과 갈등을 겪으며 고민에 빠져있던 시기이기도 하다. 따라서 이 갑옷의 제작은 당 태종의 마음을 붙잡으려 애쓰던 의자왕의 대외정책과 어떠한 형태로든 연결되어 있었을 것으로 판단되어 더욱 의미 있게 받아들여진다.

의자왕은 왕위에 오른 641년부터 645년 정월 부여강신을 당 태종에게 보내 중국과 손을 잡고 고구려를 공격하기를 원한다는 자신의 뜻을 전달하기까지 해마다 중국에 사신을 파견했다. 그리고 645년 2월부터 12월까지 당 태종이 고구려를 친정(親征)할 때에는 금휴개(金休鎧)와 문개(文鎧) 등의 갑옷을 만들어 645년 5월 당 태종이 있는 요동지역의 고구려정벌 현장으로 보낸 사실도 『삼국사기』 고구려 보장왕본기에 나온다. 그러나 이때 또 한편으로는 앞에서 살펴보았듯이 신라가 군사를 내어 당나라를 원조하는 틈을 타 신라의 성들을 공격하여 빼앗는 이중성을 보임으로써 『구당서』 백제국전에서는 백제가 두 마음을 품고 있다는 평을 하고 있다.

고구려와 연합한 의자왕의 집요한 공격을 받은 신라가 중국에게 도움을 요청하면서 당 태종은 이미 644년 사신을 파견해 백제와 고구려를 타일렀고, 의자왕도 당 태종에게 표문을 올려 사죄했다고 『삼국사기』 의자왕본기에 나온다. 그러나 다음 해 당나라의 고구려 원정이 시작되자 당 태종에게 갑옷을 만들어 보내면서도 다시 신라의 성들을 공격해 빼앗고 있어서 의자왕의 대외정책이 중국보다 신라와의 문제를 우선시하는 쪽으로 기울고 있었음을 알게 해준다. 의자왕이 당 태종에게 바친 갑옷들은 신라에 대한 강경책에 민감한 반응을 보이는 당 태종의 마음을 누그러뜨리고 의자왕 본인의 입장을 조금이라도 인정받기 위한 노력의 산물이 아니었을까 싶다.

공산성 출토 옻칠갑옷 역시 당 태종에게 바친 갑옷들과 제작시기가 일치하는데, 다만 102자 이상의 붉은색 글씨가 가로 약 36cm, 세로 7cm 정도의 넓은 범위로 갑옷 바깥 면 가슴 한쪽 부분을 가득 채우고 있었을 것을 생각하면 이 갑옷을 착용목적으로 보기는 어렵다. 갑옷 표면에 남아 있는 붉은색 글자들이 깨끗한 상태로 유지된 것도 그렇고, 끈으로 연결되었을 가죽 편의 구멍들 또한 마모되거나 파손된 흔적이 없는 것 등도 실제 착용한 갑옷이 아니었음을 증명해준다.

그렇다면 이 갑옷은 착용이 아니라 다른 목적으로 만들어졌다고 보아야 맞을 것 같다. 그리고 제작시기가 의자왕이 고구려정벌 현장의 당 태종에게 보낸 갑옷들과 일치한다는 점에서 이들 갑옷은 서로 불가분의 관계로 받아들여야 하지 않을까 싶기도 하다. 예를 들어 공산성 출토 옻칠갑옷이 그 당시 제작된 갑옷들의 견본으로 준비되었거나, 혹은 당 태종에게 갑옷을 보내는 국가적인 사업이 수행된 만큼 그 기념물로 만들어진 것일 수도 있다. 그리고 갑옷 표면의 붉은 글씨들은 이 사업을 성공적으로 완수한 다음 그와 관련된 내용을 기념비적으로 작성해 놓은 것일 가능성도 충분히 생각해볼 수 있다.

따라서 공산성 출토 옻칠갑옷은 의자왕이 당나라와 신라 사이에서 나름대로의 진로를 찾기 위해 고심하던 대외정책의 산물이라는 중요한 의미를 지닐 수도 있다. 바꾸어 말하면 이 갑옷 자체가 대외적으로 중국과의 관계를 유지하는 가운데 신라에 대한 강경책을 지속시켜나가고자 했던 의자왕의 숨은 노력을 확인시켜주는 생생한 실물(實物)일 가능성도 있다는 것이다. 그러한 만큼 이 갑옷은 백제의 뛰어난 갑옷제작 기술만이 아니라 당시 긴박하게 돌아가던 국제상황 속에서 의자왕의 대외적인 활동내용 자체를 생동감 있게 보여주는 획기적인 발굴성과로 인정받을만하다고 여겨지기도 한다.

그러므로 현재도 의견대립이 심한 이 갑옷의 국적문제와 제작 장소 및 제작부서, 그리고 제작 목적 등을 의자왕과의 연결 가능성을 염두에 두면서 타진해보도록 하겠다.

첫째, 갑옷의 국적문제이다.

갑옷에 보이는 "정관 19년"이라는 당 태종 때의 중국연호 및 중국식 관직과 인명 등을 근거로 삼아 이 갑옷이 중국에서 만들어져 백제로 전해졌을 가능성을 많은 연구자들이 거론하고 있다. 그러나 뒤에 언급하겠지만 이러한 내용들은 갑옷의 제작주체가 백제라고 해도 얼마든지 나타날 수 있기 때문에 설득력을 갖기 힘들다. 오히려 당시 신라문제 때문에 야기된 의자왕과 당 태종 사이의 불편한 관계 및 당 태종이 고구려정벌에 직접 나서서 진두지휘(陣頭指揮)하던 중국의 내부적인 상황, 그리고 이 옻칠갑옷이 출토될 당시의 매장상태 등을 떠올려 보면 이 갑옷은 역시 백제에서 만들었다고 보아야 다른 어떤 경우보다 타당성을 지닐 수 있다고 판단된다.

신라에 대한 강경책으로 644년 당 태종에게서 한차례 경고를 받은 의자왕은 사죄의 글을 보낸 바 있다. 그러나 고구려 친정에 나선 당 태종에게 645년 5월 금휴개와 문개 등의 갑옷을 만들어 바치면서도, 한편으로는 또 신라를 공격하는 이중성을 보임으로써 의자왕은 두 마음을 품고 있다는 비난을 받게 되었다. 옻칠갑옷의 정관 19년(645) 4월 21일이라는 명문은 이 갑옷이 바로 신라문제를 놓고 백제와 당나라 사이에 갈등이 증폭되고 있던 이 무렵에 만들어졌음을 알려준다.

당시 신라에 대한 군사문제로 말썽을 일으키고 있던 백제에게 당나라가 갑옷을 만들어 보낸다는 것은 상식적으로 생각하기 어려운 일이다. 뿐만 아니라 황제까지 고구려 정벌에 나가 있었기 때문에 갑옷을 만들어 백제에게 보내준다는 행위 자체가 당나라 입장에서는 현실적으로도 실현 불가능한 상황이었다. 반대로 백제는 외교적으로 이중성을 보이면서 당시 전쟁터에 나가있던 당 태종에게 분명히 갑옷을 만들어 바치는 모습을 보여주고 있으므로, 공산성 출토 옻칠갑옷 역시 백제가 이 당시에 만들어 바친 갑옷들과 연결시켜 백제에서 제작된 것으로 볼 수밖에 없을 것 같다.

갑옷의 매장상태에서도 마찬가지 결론에 다다른다. 이 문제는 백제금동대향로와의 연결선상에서 이해해보고 싶다. 『구당서』 소정방전과 『자치통감』 당기(唐紀)16, 고종(高宗)조의 기록을 보면 부여 능산리 나성 일대에서 백제군 만여 명이 죽거나 포로로 잡혔다고 나올 정도로 백제와 나·당 연합군 사이에 격전이 벌어졌는데, 1993년 12월 12일 저녁 백제금동대향로가 이 나성 옆의 절터에서 그 찬란한 모습을 드러냈다. 출토 당시 겹겹이 쌓인 기와조각더미 밑의 수조웅덩이 속에서 극적으로 발견되었다. 이 웅덩이는 공방에 필요한 물을 저장하던 목제수조로 보이며, 향로는 칠기 함에 넣어져 이곳에 매장된 것으로 밝혀졌다. 가지고 피신할 여유조차 없어 황급히 숨겨놓은 흔적이 역력하다. 따라서 백제금동대향로는 660년 7월 12일 나성 일대가 나·당 연합군에게 점령당하기 직전 급히 땅 속에 묻힌 것으로 판단된다.

옻칠갑옷도 저수시설에 그것을 숨겼다는 것 자체가 당시의 상황이 심각했음을 말해준다. 다만 매장(埋藏)이 나름대로의 체계를 갖춰 이루어진 것을 보면, 적군의 공격이 바로 눈앞에 닥친 긴박한 상황을 맞아 옻칠갑옷을 황급히 숨긴 것은 아니라는 점에서 백제금동대향로와 차이가 있다. 갑옷이 만들어진 645년 이후부터 갑옷이 매장된 저수시설 상층부에 백제시대 건물 폐기층이 형성되기까지 옻칠갑옷을 저수시설에 숨길 정도로 공산성에서 심각한 상황을 예측할 수 있는 시기는 660년 7월 13일 의자왕이 웅진성으로 피난했다가 5일 뒤인 7월 18일 항복하기로 결정하고 스스로 웅진성을 나와 사비도성으로 돌아갔을 때와 671년 7월 무렵 웅진도독부가 신라의 공격을 받고 한반도에서 완전히 쫓겨났을 때이다.

그런데 옻칠갑옷이 발견된 당시의 층위에서 전쟁의 급박함보다 체계적인 매장행위가 읽혀진다는 점을 염두에 둔다면, 660년 7월 18일 항복을 결정한 의자왕이 옻칠갑옷을 저수시설에 일정한 절차를 밟아 매장한 다음 웅진성을 떠났다고 보아야 맞을 것 같다.

동시에 국가적인 위기 앞에서 백제금동대향로도 그렇고 옻칠갑옷도 그렇고 그것을 땅속이나 물속에 감추어 적군에게 빼앗기지 않으려는 노력을 기울였다면, 그 사실 자체는 백제 인들이 자신들의 손으로 이들을 만들어 그만큼 특별하게 간직해왔다는 증거도 된다. 다시 말해 이들 물건만이 아니라 이들의 제작과 관련하여 외부에 알려주고 싶지 않은 백제 인들만의 특별한 무엇인가가 이들 물건에 내포되어 있기 때문에 그것을 숨기려 했을 수도 있다는 것이다.

만일 이들 물건이 중국에서 만들어져 들어온 것이라면 같은 물건이 중국에도 있고 중국과 사대외교로 밀접한 관계를 맺고 있던 신라에도 들어갔을 수 있기 때문에, 백제 인들이 이처럼 위급할 때 땅속이나 물속에 숨겨놓을 만큼 특별관리 대상으로 삼았을 것 같지도 않다.

둘째, 갑옷의 제작 장소와 관련된 문제이다.

옻칠갑옷이 제작된 정관 19년(645)은 의자왕이 사비도성, 즉 지금의 부여에서 왕위에 오른 지 5년째 되는 해이다. 그런데 이로부터 15년이 지난 660년 이 갑옷은 나·당 연합군의 공격을 받아 웅진성, 즉 현재의 공주 공산성으로 피난을 온 의자왕에 의해 성안의 저수시설에 매장된 것으로 여겨진다. 사비도성을 빠져나오는 급박한 피난길에 의자왕이 입지 않는 갑옷까지 챙겨서 웅진성으로 가져왔다고 보기는 사실 어렵다. 때문에 이 갑옷은 이미 오래 전부터 웅진성에 보관되어 있었다고 보아야 할 것 같다. 그렇다면 이 갑옷은 부여가 아니라 공주에서 만들어졌을 가능성이 크다. 바꾸어 말하면, 백제는 이 갑옷을 645년 공주에서 만들어 15년 동안 공산성에 보관해오다가 660년 7월 18일 의자왕이 당나라에 항복하려고 공주를 떠나기 전에 공산성 저수시설에 매장했을 가능성도 충분히 생각해볼 수 있다는 것이다.

『구당서』와 『신당서』의 백제(國)전에는 백제왕이 동서(東西) 양성(兩城)에 거주했다는 내용이 들어있다. 동서 양성의 정확한 실체를 밝히기는 어렵지만, 무왕도 웅진성에 와서 거주한 적이 있었고, 의자왕 역시 위급한 상황에서 공주로 피난 온 것을 보면, 사비시대에도 공주가 여전히 백제의 중요한 정치·군사 도시로 역할을 해온 것은 분명하다. 따라서 공주가 동서 양성 중 하나로서 기능을 담당했다고 보아도 무리는 없고, 공산성에서 출토된 옻칠갑옷은 공주의 이러한 위상을 대변해주는 하나의 증거로 볼 수도 있을 것 같다.

더불어 이 옻칠갑옷의 매장 상황은 의자왕이 항복할 당시 공산성 내의 분위기를 생생하게 알려준다고 보아야 하겠다. 일부 학자의 주장처럼 당시 웅진방령으로 있던 예식(禰植)이 반란을 일으켜 의자왕을 포로로 잡아서 사비도성으로 끌고 갔다면, 발굴을 통해 밝혀진 바와 같은 매장행위는 이루어지기 어려웠을 것이다. 역시 항복을 결심한 의자왕이 일정한 절차를 거쳐 매장행위를 마친 뒤 공산성을 나와 스스로 부여로 가서 항복했다고 보아야 자연스럽다.

셋째, 이 옻칠갑옷을 만든 부서(部署)와 갑옷의 용도에 관한 문제이다.

명문의 내용 중에 "왕무감대구전(王武監大口典)"이 보이는데, 여기에서 "왕무감(王武監)"은 갑옷을 제작한 부서의 이름, "대구전(大口典)"은 이 갑옷의 형태를 표현한 견본으로서의 의미를 담고 있는 명칭으로 받아들일 수도 있다는 점을 주목하고 싶다. 공주가 백제 사비시대의 동서(東西) 양성 중 하나로서 정치적으로나 군사적으로 중요한 역할을 담당하고 있었다면 왕실 또는 국가 차원에서 필요로 하는 갑옷이나 무기 등을 만들고 관리하는 부서를 공주에 두고 운영했을 가능성도 충분히 있다.

중국이나 백제 어느 쪽 기록에도 "왕무감(王武監)"이란 관제(官制)는 보이지 않는다. 그렇지만 백제의 경우 임시기구였든 상설기구였든 이러한 부서가 공주에 있었고, 이곳에서 공산성 출토 옻칠갑옷과 같은 고급갑옷들이 만들어지고 관리되었다는 새로운 사실을 이 갑옷의 명문이 우리에게 알려주고 있지 않나 싶다. 일반 갑옷이나 무기가 아니라 왕실 차원에서 필요로 하는 고급품을 만들고 다루는 기구였기 때문에 "왕"자를 붙여서 "왕무감"이라 부른 것으로 여겨지기도 한다. 중국은 왕이 아니라 황제이기 때문에 부서 이름 제일 앞에 "왕"자가 들어간 것 또한 이 기구가 중국이 아닌 백제의 기구였음을 증명하는 것이라 하겠다.

따라서 이 명문은 당시 공주에 있던 백제의 "왕무감"이라는 특별한 부서에서 만든 "대구전" 스타일의 갑옷이라는 의미를 알리기 위해 기록된 것으로 보아도 좋을 것 같다.

넷째, 옻칠갑옷을 만들고 그 갑옷의 표면에 많은 명문을 남겨놓은 목적이다.

옻칠갑옷의 명문에는 여러 사람들의 직책과 인명이 들어 있는데, 아마도 이 갑옷과 함께 만든 갑옷들을 고구려 정벌 중인 당 태종에게 전달하는 행사에 관여한 사람들의 정보가 아닐까 싶다. 중국 황제를 만나 갑옷을 전달하는 중요한 국가적 외교행사이므로 이전의 백제왕들이 그랬던 것처럼 중국과 잘 통할 수 있는 백제의 중국계 관료들에게 중국식 관직을 이용해 임무를 부여하는 형식으로 일을 처리했을 수도 있고, 또는 백제와 가깝게 지내던 당나라의 문관이나 무관들에게 도움을 요청하여 이들이 행사에 직접 참여했을 수도 있다. 중국식 성씨를 지닌 사람들이 중국식 관직을 가지고 활동한 내용으로 옻칠갑옷 명문에 나타나는 것은 이러한 이유로 이해해야 되지 않을까 싶다. 직책과 인명이 중국식이라고 하여 이 갑옷을 중국제품으로 보아야 한다는 주장을 받아들일 수 없는 이유가 여기에 있다.

또 갑옷의 제작시기, 또는 갑옷을 둘러싼 행위와 관련된 날짜로 여겨지는 "정관 19년"이란 중국연호 역시 동성왕이 중국 황제에게 보내는 글에서 남조 송(宋)의 연호인 "태시(泰始)"를 사용하고 있는 구체적인 예가 『남제서(南齊書)』 백제국전에 보이고 있듯이 이 갑옷의 국적을 판가름하는 기준이 될 수는 없다. 정관 19년 4월 21일은 이 명문들을 갑옷에 쓴 날짜로 볼 수도 있겠지만, 백제가 당 태종에게 갑옷들을 전달한 행위가 정관 19년 5월에 이루어지고 있는 『삼국사기』 고구려 보장왕본기의 내용으로 눈을 돌려보면 갑옷을 만들어 관련행위를 한 날짜를 표기했다고 보아야 맞을 것 같다. 따라서 정관 19년 4월 21일 갑옷들을 다 만든 다음 그것을 요동지역의 당 태종에게 전달하기 위한 국가적인 사업을 소정의 계획에 따라 완료한 뒤 그 내용을 기념비적으로 옻칠갑옷에 써넣지 않았을까 판단되기도 한다.

결론적으로 말하면, 공산성에서 출토된 옻칠갑옷은 즉위하면서부터 중국과의 교류 및 신라에 대한 강경책을 고수하던 의자왕의 대외정책이 중국의 간섭에 의해 난관에 부딪힌 645년 그 어려움을 극복하기 위한 노력의 산물로 만들어졌다고 받아들여진다. 백제의 뛰어난 갑옷 제작기술과 함께 의자왕의 생생한 대외활동 모습을 우리 눈앞에서 실물로 확인시켜주는 매우 귀중한 발굴결과물이라는 점에서 이 옻칠갑옷의 역사적인 의미와 가치는 높게 평가되어야 할 것 같은데, 이에 대한 문제들을 둘러싼 고민은 앞으로도 계속되어야 하리라고 본다.

중국과의 외교관계 단절

의자왕의 통치시기인 641년에서 660년 사이에 한반도 삼국이 중국에 조공한 회수를 찾아보면 신라는 18번, 고구려는 8번, 백제는 7번으로 나타난다. 『삼국사기』 의자왕본기에는 6회로 나오지만, 정관 19년(645) 정월 태자인 부여강신(扶餘康信)을 중국에 사신으로 파견했다는 『책부원귀』 외신부(外臣部) 조공 3, 당 태종 정관 19년 정월 경오삭(庚午朔)조의 내용까지를 포함시키면 7회가 된다. 신라의 경우는 중국에 대한 의존도가 상당히 높아진 반면에 고구려와 백제는 집권 초기나 중국의 황제가 교체되고 있는 시기에만 조공 기록이 보이고 평상시에는 거의 찾아볼 수 없다. 이러한 현상은 한반도 삼국과 중국과의 관계가 새로운 단계로 진입하였음을 보여주는 것이라 해석할 수도 있겠다. 다시 말해 삼국은 과거와 같은 중국 중심의 국제관계 속에 계속 머물러 있었던 것이 아니라, 이제는 자신들의 이익을 고려하여 신라처럼 중국과의 관계를 더욱 강화시킬 수도 있고, 고구려나 백제와 같이 그것이 여의치 않을 때는 새로운 문제 해결책으로서 중국 중심의 국제관계에서 벗어나 나름대로의 독자적인 노선을 마련하여 시행하는 등 다양한 방법을 구사하는 것으로 발전하게 되었다고 여겨진다.

의자왕 시대의 대중국(對中國) 외교는 신라에 대한 강경책으로 당나라와 갈등을 겪다가 결국은 중국과의 외교관계를 끊고 독자노선을 걷는 것으로 정리된다. 물론 의자왕도 중국과의 교류를 중시하고 그것을 유지하려 노력하였다. 그러나 의자왕은 중국과의 교류보다 신라에 대한 공격을 더 우선시했기 때문에 중국이 자신의 신라에 대한 공격을 문제삼고 나서자 중국과의 외교관계를 과감히 단절하였던 것이다.

의자왕의 신라에 대한 공격은 성왕 이래로 백제와 신라 양국 사이에 쌓여온 미해결 과제인 영토문제를 해결하려는 목적을 지니고 있었다. 백제로서는 포기할 수 없는 선택이었던 셈이다.

의자왕의 아버지 무왕도 627년 7월 신라가 침탈(侵奪)해간 땅을 회복하고자 군사를 크게 일으켜 웅진(熊津)으로 가서 주둔했다가 신라의 진평왕(眞平王)이 그 소식을 듣고 당나라에 급함을 고하자 그 말을 듣고 곧 멈추었다고 한다. 또 당 태종이 이 일을 문제 삼자 무왕은 사신을 파견해 사과했으나, 겉으로만 순응하는 것처럼 말했을 뿐 속으로는 여전히 서로 원수였다는 기록도 『삼국사기』 무왕본기에 보인다. 무왕본기에는 이후의 시기에도 628년 2월, 632년 7월, 633년 8월, 636년 5월에 무왕이 신라를 공격한 것으로 나온다. 이처럼 무왕 역시 신라에 대한 공격을 집요하게 밀어붙였지만, 동시에 628년, 632년, 640년에는 당나라에 유학생을 파견하고 629년, 631년, 632년, 635~639년에는 조공사신을 보내는 등 중국과의 교류를 끊이지 않고 있다.

이러한 결과로 『신당서』 백제전이나 『삼국사기』 무왕본기에 보면, 무왕이 죽었을 때 당 태종은 현무문(玄武門)에서 거애(擧哀)하고 무왕을 광록대부(光祿大夫)로 추증했으며 부물(賻物)을 후하게 보내주었다고 나온다. 『구당서』 백제국전에는 당 태종이 소복(素服)하고 곡(哭)을 했으며 부물 200단(段)을 보냈다고 기록되어 있는데, 무왕의 경우는 신라에 대한 공격보다 당나라와의 관계를 더 중요하게 여겼다는 사실이 분명하게 느껴진다.

이에 비해 무왕의 뒤를 이어받은 의자왕은 무왕과는 반대의 행동, 즉 당나라와의 관계보다 신라에 대한 공격을 더 우선시하는 모습을 보여준다. 의자왕은 왜 이러한 모습을 보이게 되었을까. 몇 가지 이유를 생각해 볼 수 있을 것이다.

첫째 백제의 국력이 의자왕대에 와서는 신라를 능가할 정도로 충실해져서 신라에게 빼앗긴 땅을 되찾을 수 있다는 충분한 자신감을 얻게 된 때문일 수도 있고, 둘째 성왕이 관산성 싸움에서 전사한 이후 백제와 신라 사이에 누적되어 온 미해결 과제를 더 이상 미룰 수는 없다는 의자왕 개인의 투철한 역사의식이 중국과의 관계를 뛰어넘었기 때문일 수도 있으며, 셋째 의자왕 개인의 용맹스럽고 담이 크며 결단성이 있었다는 성격 자체도 한 몫 했으리라고 보아도 좋을 것 같다.

의자왕이 즉위하면서 곧바로 중국에 대한 조공과 신라에 대한 공격, 고구려 및 일본과의 화친이라는 다각적 구도의 외교활동을 펼쳐 나간 사실은 이미 앞에서 지적한 바 있다. 그런데 이중에서도 신라에 대한 강경책을 무엇보다도 우선시한 의자왕의 대외정책으로 인해 새롭게 형성된 한반도 삼국간의 관계가 다시 중국과의 관계에 영향을 미침으로써, 의자왕이 집권 초기에 부단히 노력했던 중국과의 우호관계 증진은 실현되지 못하고 백제와 당나라는 갈수록 사이가 나빠져 끝내는 적대적인 관계로 변모하였다.

의자왕의 대외정책은 어느 경우이건 백제의 이익을 우선시하며 짜여진 것이었다. 예를 들어, 앞에서 소개했듯이 의자왕은 고구려의 연개소문 정권과 손을 잡고 신라를 공격함으로써 백제와 고구려는 과거의 적대감정을 떨쳐버리고 새로이 우호관계를 형성하였다. 그러나 이러한 양국간의 관계변화는 영토소유권 문제를 둘러싸고 두 나라가 신라에 대해 공통적으로 지니고 있던 원한 감정이 작용하여 나타난 것이지, 상대를 서로 위해주는 순수한 동기에서 이루어진 것은 아니었다.

김춘추가 백제에 대한 복수를 위해 고구려로 들어가 군사원조를 요청하자 고구려는 원래 자신들의 땅이었던 죽령(竹嶺) 서북지방을 돌려주면 도와줄 수도 있다는 입장을 취하고 있다. 백제와의 연합보다 자신들의 잃어버린 땅을 되찾는 문제가 고구려에게는 우선이었음을 알게 한다. 따라서 신라가 땅을 되돌려 주기만하면, 백제와의 연합을 깨고 오히려 신라와 손을 잡고 백제를 공격할 수도 있다는 것이 고구려의 숨겨진 모습이었음을 스스로 드러내고 있는 것이다. 백제 역시 고구려와 다를 것이 없었다. 의자왕이 부여강신을 당나라에 사신으로 보냈을 때, 신라에 대한 백제의 강경책을 문제 삼는 당 태종에게 부여강신이 자신들은 고구려와 손을 잡지 않았다고 밝히며 전한 말, 즉 "(의자)왕의 뜻은 진실로 군대를 보내어 황제의 군대와 함께 고구려의 연개소문을 공격하기를 바라는 것입니다."라고 했다는 내용이 『문관사림(文館詞林)』의 「정관년중무위백제왕조일수(貞觀年中撫慰百濟王詔一首)」에 전해 온다. 이들 내용을 보면 백제와 고구려의 동맹은 각자의 이익을 계산하며 상대를 이용하려는 속셈에서 맺어진 불안하고 무상한 관계였다는 사실을 알게 된다.

백제와 중국과의 관계도 고구려의 경우와 다를 것이 없었다. 의자왕은 즉위 이후 줄곧 중국과의 관계를 유지하기 위해 최선을 다했다. 그렇지만, 이 역시 한반도 내에서 백제의 위상확보와 자신의 활동을 지원 또는 보장받기 위한 목적이 강했기 때문에, 이러한 목적이 관철되기 어려운 상황이 발생할 때에는 중국과의 관계를 포기하고 스스로 독자적인 노선을 마련하여 밀고나갈 수도 있었던 것이다.

644년 당 태종이 사농승 상리현장을 파견해 의자왕의 신라에 대한 강경책을 문제삼을 당시의 모습을 보면, 의자왕은 글을 보내 사과했다고 『삼국사기』 의자왕본기에 나오는데, 이 사건은 의자왕으로 하여금 대외정책 기본노선을 변경하지 않으면 안될 상황에 놓이게 만들었다. 문제는 아버지 무왕처럼 중국과의 관계를 돈독히 해나가기 위하여 신라에 대한 강경책을 포기하느냐, 아니면 당 태종의 요구를 무시하고 신라공격을 강행해 나가느냐에 있었을 것이다.

『삼국사기』에는 기록이 없지만 『책부원귀』의 외신부, 조공 3, 당 태종 정관 19년 정월 경오삭(庚午朔)조에는 645년 1월에도 의자왕이 당나라에 조공한 것으로 나와 있다. 이때의 조공은 의자왕이 글을 보내 사과했다고 한 위 『삼국사기』 내용의 실제 모습이라 여겨진다. 따라서 단순한 조공 행위라기보다 중국의 마음을 달래면서 신라에 대한 자신의 입장을 밝히고 이해를 얻으려는 노력의 일환이 아니었을까 판단된다. 위에서 소개한 『문관사림』의 내용, 즉 의자왕이 부여강신을 보내 당 태종에게 백제와 고구려는 아무 관계가 없다고 밝히고 있는 내용이 바로 이때의 일이다. 그러므로 그 내용은 조심스럽게 받아들여야 하겠다.

중국의 협조를 얻어내기 위해 의자왕이 당시에 어떤 노력을 했는지, 또 당 태종은 어떤 반응을 보였는지 『문관사림』의 내용을 좀 더 자세히 살펴보겠다.

첫째, 의자왕이 당시에 파견한 사신은 부여강신이었다. 그런데 『책부원귀』의 해당기사를 보면 부여강신은 태자로 소개되고 있다. 당시 백제의 태자는 부여융(扶餘隆)이었으므로 부여강신과 부여융은 동일인물로 여겨지는데, 적장자이면서 태자인 그를 사신으로 보내 중국을 설득시키려 할 정도로 의자왕은 당시의 사태를 중시하고 최선을 다해 대처하려 노력했음을 보여준다.

『문관사림』이나 『책부원귀』에서 왜 부여융을 부여강신으로 표기했는지 분명한 이유는 알 수 없지만, 당 현종(玄宗)의 이름이 "융기(隆基)"였으므로 그 이름 글자인 "융"을 피하기 위해 피휘법(避諱法) 차원에서 바꾸어 기록했을 가능성, 또는 "강신"이 부여융의 또 다른 이름이었을 가능성, 또는 당시 백제와 중국의 불편한 관계 때문에 의도적으로 본명 대신 다른 이름을 사용했을 가능성 등을 생각해볼 수 있을 것 같다.

『문관사림』의 「정관년중무위백제왕조일수」는 당 현종이 태어나기 이전인 태종 때에 원본이 작성되었겠지만, 현재 전해오는 것은 후대의 필사본이기 때문에 이 필사본이 만들어질 당시에는 피휘법의 적용을 받았을 수도 있다.

외교관계에서 본명 대신 다른 이름을 쓴 예로는 2005년 "8·15 민족대축전" 당시에 남한을 방문하고 국립묘지까지 참배하는 행동을 보여준 북한대표단 중 민간대표단의 단장 안경호(75세)가 1973년 제1차 남북조절위 수행원 때부터 안병수라는 가명을 쓰며 우리와 접촉한 사실이 있다. 또 북측 자문위원으로 온 임동욱(68세) 조평통 부위원장 역시 임춘길이라는 이름으로 20년 넘게 대남(對南)정책을 총괄한 것으로 알려져 있다. 가명을 쓰는 이유가 무엇인지 분명하게 말하기는 어렵지만, 남·북관계가 상당히 호전되고 있는 현 시점에서 예전과 달리 본명을 사용하며 방한하고 있는 것을 보면 외교관계의 분위기, 즉 과거에 조성되었던 남·북의 불편한 관계가 북한쪽 인사들에게 영향을 주어 그들로 하여금 대남(對南)접촉 시 가명을 사용하게 만든 것이 아닐까 싶기도 하다.

이와 연결시켜 볼 때, 혹시 부여융의 경우도 당시 의자왕의 신라에 대한 강경책으로 인해 백제와 당나라 사이에 형성되어 있던 불편한 국제관계가 그로 하여금 본명 대신 부여강신이란 이름을 사용하게 만든 것이 아닐까 하는 추측을 가능하게 해준다.

이상의 가능성들에 대한 구체적인 논증은 어렵지만 부여융과 부여강신이 같은 인물인 것은 거의 틀림이 없다고 판단된다.

둘째, 고구려와 협력하고 있지 않다고 밝히면서 백제도 군사를 일으켜 황제의 군대와 함께 흉악한 자, 즉 고구려의 연개소문을 공격하겠다고 요청했는데, 당나라가 신라에 대한 의자왕 자신의 강경책을 인정하면서 백제의 손만 잡아주면 고구려와의 관계는 포기하려 할 만큼 의자왕은 중국과의 관계유지를 위해 마지막까지 힘을 쏟은 것으로 나타난다.

셋째, 의자왕은 이때 자녀(子女)를 당 태종에게 바쳤다는데, 당 태종은 왕의 깊은 뜻을 잘 안다고 하면서도 그 여자를 받아들이지 않고 다시 돌려보낸다고 밝히고 있다. 통하지 않아서 실망했을 법한데 여자를 돌려보낸다는 당 태종의 말로 볼 때 의자왕이 당 태종을 설득하려 미인계까지 동원했음을 느끼게 한다.

넷째, 당 태종이 신라왕에게 사신을 파견한다고 밝히면서 그들 사신을 위해 의자왕이 사람과 배를 내어 그들을 안전하게 도달할 수 있도록 도와주라는 명령조의 당부를 마지막으로 덧붙이고 있다.

당 태종의 이러한 조서를 받아보았을 때 의자왕이 느꼈을 실망감은 충분히 짐작이 간다. 애초에 어느 정도의 기대와 가능성을 생각하며 부여강신, 즉 부여융을 파견했는지 모르겠지만, 신라에 대한 공격 의지를 불태우고 있던 의자왕에게는 혹시나가 역시나 식의 찬물을 끼얹는 결과를 가져왔으리라고 본다.

백제는 당시 고구려와 연합하여 신라를 공격하는 모습으로 나타나고 있기 때문에, 당나라의 고구려 공격에 협조하겠다는 의자왕의 말은 실현성을 염두에 둔 본심이라기보다 일단 당 태종의 마음을 달래기 위한 외교적인 발언으로 받아들여진다. 당 태종도 이러한 사실을 모르고 있었을 것 같지는 않다. 그래서 의자왕에게 보내는 조서에 의도적으로 신라사신을 부탁한다는 내용을 넣었는지도 모를 일이다.

의자왕은 이 해 5월 당 태종이 고구려를 공격할 때, 앞에서 살펴보았듯이 공산성에서 출토된 옻칠갑옷과 함께 만든 것으로 보이는 금휴개와 문개 등의 갑옷을 요동지역 고구려정벌 현장에 있던 당 태종에게 또 바치면서도 당에 협조하기보다 신라의 성들을 기습적으로 빼앗는 등 두 마음을 품고 있다는 평을 듣고 있다. 당시 의자왕이 당 태종에게 보낸 갑옷들은 당 태종의 고구려 친정(親征)이라는 중국으로서는 매우 예민한 시기에 신라에 대한 공격을 감행한 자신의 행동을 이해해달라거나 중국과는 잘 지내고 싶다는 메시지를 담은 바람의 표현이었을 것으로 여겨지는데, 아마도 의자왕이 보여준 이러한 이중성은 당 태종의 이해심을 불러일으키기보다 오히려 심기만 불편하게 만들었을 가능성이 더 크다.

이때 이후로 그동안 해마다 파견되던 조공사신이 당 고종 즉위 2년째 되는 651년에 다시 재개될 때까지 6년 동안 중단되었는데, 이러한 사실은 결국 1월과 5월에 있었던 중국에 대한 설득작업이 별다른 효과를 가져 오지 못하자, 실망한 의자왕이 중국보다는 신라와의 문제를 중시하여 신라에 대한 강경책을 우선적으로 선택했음을 보여주는 것이다. 중국과 신라 사이에서 의자왕이 채택한 외교노선은 자주적인 성격이 강했음을 알게 한다.

다만 그렇다고 해서 이때 의자왕이 중국과의 교섭을 완전히 단념했던 것은 아니다. 백제와 중국과의 완전한 외교단절은 고종 즉위 이후의 일로 나타난다.

649년 당 태종이 죽고 고종이 뒤를 이어 즉위하자, 의자왕은 정권교체라는 상황변화를 이용하여 중국과의 관계 개선을 목적으로 조공중단 6년 만인 651년에 다시 조공사신을 중국에 파견하였다. 그러나 당 고종의 반응은 태종 때와 마찬가지로 의자왕을 실망시켰다. 『삼국사기』 의자왕본기나 『구당서』와 『신당서』의 백제(국)전에는 고종이 의자왕에게 통보한 내용이 나오는데, 백제가 빼앗은 신라의 성(城)을 신라가 사로잡아간 백제의 포로와 맞바꾸고 다시는 양국 간에 전쟁을 일으키지 말라는 위협성 발언으로 의자왕이 받아들이기에는 힘든 것이었다.

한반도 삼국 간에 복잡하게 얽혀있는 영토문제는 삼국이 서로 양보할 수 없는 첨예한 사안이었다. 그중에서도 특히 백제의 고향이라고도 할 수 있는 한강유역을 둘러싼 각축전은 매우 치열하였으며, 이는 중국의 힘으로도 해결하기 힘든 뜨거운 감자와 같은 것이었다. 따라서 중국이 이에 개입하여 신라에게 유리한 조건을 계속 강요하자 백제와 고구려는 결국 중국과 등을 질 수밖에 없는 상황에서 서로의 연합을 강화해 나갔다.

의자왕은 당 고종의 통보를 받자마자 바로 다음 해인 652년 1월에 다시 조공사신을 파견하고 있다. 이때에는 『문관사림』에 보이는 645년의 당 태종 때처럼 신라와의 사이에 과거부터 누적되어 온 여러 가지 억울한 사정과 백제의 입장을 전달하였을 것으로 여겨진다. 그러나 이후에는 백제가 나·당 연합군에게 정복당할 때까지 8년 동안 조공이 완전히 끊긴 것으로 나타난다. 이러한 사실을 통하여 백제의 호소가 당나라에게 받아들여지지 않았다는 것과 결국 의자왕은 중국과 결별하고 스스로 독자노선을 걷기 시작했다는 것을 알 수 있겠다.

『삼국사기』 의자왕본기에 나타나듯이 653년 8월 일본과 수교한 것이나 655년 8월 고구려 및 말갈과 함께 신라의 30여 성(城)을 공격해 파괴하고 있는 것은 중국과 교류를 단절한 뒤 의자왕에 의해 새롭게 진행된 자주외교 노선의 모습이라 보아도 좋을 것 같다.

05

노년 시절

멸망기의 백제와 당나라의 기미정책

       집권 후반기 의자왕의 정치활동이나 당나라의 백제 공격 및 백제의 몰락, 그리고 웅진도독부를 중심으로 한 당나라의 백제지배정책 등을 올바로 이해하려면 『삼국사기』 의자왕본기를 비롯한 각종 관련 사료의 문제점들을 진단하는 일과 함께 당나라의 기미정책에 대해서도 분명하게 이해하고 있어야만 한다. 승자 중심의 역사기록에서 패자인 의자왕의 활동내용, 그 중에서도 특히 신라와 당나라의 공격을 유발시킨 집권 후반기에는 백제패망의 모든 책임을 의자왕에게로 돌리는 내용들이 집중적으로 거론되다보니 사실 이상의 과장과 왜곡이 역사기록에 들어갈 수밖에 없었다. 이러한 과장과 왜곡 뒤에 숨은 의자왕의 참모습을 찾아내기 위해서는 관련 사료들의 철저한 비교와 분석 작업을 필요로 한다.

  또 당나라가 백제의 멸망 자체를 원했건 원치 않았건 당시 당나라가 주변 국가와 민족들을 다루던 기미정책의 결과로 백제가 패망하게 된 것은 분명하다. 따라서 당나라 기미정책의 성격을 제대로 파악하고 있어야 백제멸망의 원인 역시 정확하게 밝혀낼 수 있다. 그러므로 먼저 당나라의 기미정책에 대해 살펴본 다음 백제 멸망시기에 그러한 기미정책이 구체적으로 어떻게 작동되었는지 알아보도록 하겠다.

『신당서』 지리지 7하(下)의 기미주(羈縻州)를 보면,

> 태종이 돌궐(突厥)을 평정하고 서북의 제번(諸蕃)과 만이(蠻夷)가 점차 내속(內屬)하자 곧 그 부락에 주현(州縣)을 나란히 설치하고 그 가운데 큰 것을 도독부(都督府)로 삼았다. 그 수령을 도독과 자사로 임명하여 모두 세습케 했으며, 비록 공부(貢賦)의 판적(版籍)이 대부분 호부(戶部)에 올라오지는 않았지만, (황제의) 성교(聲教)가 미치는 곳은 모두 변주(邊州) 도독과 도호가 관할했으며 영식(令式)에도 규정되어 있다.

라고 나온다. 이 내용에 따르면 당나라의 기미정책은 중국에 복속되어 들어온 주변 민족들을 중국의 황제가 직접적·개별적으로 지배하는 것이 아니라 그 지역의 기존질서를 그대로 유지시킨 채 간접적·집단적으로 통제하는 것이었다. 그리하여 외형상으로는 중국을 중심으로 한 천하일국의 세계질서 속에서 중국의 주현(州縣)이 중국 밖으로까지 확장된 것으로 보이지만, 실제로는 주변지역의 자치를 허용하는 가운데 조공 및 책봉 관계를 통해 중국과의 교류를 정상화시키는 것이 기미정책의 목적이었다고 할 수 있다.

이렇듯 중국 중심의 세계질서 수립이라는 정치적인 성격이 강하다보니, 공부(貢賦)의 판적(版籍)이 대부분 호부(戶部)에 올라오지 않았다는 표현처럼 기미정책에서 경제적인 수탈이나 영토 확장의 야욕과 같은 모습은 거의 찾아볼 수 없다. 때문에 기미정책은 근대 서양이나 일본이 식민지 수탈과정에서 보여주었던 침략적이고 착취적인 성격과는 근본이 다른 국

가 간의 자율성과 독립성을 존중하고 유지시켜주려고 한 평화적인 외교정책이었다고 할 수도 있다. 물론 조공 및 책봉 관계의 사상적 근원이었던 중국 중심의 천하일국 세계관 속에도 어느 정도의 불평등과 무력을 동원한 강제성이 내재해 있었던 것은 사실이지만, 강제성 자체의 목적을 경제적 수탈이나 영토 확대 등에 두고 있었던 근대 식민정책과 상호 공존의 원칙을 지키며 나름대로의 질서를 인정해준 당나라의 기미정책은 성격이 완전히 다른 세계관을 지닌 정치체제였다고 보아야 할 것이다.

그러면 이제 집권 후반기 의자왕의 정치활동과 당나라의 기미정책이 어떻게 연결되어 나타나고 있는지 좀 더 구체적으로 검토해보기로 한다.

앞에서 이미 지적했듯이 의자왕은 즉위 15년째인 655년 정월 어머니 사택왕후의 죽음을 계기로 내부적인 정계개편을 통해 새로운 집권체제를 확립하고, 외부적으로는 이미 당나라와의 조공 및 책봉 관계를 단절한 상태에서 8월에 고구려 및 말갈과 손을 잡고 신라의 30여 성(城)을 공파(攻破)하는 등 신라에 대한 강경책을 밀어붙이고 있다. 또 4년 뒤인 659년 4월에는 군대를 보내 신라의 독산성(獨山城)과 동잠성(桐岑城)을 공격하고 있어서 의자왕이 집권말기까지 의욕적으로 정치에 임하고 있었음을 보여준다.

그런데 『삼국사기』 의자왕본기에는 의자왕의 정치가 655년을 기준으로 이전과 상당히 다르게 묘사되고도 있다. 655년 2월 태자궁(太子宮)을 극히 화려하게 수리하고 망해정(望海亭)을 궁전 남쪽에 세웠다는 내용과 함께 괴변(怪變)기사가 나타나기 시작하고, 다음 해 3월에는 궁인(宮人)과 더불어 음황(淫荒), 탐락(耽樂), 음주(飮酒)를 그치지 않았다는 것과 이를 극간(極諫)하는 좌평 성충(成忠)을 옥에 가두는 등 신하들과 갈등을 겪고 있는 내용 및 657년 정월에는 왕서자(王庶子) 41명을 좌평으로 삼고 식읍(食邑)을 주었다는 내용, 그리고 659년과 660년에는 각종 요설(妖說)과 괴소문(怪所聞)과 재앙(災殃) 기사가 집중적으로 등장하고 있다.

655년부터 의자왕의 정치가 사치와 탐락과 음주를 즐기며 충신을 핍박하는 등 극히 문란해졌을 뿐만 아니라 각종 괴변이 발생하여 백제사회 내부에 패망의 그림자가 짙게 드리우고 있었음을 암시하는 기사들이 나타나고 있는데, 이들 내용 속에 승자(勝者) 중심의 천명사상이 깊숙이 자리를 잡고 있다는 사실도 느끼게 된다. 특히 술로 인한 방탕한 생활은 의자왕의 대명사처럼 되어서 『삼국유사』 기이1, 태종 춘추공조에도 의자왕이 주색(酒色)에 빠져 정사를 어지럽히고 나라를 위태롭게 했다는 내용이 들어가 있고, 『조선왕조실록』의 백제관련 기사들 또한 의자왕이 술을 좋아하며 충신의 말에 귀를 기울이지 않았기 때문에 백제가 망했다는 지적을 한결 같이 하고 있다.

그리고 이와 같은 조선시대의 백제사 인식이 그대로 이어져 오늘날까지 전해오면서 백제멸망의 모든 책임을 의자왕에게로 돌리며 의자왕의 정치를 부정적으로 평가하는 모습은 지금의 연구자들 사이에서도 낯설지 않게 눈에 띈다. 그러나 이러한 술과 연결된 부정적인 인식은 『삼국사기』나 『삼국유사』와 같은 고려시대 역사서의 영향 위에서 형성된 것으로 보아야 하지 않을까 생각한다.

고려시대 이전의 백제 멸망시기에 쓰여진 의자왕에 관한 각종 기사들역시 천명사상을 이용해 의자왕의 문제점을 강조하고 있는 것은 『삼국사기』의 의자왕본기와 다를 바 없지만, 이들 기사에서는 술과 관련된 문제를 지적하고 있는 사례가 눈에 띄지 않는다.

「대당평백제국비명(大唐平百濟國碑銘)」, 「당유인원기공비(唐劉仁願紀功碑)」, 「취리산맹약문(就利山盟約文)」, 「부여융묘지명(扶餘隆墓誌銘)」, 『일본서기(日本書

紀)』 등에서 의자왕의 문제점으로 지적되고 있는 내용을 찾아보면, "하늘 (天)"을 거스르는 무도한 행위, 이웃 나라와의 불화, 밖으로 충신을 핍박하고 안으로 요부(妖婦)를 믿으면서 아첨을 좋아한 일, 천자(天子)의 뜻을 거역한 일, 군대부인(君大夫人) 요녀(妖女)가 무도(無道)하여 국권(國權)을 찬탈하고 현량(賢良)을 주살(誅殺)한 일 등이 전부이다. 군대부인 요녀의 국권 찬탈과 현량 주살은 『일본서기』 제명천황 6년 가을 7월 경자삭(庚子朔) 을묘(乙卯)조의 세주(細注)로 소개한 고구려 승려 도현의 『일본세기』 내용에 보이는데, "혹은 말하기를(或曰)"이라는 대목 뒤에 이 기사가 나온다. 백제 멸망 당시에 퍼져있던 소문을 소개하는 형태로 쓰여진 것이고, 그 내용 또한 안으로 요부(妖婦)를 믿으면서 형벌은 오직 충신에게만 미쳤다는 「대당평백제국비명」의 내용을 거의 그대로 답습하고 있기 때문에, 이 기사 속에도 「대당평백제국비명」을 만들어 천명사상을 가지고 백제를 비방하며 자신들의 공을 내세우려 한 정복자들의 시각이 들어있다고 보아도 틀림이 없을 것이다.

그러므로 의자왕이 술과 향락에 빠져 많은 문제를 일으킨 것이 사실이라면 그 내용 또한 위의 자료들 중 어딘가에서는 반드시 지적되었으리라고 여겨진다. 그런데 이들 백제멸망 당시의 기록에는 그러한 내용이 보이지 않다가 500년 정도의 시간이 경과한 고려시대의 역사기록에 와서야 비로소 언급되기 시작하고 있다. 이로써 볼 때 술과 관련되어 전해오는 의자왕의 방탕한 생활에 대한 이야기는 사실과 다르며, 의자왕의 부정적인 인간상을 강조하려 한 후대인들에 의해 부풀려진 것임을 알 수 있겠다.

한편, 『일본서기』 제명천황 6년 9월조에는

백제가 (이름은 누락되어 알 수 없는) 달솔(達率)과 사미각종(沙彌覺從) 등을 보내와 아뢰어 말하기를 "금년 7월 신라가 힘을 믿고 세력을 키워 이웃과 가까이 지내지 않으면서 당인(唐人)을 끌어들여 백제를 무너뜨렸습니다. 군신(君臣)은 모두 포로로 되었고 남아 있는 백성도 거의 없습니다."라고 하였다. 이에 서부은솔(西部恩率) 귀실복신(鬼室福信)은 매우 분개하여 임사기산(任射岐山)에 웅거하고 달솔 여자진(餘自進)은 중부(中部)의 구마노리성(久麻怒利城)에 웅거하여 각각 하나의 군영을 만든 뒤 흩어진 병졸들을 불러 모았는데, 이전의 싸움에서 무기가 모두 없어졌기 때문에 몽둥이로 싸워 신라군을 파(破)하였다.

라고 하여 의자왕 정권의 몰락에 대한 백제 인들의 반응을 기록해 놓고 있는데, 여기에서는 의자왕에게 백제 멸망의 책임을 돌리는 것이 아니라 힘을 믿고 이웃과 가까이 지내지 않으면서 당나라를 끌어들인 신라에게 근본적인 책임이 있다고 생각하며, 그 신라에 대해 강한 적개심을 가지고 맨손으로 부흥운동에 나선 백제 인들의 모습을 소개하고 있다.

따라서 이러한 종류의 기사는 무시한 채 의자왕이나 의자왕 말기의 백제에 대한 부정적인 묘사만을 믿는 행위는 왜곡된 역사관에 의해 쓰인 승리자의 논법을 그대로 추종하는 것 밖에 되지 않는다. 의자왕과 관련되어 있는 대부분의 현존 사료는 의자왕 정권 붕괴 후 정복자나 정복자의 시각을 따르는 사람들에 의해 쓰인 것이기 때문에, 의자왕에 관한 진실은 왜곡의 바다 위에 떠있는 작은 섬과 같이 극히 단편적으로만 산재해 있을 가능성이 크다. 이와 같은 상황을 이해하지 못하고 사료상의 표면적인 내용을 그대로 받아들이는 경우 의자왕에 관한 연구는 왜곡의 악순환만 되풀이 할 뿐이다.

그렇다면, 의자왕에게 적용되고 있다고 위에서 지적했던 바의 "천명사상"에는 어떤 함정이 있을까. "천"에 대한 인식은 사상사적으로 중요한 의미가 있다고 보지만 그 실재성은 인정하기 힘든 것이 사실이다. 의자왕이 거역한 것으로 주장되어지는 "천"의 실체가 무엇일까 궁금해지는데, 그에 대한 해답을 당 고종이 651년 의자왕에게 보낸 국서(國書)에서 찾고 싶다. 『삼국사기』 의자왕본기 11년조에 보이는 그 내용 속에는 "짐(朕)은 대천리물(代天理物: 하늘을 대신해 만물을 다스림)한다."는 주장이 있다. 다시 말해 중국의 황제는 자신의 뜻이 곧 천명과 통한다고 자부하고 있는 것이다. 결국, 의자왕에게 적용되고 있는 "천명"이란 중국 황제의 권위나 명령과 통하는 것으로 볼 수 있겠다.

그러므로 중국의 뜻에 따르지 않은 의자왕의 행위는 곧 천명을 거역하여 군주로서 지켜야 할 도리를 잃어버린 것이 되며, 천명에 의해 응징되어야만 하는 것으로 해석될 수밖에 없었다. 의자왕의 정치가 많은 문제를 내포하고 있었던 것처럼 묘사되고 있는 것이나, 당시 사회가 각종 비현실적인 재이(災異)로 가득 차 있었던 것으로 나타나고 있는 기록들은 이러한 배경 위에서 출현하게 되었다고 여겨지기 때문에, 이들 기록에 대한 접근은 신중하게 이루어져야 할 것으로 본다.

예를 들어, 의자왕 19년(659) 봄 2월 많은 여우가 궁중으로 들어오더니, 흰 여우 한 마리가 상좌평(上佐平)의 책상에 올라가 앉았다거나, 4월 태자궁의 암탉이 작은 참새와 교미를 하였다거나, 5월 왕도(王都) 서남쪽 사비하(泗沘河)에 대어(大魚)가 나와 죽었는데, 길이가 3장(三丈: 30척)이었다거나, 가을 8월 어떤 여자의 시체가 생초진(生草津)에 떠내려 왔는데, 길이가 18척이었다거나, 9월 궁중의 홰나무(槐樹)가 우는데 사람의 곡성(哭聲)과 같았고, 밤에 귀신이 궁남로(宮南路)에서 곡하였다거나, 의자왕 20년(660) 봄 2월 왕도의 우물물이 핏빛으로 변하고, 서해 변에 작은 물고기가 나와 죽었는데 백성이 그것을 다 먹지 못했고, 사비하의 물이 붉기가 핏빛과 같앗다거나, 5월 풍우(風雨)가 사납게 일어나고 천왕사(天王寺)와 도양사(道讓寺) 두 절의 탑에 벼락이 떨어졌으며, 또 백석사(白石寺)의 강당에도 벼락이 치고, 검은 구름이 용과 같이 일어나서 동서의 공중에서 서로 싸웠다거나, 6월 어떤 귀신 하나가 궁중으로 들어와 큰 소리로 "백제는 망한다. 백제는 망한다"라고 부르짖고는 땅 속으로 들어가기에 왕이 사람을 시켜 땅을 파보게 하니 깊이 3척쯤 들어가서 거북이 한 마리가 있는데, 그 등에 글이 써있기를 "백제는 월륜과 같고 신라는 월신과 같다(百濟同月輪 新羅如月新)."라고 되어 있었다. 왕이 그 뜻을 무당에게 물어보았더니, 말하기를 "월륜(月輪)과 같다는 것은 찬 것이니 차면 곧 이지러지고, 월신(月新)과 같다는 것은 차지 않은 것이니 차지 않은 것은 곧 점점 차게 되는 것입니다."라고 하자 왕은 노하여 그를 죽였다. 어떤 사람이 말하기를 "월륜과 같다는 것은 왕성한 것이고 월신과 같다는 것은 쇠미한 것이니, 그 뜻은 국가(백제)는 왕성해지고 신라는 점차 쇠미해진다는 의미가 아니겠습니까?"라고 하자 왕은 기뻐하였다는 내용 등과 같이 현실성과는 거리가 먼 불길한 징조로 가득 채워져 있는 재이(災異)에 대한 기록들은 백제가 망하기까지 내부 모순이 중요한 원인으로 자리 잡고 있었다는 암시의 예로 내세워졌다고 판단된다.

이들 재이의 기록을 어떻게 받아들여야 하는가는 그것을 다루는 후대인들 각자의 몫으로 남아 있다. 다만 문제는 이러한 "재이"기사 대부분이 허구성을 강하게 지닌 기록 또는 이야기라는 사실 자체를 부정할 수는 없는 만큼, 이들이 역사서나 사람의 입에 오르내리게 된 시대배경 및 그것이 유언비어의 수준을 벗어나 어느 정도의 현실성을 지닐 수 있는가의 문제를 간과해서는 안 될 것이다.

따라서 재이(災異)기록이 지닌 암시성은 인정하지만, 그 암시 속에 담겨

있는 실체를 찾아내기 위해서는 왜곡의 껍데기를 한 겹 벗겨내야만 하리라고 본다.

『삼국유사』 기이 1, 태종 춘추공조에 소개되어 있는 "타사암(墮死岩)"의 유래에 대한 내용을 보면,

> 『백제고기(百濟古記)』에는 「부여성(扶餘城) 북쪽 모퉁이에 큰 바위가 있는데 아래로 강물을 내려다보고 있다. 전해오는 말에 "의자왕이 여러 후궁과 함께 (죽음을) 면하지 못할 것을 알고 서로 말하기를 '차라리 자살해 죽을지언정 남의 손에 죽지는 않겠다'라고 하고는 서로 이끌고 여기에 와서 강에 몸을 던져 죽었다"고 한다.」는 내용이 있다. 때문에 세속에서는 타사암이라 부르고 있다 하는데, 이는 속설이 잘못 전해진 것이다. 단지 궁인만이 떨어져 죽은 것이고, 의자왕이 당나라에서 죽은 것은 『당사(唐史)』에도 명문(明文)이 있다.

라고 하여 저자인 일연(一然)이 『백제고기』의 잘못을 지적하고 있다. 또 『신라고전(新羅古傳)』에는 김유신이 당병(唐兵)을 초대해 독약을 먹여 죽인 뒤 모두 쓸어 묻었다는 상주(尙州) 지방의 당교(唐橋)에 대한 전설이 나오는데, 이에 대해서도 일연은 역사적인 전후사실을 들어 그 향전(鄕傳)이 근거가 없다는 것을 밝히고 있다. 이처럼 백제 멸망기에는 실제 사실과 많은 차이를 보이는 전설이나 유언비어가 나돌고 있었다. 분명한 역사사실 조차 근거 없는 뜬소문과 결합하여 진실성을 결여하게 될 정도로 혼란스러웠던 것 같은데, 위에 소개한 각종 재이 기사들 역시 이러한 분위기 속에서 출현한 것으로 볼 수 있겠다.

그렇다면 허구적이거나 견강부회적인 성격을 강하게 지니고 있는 이들 기록의 사실 여부를 논하는 것 자체는 별 의미가 없고, 오히려 이러한 기

사가 언제 누구에 의해서 왜 만들어졌을까의 문제에 관심을 기울여야 할 것으로 본다.

요설(妖說)과 괴소문(怪所聞)으로 이루어져 있는 "천명"과 "재이" 기사의 출현배경을 정확히 밝혀내기는 어렵지만, 두 가지 가능성으로 압축시켜 볼 수는 있다.

첫째, 현존하는 이들 기록이 정복자의 입장에 동조하는 성격임을 감안한다면, 그것은 정복자들이 자신의 행위의 정당성을 주장하는 동시에 백제 멸망의 필연성을 강조하기 위한 목적에서 의도적으로 위조하거나 과장하여 남겨놓았을 수 있다는 가능성이다.

둘째, 백제 멸망기에 실제로 각종 재이에 대한 소문이 떠돌아다녔기에 그것이 기록으로 남겨졌을 수도 있는데, 이러한 가능성이 첫째 경우보다 더 컸을 것 같다. 다만 문제는 이와 같은 상황이 벌어진 배경을 어떻게 이해해야 할 것인가에 있다고 하겠다.

천인감응설 속에서 "인(人)"의 잘못에 대한 "천(天)"의 경고 및 응징으로 인식될 수 있는 요설과 괴소문들이 그것을 믿는 민심을 뒤흔들어 혼란을 가져오게 만드는 좋은 수단으로 활용될 수 있다는 점은 의심의 여지가 없다. 그렇다면 신라와 같은 적대국가가 전략적인 필요에서 첩자를 이용해 백제사회 내부에 이들을 유포시켜 놓았을 가능성도 있겠고, 아니면 655년 이후 새롭게 전개된 의자왕의 정계 개편작업에 찬성하지 않거나 여기에서 소외된 반대세력 또는 불만분자가 의자왕의 정치에 반감을 품고 퍼뜨린 유언비어일 수도 있을 것이다. 표현을 바꾸어 말하면, 첩보전 혹은 공작정치의 산물로서 요설과 괴소문이 난무했을 가능성도 있다는 것이다.

전쟁 중에 국가 차원에서 유언비어를 날조하여 유포시키고 있는 예는 오늘날에도 찾아볼 수 있다. 2003년 미국과 이라크 사이에 전쟁이 한창 진행 중일 때 이라크 중부 카르발라에서 알리 아비드 민카슈라는 농부가 구식 AK-47소총으로 미군의 최신예 아파치헬기를 격추시켰다고 이라크 정부가 주장하며 그를 용감한 농부로 치켜세우고 항전을 촉구한 일이 있었다. 그리하여 그가 사는 마을에서는 "민카슈가 걸프 만에 낚시하러 간다는 정보를 입수하면서 미군이 함대의 철수를 결정했다."는 우스갯소리도 나돌았다고 하는데, 후에 그 당사자는 정부 관리들이 시켜서 거짓말을 하게 된 것이라고 인터뷰에서 밝혔다고 한다.

삼국이 서로 첩자를 파견하거나 적진(敵陣)의 사람을 매수하여 정보를 입수하고 있는 모습은 여러 자료에서 확인이 된다.

고구려의 경우, 장수왕은 도림(道琳)이라는 중을 백제에 첩자로 들여보내 흉계를 꾸미게 함으로써 결국 백제의 수도 한성을 점령하고 개로왕을 죽이게 되었다는 내용이 『삼국사기』 백제 개로왕본기 21년 9월조에 있고, 김유신전에 의하면 보장왕 때에는 구원병을 요청하기 위해 고구려에 온 김춘추를 억류하여 김유신이 용사(勇士) 3천 명을 출병시키려 하자 고구려 첩자인 중 덕창(德昌)이 이러한 사실을 고구려에 알려 왔다고도 하며, 또 고구려가 백석(白石)이란 자를 신라에 첩자로 파견하여 김유신을 제거하려 했다는 일화도 『삼국유사』 기이 1, 김유신조에 나온다.

백제의 경우는, 『삼국사기』 신라 태종무열왕본기 7년 8월 2일조에 보면 의자왕이 항복한 후 신라가 모척(毛尺)과 검일(黔日)이라는 신라인을 처형하고 있는 기록이 눈에 띄는데, 대야성전투 때 백제를 도와 성이 함락되도록 했다는 것이 그들의 죄목이다. 신라인과의 내통 사실을 보여주는 이러한 예를 통해 백제 역시 첩보전이나 공작정치에 힘을 기울였음을 확인해 볼 수 있겠다.

신라는 부산현령(夫山縣令)으로 있다가 백제와의 전투에서 포로가 되어

좌평 임자(任子)의 집에 종으로 배당된 조미곤(租未坤)을 이용해 임자를 포섭한 뒤 백제 안팎의 사정을 알아내고 있는 모습이 『삼국사기』 김유신전에 보인다. 임자는 충직하게 일하는 조미곤을 신임하여 집밖을 자유로이 드나들게 했다고 한다. 하루는 조미곤이 신라로 도망해 김유신에게 백제의 형편을 낱낱이 고해 바쳤는데, 김유신은 다시 그를 백제로 보내 임자를 포섭하도록 하고 있다. 그리하여 백제로 돌아온 조미곤은 임자의 포섭에 성공하고는 또 신라로 돌아가 백제의 국내 사정을 자세히 보고함으로써 김유신은 백제의 내정을 꿰뚫어 보게 되었고, 그 결과 군사공격까지 결심하게 되었다는 것이다.

좌평 임자는 655년 이후 새롭게 전개되던 의자왕의 정치에 반대하거나 정계개편 작업에서 소외되어 불만을 갖게 된 인물로 볼 수 있을 것 같다. 신라의 김유신은 첩자를 활용하여 이러한 인물을 매수하고 있음이 눈에 띄는데, 백제 말기의 재이에 관한 각종 소문들 역시 이들 첩자나 첩자에게 매수된 내부인들이 유포시킨 공작정치의 산물이었을 가능성도 배제할 수 없다.

그러나 분명한 사실은 백제의 몰락이 의자왕 개인의 타락한 생활이나 각종 재이기사로 묘사되고 있는 내부적인 혼란 때문이 아니라 당나라의 군사개입으로 인해 초래되었다는 것이다. 그리고 당나라가 백제정벌을 결심하게 된 것은 의자왕의 사생활이나 백제 내부의 정치상황을 문제로 삼아서가 아니고, 당 태종과 고종의 계속된 권유에도 신라에 대한 강경책을 고수하면서 끝내는 중국과의 외교관계까지 끊은 의자왕의 자주외교 노선이 당나라 황제에게는 중국 중심의 세계질서를 뒤흔드는 국제적인 문제아로 의자왕을 비치게 만들었기 때문이다.

의자왕은 655년 8월에 고구려 및 말갈과 함께 신라를 침공한 뒤, 그 다음 공격은 4년 후인 659년 4월에 재개한 것으로 나타난다. 의자왕의 문란한 생활과 괴변들로 점철된 『삼국사기』의 기사와 달리 이 4년이란 기간은 의자왕이 새로운 집권체제를 확립하기 위해 중국에 대한 관심도 끊고 신라에 대한 공격도 멈춘 채 주로 정계개편의 내치에 치중한 시기가 아니었나 싶다.

여하튼 이 기간을 거친 뒤 659년 4월 신라에 대한 백제의 공격이 다시 시작되자 당 고종은 신라의 구원병 요청을 받아들여 660년 3월 소정방 등에게 13만 군대를 거느리고 가 백제를 정벌하도록 명령을 내림으로써 백제와 신라 문제에 중국이 군사적으로 직접 개입하였다. 그리고 그 결과 예상 밖으로 나타난 나·당 연합군의 공세 앞에서 의자왕은 어쩔 수 없이 660년 7월 18일 항복하고 8월 2일 항복식을 거행하게 되었다.

이처럼 당나라의 기미정책이 작동하도록 상황을 몰고 간 의자왕의 외치에서의 실패가 의자왕 본인만이 아니라 백제의 몰락이라는 국가적인 불행까지 가져왔기 때문에, 의자왕은 백제를 망하게 만든 비운의 주인공으로 역사 속에 남게 되었고, 후대인들로부터는 사실과 달리 많은 왜곡된 평가를 받는 처지에 놓이게 된 것이다.

의자왕의 고뇌와 후회

당 태종이나 고종의 거듭된 경고에도 신라에 대한 강경책을 포기하지 않은 채 중국과의 외교관계까지 끊어버린 의자왕이 중국에게 국제질서를 뒤흔드는 문제아로 비쳤을 것은 분명하다. 당 고종이 백제정벌을 결심한 것은 고구려 공격을 위한 배후지 확보문제가 아니더라도 백제에 대한 중국의 영향력 회복과 동아시아 국제질서 재정립의 필요성 차원에서도 피할 수 없는 선택이었다고 말할 수 있다. 결국 659년 4월 백제가 신라를 공격하자 당 고종은 신라의 구원병요청을 받아들여 660년 3월 소정방 등에게 13만 군대를 거느리고 가 백제를 정벌하도록 명령을 내렸다.

소정방 군대는 3개월 동안 준비기간을 거친 뒤 6월 18일 산동반도 래주(萊州)를 출발해 6월 21일 덕물도(德物島=인천 德積島)에 도착했다. 그리고 그곳에서 신라태자 김법민(金法敏=후일의 文武王)과 만나 양국의 군대를 7월 10일 백제 남쪽에 집결시켜 함께 사비성을 함락시키기로 약속하고, 7월 9일부터 기벌포와 황산벌에서 각기 백제를 공격하기 시작한 것으로 『삼국사기』 태종무열왕본기에 나온다. 당나라 조정은 백제정벌 계획이 사전에 누설되는 것을 막기 위해 659년에 파견된 일본의 네 번째 견당사절단(遣唐使節團)을 장안과 낙양에 각기 억류시켜놓기도 했다. 나·당 양국이 백제에 대한 공격의 보안을 유지하기 위해 상당한 노력을 기울였음을 알 수 있다.

『일본서기』 제명천황 6년 7월조에 나오는 이길련박덕(伊吉連博德)도 이때 사신으로 중국에 갔다가 장안에 억류되었다. 그러다 백제정벌이 끝나고 풀려나 동료들을 만나기 위해 낙양으로 갔는데, 11월 1일 낙양 측천문에서 포로로 잡혀온 의자왕과 태자 융 등이 당 고종을 만나는 장면을 극적으로 목격하게 되었다. 이러한 내용을 기록한 그의 글이 『일본서기』 제명천황 6년 7월조에 세주(細注)로 소개되어 있다.

백제정벌을 비밀리에 추진한 중국이나 신라와 달리 의자왕은 「취리산 맹약문」에 "백제는 험한 지리와 중국과의 거리가 먼 것을 믿고 천경(天經)을 모만(侮慢)했다."는 내용이 나오듯이 중국과 거리가 멀뿐만 아니라 말그대로 험한 바다가 가로놓여있는 자연조건을 믿고 중국과의 외교관계 단절이 가져올 후폭풍을 심각하게 생각하지 않은 것으로 여겨진다. 사실 의자왕 입장에서 보면 중국황제의 명령을 어기고 신라를 공격하며 중국과의 외교관계를 단절하기는 했지만, 이는 어디까지나 신라 쪽에 서서 백제의 입장을 이해해주려 하지 않은 당나라에 대한 실망감의 표현이었다. 그렇다고 중국에 대해 적대적인 행동까지 취한 것은 아니기 때문에 당나라가 설마 직접 공격해오리라고는 생각하지 않았던 것 같다. 어찌 보면 의자왕 본인의 예상과 달리 설마가 사람을 잡는다는 속담의 형세가 된 셈이다. 이러한 낙관적인 태도와 방심이 의자왕의 큰 실수였다고 할 수 있겠다.

『삼국사기』 의자왕본기의 의자왕 16년(656) 3월조 기록에는 궁인(宮人)과 더불어 음황, 탐락, 음주를 그치지 않는 의자왕에게 좌평 성충(成忠, 혹은 淨忠)이 극간(極諫)했다가 왕의 노여움을 사 옥에 갇히자, 이로 인해 감히 말하는 자가 없게 되었다는 내용과 함께 성충이 쇠약하여 임종(臨終)할 때 올린 글이 소개되어 있는데,

"충신은 죽어도 임금을 잊지 않는다 하니, 원컨대 한 말씀드리고 죽으려합니다. 신이 항상 시세의 변화를 살펴보았는데, 반드시 전쟁이 일어날 것 같습니다. 무릇 군사를 쓸 때에는 꼭 그 지리를 살펴 늘 상류에 자리를 잡고 적을 맞아 싸운 연후에야 가히 보전할 수 있을 것입니다. 만약 다른 나라의 군대가 쳐들어오면 육로는 침현(沉峴)을 지나오지 못하게 하고 수군은 기벌포(伎伐浦)의 언덕으로 들어오지 못하게 하며, 그 험한 곳에 의거하여 방어해야만 할 것입니다."라고 했으나, 왕은 이를 살피지 않았다.

라고 나온다. 이 내용을 보면 성충은 음황, 탐락, 음주로 표현되는 의자왕의 사생활이 아니라 전쟁의 가능성과 같은 대외정세에 대한 의자왕의 안일한 인식을 걱정하고 있음을 알 수 있다.

그동안 있었던 백제와 신라의 전쟁양상으로 볼 때, 양국의 전쟁터로 변할 가능성이 거의 없는 기벌포, 즉 금강하구를 성충이 언급한 것은 의자왕의 반당적(反唐的) 정치노선에 대한 당나라의 응징성 공격을 염려한 때문으로 보아야 하겠다. 다시 말해 당나라가 단순히 의자왕의 사생활을 문제로 삼아서 백제를 공격할리는 없으므로, 성충은 의자왕의 자주외교 노선이 지닌 미래의 위험성을 걱정하며 그것을 반대하다가 의자왕과의 정견차이 때문에 옥에 갇히게 되었고, 그래서 이런 상소문까지 올리게 되었다고 받아들여야 한다는 것이다.

660년 나·당 연합군이 사비성 앞까지 쳐들어 왔을 때 의자왕이 비로소 "후회스럽구나! 성충의 말을 듣지 아니하여 이 지경에 이르렀도다."라고 한탄했다는 『삼국사기』 의자왕본기 20년조의 내용은 유일하게 전해오는 의자왕의 말인데, 이 말 속에서 성충과 의자왕 사이에 가로놓여 있던 문제의 근본이 대외적인 정치노선을 둘러싼 견해 차이였음을 느껴볼수 있다. 좌평 흥수(興首)가 죄를 지어 유배를 간 것도 성충과 같이 의자왕과의 정견 차이에서 기인했다고 본다.

당시 백제 조정에서 친당(親唐)-친신라(親新羅) 세력의 존재를 지적하며 그것을 왕권의 내분(內紛)으로 연결시키는 견해도 있지만, 성충과 흥수에게서 친당이나 친신라 경향을 느끼게 해주는 증거는 없다. 당나라나 신라의 편이 아니라 오히려 국가가 위기에 처했을 때는 그들도 적극적으로 해결방법을 찾으려 노력하는 모습을 보여주고 있다. 성충이 걱정하며 남긴 말이나, 660년 나·당 연합군의 침공으로 사태가 위급하여 의자왕이 고마미지현(古馬彌知縣)에 귀양가 있던 흥수에게 자문을 구했을 때 그가 적극적으로 대처방안을 강구해 알려온 것 등이 그 예이다. 역시 그들은 국가의 앞날에 대한 위험성 등을 걱정하여 의자왕의 정치노선에 반대하던 세력으로 보아야 맞을 것 같다. 『일본서기』황극 원년의 백제정변 기사를 제명 원년(655)으로 옮겨보는 것이 가능하다고 했던 앞에서의 지적도 지금까지 예시한 것처럼 이 때 백제는 의자왕에 의해 정계개편의 강한 회오리바람 속에 놓여 있었기 때문이다.

그러면 나·당 연합군의 본격적인 공격이 시작된 이후 백제의 상황을 첫째, 백제 조정의 대응 문제, 둘째, 당나라 군대의 기벌포 공격 문제, 셋째, 황산벌 전투에 동원된 백제 5천 결사대와 신라 5만 대군의 성격 문제, 넷째, 부여 나성에서의 백제군과 나·당 연합군과의 전쟁 문제 등으로 폭을 좁혀서 살펴보기로 하겠다.

첫째, 나·당 연합군의 공격에 대한 백제 조정의 대응과 한계에 대한 문제이다. "백제 최후의 모습"하면 외부세력의 공격 앞에서 혼란만 겪다가 국가위기를 제대로 넘기지 못한 허망함을 떠올리게 된다. 백제는 정말 의미 없는 몸부림만 쳤던 것일까.

『삼국사기』의자왕본기에는 긴급 어전(御前)회의 내용이 나온다. 좌평 의직(義直)은 피곤에 지친 당군(唐軍)을 기습 공격해 물리치면 신라군도 두려워서 물러갈 것이라 주장했고, 달솔 상영(常永) 등은 일단 당군을 방어하면서 먼저 일부 군사로 신라군을 격파한 뒤 군대를 합쳐 총 공격하면 승리할 것이라 말하고 있다. 귀양지에 있던 흥수(興首)는 백강과 탄현을 지키고 농성(籠城)하면서 나·당 연합군의 군량이 떨어져 지칠 때까지 장기전을 펼 것을 건의했고, 대신들은 반대로 백강과 탄현 안으로 적을 끌어들여 매복 공격하면 독안의 쥐를 잡듯이 쉽게 승리할 것이라 말하고 있다. 어떤 의견이 현실적인가를 따지기 이전에 백제로서는 최선의 대응방법을 찾으려 애썼음이 느껴진다. 물론 이들 대응책을 제대로 시험해 볼 틈도 없이 적군이 몰려왔지만, 백제가 황산벌에 계백의 5천결사대를 보내고, 금강입

구에도 군대를 배치해 나·당 연합군의 진격을 저지하려 했음을 의자왕 본기는 보여주고 있다. 탁상공론만으로 시간을 보낸 것이 아니다.

또 『삼국사기』 태종무열왕본기에는 백제왕자가 사람을 보내 당군의 퇴병을 애걸하거나 상좌평을 시켜 소정방에게 음식을 보내고, 왕의 서자 궁 (躬)이 좌평들과 더불어 사죄했다는 기록도 있다. 그리고 나·당 연합군이 소부리 벌판으로 진격할 때 소정방은 앞으로 나가기를 꺼려했다는 내용도 있어서 백제의 이러한 방법이 소정방의 마음을 약간이나마 움직였던 것 같기도 하다. 이때 나타난 소정방의 태도를 그의 소극적인 성격 탓으로 돌리는 견해도 있지만, 당나라의 대장군으로 임명되었다는 것 자체가 그가 보통 인물이 아니었음을 증명한다. 역시 그의 태도에는 음식을 보내 사과하며 잘못을 비는 의자왕과 백제에 대한 그의 인간적인 입장이 반영되어 있다고 보아야 맞지 않을까 싶다.

여하튼 위기에 처한 백제가 군사적인 방법만이 아니라 신라와 당나라 군대 사이에 자리를 잡고 있는 미묘한 차이를 이용해 당나라에 사과와 호소로 접근하는 등 직접·간접으로 다양한 방법을 동원했음을 알게 한다. 다만 상황을 되돌리기에 시간적으로 너무 늦었고, 김유신의 집요한 설득 노력도 작용해 소정방의 공격은 멈추지 않았다.

둘째, 당나라 군대의 기벌포 공격 문제이다. 당나라와 백제 군대가 처음 전투를 벌인 장소를 『삼국사기』에서는 기벌포(伎伐浦)라 부르고, 『구당서』나 『신당서』, 『자치통감』, 『책부원귀』 등 중국의 역사서에서는 웅진강구(熊津江口)로 표현하고 있다. 중국에서 말하는 웅진강구는 오늘날의 금강하구를 가리키므로 기벌포는 금강하구임이 분명하다.

백제의 대외관문 역할을 담당한 기벌포는 군사적으로도 중요한 요충지가 될 수 있는 곳이어서, 백제 멸망기에는 이곳에서 크고 작은 전쟁이 끊이지 않았다. 기벌포와 관계된 전쟁은 네 차례 있었는데, 소정방의 백제 침공, 부흥운동기 복신(福信)·도침(道琛)의 웅진강구 전투, 기벌포를 이동통로로 활용한 백촌강구 전투, 설인귀 부대의 신라에 대한 공격 등이 그것이다. 이들 전쟁 중 여기에서는 소정방의 백제 침공에 대해서만 살펴보겠다.

소정방 군대가 기벌포에 어떻게 상륙하였는지 보여주는 사료로는 『삼국사기』의 김유신전이나 『구당서』 및 『신당서』의 소정방전 등이 주목된다. 편의상 이들 사료의 내용을 종합하면 다음과 같은 결론이 나온다.

소정방이 기벌포에 도착하여 백제를 공격하기 시작하자, 백제군도 당군의 상륙을 저지하기 위해 상당한 노력을 기울였다. 그리하여 소정방은 백제군의 방어에 부딪혀 어려움을 겪다가 금강하구 동쪽 해안의 사람들 통행이 어려운 진흙 갯벌에 버드나무를 깔아가며 힘들게 상륙해서는 산으로 올라가 진지를 만들었다. 곧 상륙한 소정방 군대와 백제군 사이에 큰 싸움이 벌어졌는데, 그 틈을 타 바다를 뒤덮을 정도로 많은 당나라 전함들이 속속 도착하면서 백제는 패하여 수천 명이 전사하고 나머지는 흩어져 달아났다. 따라서 당나라 전함들은 밀려오는 조수(潮水)를 이용해 줄지어 금강을 거슬러 올라가고, 소정방은 연안에서 이들을 호위하며 부여(眞都城)를 향해 나아가니 백제는 다시 부여로부터 20~30리 정도 떨어진 지점에서 힘을 다해 저항하다가 만여 명이 죽거나 포로로 잡히자 나머지는 도망했으며 당군도 이들을 쫓아 성곽 안으로 들어갔다는 것이다.

관련 사료들의 기록이 자세하지 못하여 이상과 같은 내용 외에는 분명하게 말할만한 것이 별로 없다. 다만 소정방의 처음 상륙지점이나 진군방향 등 몇 가지 문제는 좀 더 추가 설명이 가능할 수도 있을 것 같다.

『구당서』 소정방전에는 그가 웅진강구의 "동안(東岸)"으로 올라 왔다고 되어있고, 『신당서』소정방전에는 "좌애(左涯)"로 기록되어 있다. 그렇다면 금강 하구의 방향과 지리적인 성격 등을 고려할 때 소정방의 상륙장소는 군산 쪽으로 보아야 한다. 서천지역에서의 백제군의 저항이 컸음을 느끼게 해준다. 동시에 당시 군산지역은 진흙 갯벌로 상륙이 쉽지 않은 미개발의 상태에 놓여있었고, 기벌포는 역시 서천(장항)을 중심으로 하여 발전했으리라는 짐작도 해볼 수 있다. 그리고 부여 남쪽에서 당군과 신라군이 합류하기로 약속한 사실을 떠올려 보면, 소정방 군대의 주된 진격로 역시 군산에서 강경을 거쳐 석성 쪽으로 이어지면서 신라군과 만나기 편한 노선이었을 것으로 보아야 자연스럽다.

그렇다면 당시 서천지역은 어떠했을까. 정확한 사정은 알기 어려우나 『신당서』소정방전의 기록, 즉 소정방이 보병과 기병을 거느리고 줄지어 금강을 거슬러 올라오는 당나라 전함들을 양 쪽에서 인솔했다(夾引)는 내용을 주목하고 싶다. 이로부터 서천방면의 금강연안 지역도 전선이 확대되면서 결국은 당군에게 장악되었음을 느낄 수가 있다. 그리고 소정방은 군산 쪽으로 상륙하여 진군한 것으로 보이지만, 다른 많은 당나라 군대들이 곧 서천 쪽으로도 상륙하여 그 지역을 장악한 뒤 금강을 사이에 끼고 부여를 향해 함께 진군하였으리라 여겨지기도 한다.

군산 쪽에 소정방의 상륙과 관련된 전설이 깃든 오성산이 있는 것이나 백제를 침공하는 과정에서 난관을 극복해나가던 소정방의 전략적 산물로 이해되는 천방사 유적과 전설이 금강하류에서는 서천과 군산 두 지역에 모두 나타나고 있는 것 또한 당시의 역사상황을 반영하지 않나 싶기도 하다. 백제군 수천 명이 전사했다는 기록에서 백제군의 기벌포에서의 희생이 컸음을 알 수 있는데, 소정방은 기벌포 전투에서의 승리로 기일에 맞추어 약속장소까지 갈 수 있었다.

셋째, 황산벌 전투에 동원된 백제와 신라 군대의 성격에 관한 문제이다. 황산벌 전투에 대해서는 지금까지 다양한 논의가 진행되어왔지만, 그래도 사실관계를 분명하게 밝혀놓지 못한 것이 많다. 예를 들면 계백장군의 처자식 살해 문제, 황산벌 전투에 동원된 백제 5천 결사대와 신라 5만 대군의 성격 문제, 계백장군이 설치했다는 3영(營)의 위치와 탄현 및 신라의 진군로 문제 등이 이에 해당한다. 이들 문제 중 여기에서는 백제 5천 결사대와 신라 5만 대군의 성격에 대해 검토해 보고자 한다.

계백의 5천 결사대와 신라 5만 대군의 성격에 대해서는 지금까지 백제가 신라와 1:10의 힘든 싸움을 한 것으로만 여겨왔다. 그러나 전쟁터의 모든 병사가 순수 전투병으로서 동원되는 것은 아니며, 전투원과 비전투원의 비율은 그 부대가 임하는 전쟁의 성격에 따라 달라진다.

계백장군이 5천 명의 결사대를 거느리고 황산벌에서 죽음으로 싸운 것은 분명하다. 백제문화제 때 부여에서 5천 결사대 충혼위령제를 지내는 것도 이러한 이유에서이다. 계백장군의 5천 결사대 구성원 대다수가 국가의 위기상황을 극복하기 위해 동원된 전투병이었을 것임은 거의 틀림이 없다고 본다. 그런데 『삼국사기』 태종무열왕본기에는 황산벌에서 계백은 죽었지만 좌평 충상(忠常)과 상영(常永) 등 20여 명을 포로로 잡았다는 내용이 있다. 계백장군보다 관등이 한 단계 높거나 같은 충상과 상영도 황산벌 싸움에 참여한 사실을 알게 한다. 당시의 상황이 긴박했던 만큼 이들이 계백장군을 감독하거나 격려하기 위해 개인적으로 오지는 않았으리라 여겨진다. 지위로 볼 때 역시 계백장군 정도의 병사를 이끌지 않았을까 싶은데, 그렇다면 황산벌에 동원된 백제군의 총수는 적어도 1만 명에서 1만5천 명 정도는 되었을지도 모른다. 다시 말해 황산벌 전투에 동원된 백제군은 우리가 생각하고 있던 것보다 훨씬 많았을 수도 있는 것이다.

그러나 『삼국사기』 태종무열왕본기, 계백전, 관창전 등에 나타나듯이 최전선에서 직접 전투에 참가해 신라와 격전을 벌인 것은 계백장군의 결사대 5천이었다고 판단된다. 나머지 충상과 상영의 부대는 후미에서 응원하다가 결사대가 무너지자 포로로 잡히거나 후퇴해 기벌포 쪽에서 쫓겨 온 백제군과 합류하고는 다시 능산리 고분군 근처의 나성에 방어선을 구축하고 싸움을 벌였다가 죽거나 사비도성 안으로 도망간 것 같다.

한편, 백제와 다른 상황에 처해 있었던 신라의 5만 군대는 그 성격도 백제군과는 달랐지 않을까 싶다. 『삼국사기』 의자왕본기에서는 신라군을 정병(精兵) 5만이라고 하여 모두 정예병처럼 느끼게 하지만, 오히려 5만 병사 중 상당수는 보급병이었으리라고 추측된다.

『삼국사기』 의자왕본기에는 신라의 요청으로 바다를 건너온 당나라 군대가 13만으로 나오고, 『자치통감』 당기(唐紀)에는 수륙(水陸) 10만으로 되어 있어서 3만의 차이가 나는데, 이 3만을 보급물자 수송 및 배를 이동시키기 위해 동원된 인력으로 보는 견해도 있다. 여하튼 바다로 인해 군수물자 조달이 어려운 13만 당군 보급품의 상당한 부분은 신라가 책임져야 했을 텐데, 13만이라는 수로 보아 부담이 적지 않았으리라고 여겨지지만 이 부분은 그 동안 주목받아오지 못했다.

『삼국사기』 김유신전에서 소정방이 고구려를 공격할 때의 모습을 보면 당시 신라군의 주요 임무는 군량미 수송으로 나타나고 있고, 이로 인해 신라는 많은 고생을 하였다. 또 백제부흥운동군 때문에 웅진성에 고립된 당군의 식량을 운반하느라 겪은 어려움도 상당히 컸다는 것을 문무왕 스스로가 「답설인귀서」에서 밝히고 있다. 이들 예로부터 한반도에 주둔한 당군의 군량미 조달이 신라에게는 중요한 임무 중 하나였고, 이 때문에 겪은 어려움도 컸다는 것을 알 수 있다. 당나라의 13만 군대가 백제공

격에 동원되었을 때도 마찬가지로 보급품 중 많은 부분을 신라에게 의지
하였을 것이고 신라의 부담은 그만큼 클 수밖에 없었으리라 생각한다. 이
러한 이유로 황산벌전투에 참여한 5만의 신라군은 보급부대로서의 성격
을 강하게 지녔을 수도 있다는 점을 지적하고 싶다.

　무열왕이 당군을 맞이하려고 5월 26일 경주를 출발해 6월 18일 남천
정(경기도 이천)에 도착하기까지 22일 걸린 것이나, 백제공격 시기를 정할 때
나·당 18만 군대의 막대한 물자소비량을 생각하면 속전속결해야 함에도
20일 정도 기간을 늦추어 7월 10일로 잡은 것은 역시 보급품 확보와 보
관 및 수송에 소요되는 시간문제가 작용한 때문으로 보아야 이해가 간다.
『삼국사기』 태종무열왕본기에 나오듯이 하루 늦었다 하여 소정방이 신라
의 독군 김문영을 참형이라는 중형에 처하려 했던 이유도 단순한 기세싸
움이나 기일을 어겼다는 문제가 아니라 군대에서 보급의 차질은 곧 군의
사기 및 전쟁의 결과와 직결되는 중대한 사건이기 때문으로 보아야 할 것
이다.

　결국, 신라의 5만 군대가 당나라 13만 대군을 위한 보급부대로서의 성
격을 강하게 지니고 있었다면, 보급담당 병력을 제외하고 전투병으로서
백제와의 싸움에 직접 참여한 인원은 생각보다 많지 않았을 수도 있다.
다시 말해 황산벌전투는 우리가 알고 있는 내용과 달리 백제에게 일방적
으로 불리한 싸움만은 아니었을 수도 있다는 것이다.

　계백장군이 처음에 4전 4승을 거둔 것이나 신라가 당나라와의 약속 장
소에 하루 늦게 도착하여 소정방에게 문책 당할 정도로 어렵게 승리를 쟁
취할 수밖에 없었던 것 역시 이러한 상황과 연결시켜 생각해 볼 수 있겠
다. 그렇다면 황산벌로 출정하기에 앞서 계백장군이 처자식을 살해했다
는 『삼국사기』 계백전의 기록 역시 그대로 받아들이기는 어렵지 않을까

판단된다.

넷째, 부여 나성에서의 백제군과 나·당 연합군과의 전쟁에 관한 문제이다.

우선 나·당 연합군의 상황부터 살펴보면, 7월 10일 신라군과 백제 남쪽에서 만나기로 한 소정방은 7월 9일 기벌포 상륙에 성공한 후 예정대로 약속장소에 도착했다. 이에 비해 황산벌에서 고전한 신라군은 하루 늦은 7월 11일 집결지에 올 수 있었다. 약속장소가 어디인지 분명치는 않으나 금강하구를 통해 들어오는 당군이 배를 정박시키고 신라군과 만나기 용이한 지점이 강경부근이기에 이곳에서 합류했다고 보아야 할 것 같다. 그런데 신라군이 당군 진영에 도착했을 때 소정방은 늦었다는 이유로 신라독군(新羅督軍) 김문영을 군문에서 참형에 처하려 했다가 김유신의 반발과 우장군(右將軍) 동보량(董寶亮)의 만류로 실행에 옮기지 않았다고 한다. 신라군이 약속날짜를 맞추지 못한 일로 나·당 연합군 내부에 갈등이 발생했던 사실을 보여준다.

그러다 결국 7월 12일에 나·당 연합군은 소부리 벌판으로 진격하고 있다. 약속을 지키지 못한 신라군에 대한 불만과 지속적으로 이어진 백제 쪽의 사죄행동에 영향을 받은 탓이라 여겨지기도 하는데, 소정방은 꺼리며 앞으로 나가려 하지 않다가 김유신의 설득에 의해 양군은 네 길(四道)로 나누어 쳐들어갔다고 『삼국사기』 태종무열왕본기에 나온다.

다음으로 백제의 경우, 사비시대는 한성시대나 웅진시대와 달리 수도 주변에 나성(羅城)을 쌓아서 한반도는 물론 동아시아 도성사(都城史)에서 독특한 지위를 차지한다. 구조는 부소산성에서 청산성으로 이어지는 북나성과 청산성에서 다시 능산리 고분군 뒷산을 지나 남쪽으로 이어지는 동나성으로 되어있다. 나머지 남쪽과 서쪽은 금강이 자연해자와 같은 방어

기능을 겸한 것으로 보인다. 『신증동국여지승람(新增東國輿地勝覽)』 부여현 고적조에는 성의 양 끝이 백마강에 이르고 형상이 반월(半月)과 같아 반월 성이라 이름하였다는 내용이 나오는데 나성의 모습과 일치한다. 기벌포 와 황산벌에서 패배한 백제군은 마지막으로 이 나성에 집결해 방어선을 구축한 것으로 나타난다. 구체적인 장소가 어디인지 분명치는 않으나 능 산리와 염창리 주변의 동나성 동문지 부근일 가능성이 크다. 금강을 거슬 러 올라온 당군이 배를 정박시키고 신라군과 합류하기에 적합한 지역이 강경부근이고, 따라서 당과 신라 양군은 집결 후 강경에서 석성 쪽으로 진격해 왔으리라 여겨진다. 당연히 백제군도 이 방향의 나성을 이용해 방 어진을 펼쳤을 것이다.

『구당서』 소정방전이나 『자치통감』 등을 보면, 소정방 군대가 20여 리 까지 진격해 와서는 국력을 총동원해 저항하는 백제군을 격파하고 곽(郭) 안으로 추격해 들어가자 의자왕과 태자 융은 북쪽으로 도망가고 소정방 은 성(城)을 포위했다는 기사가 있다. 『삼국사기』 의자왕본기에는 30리로 나와 차이가 있지만, 거리상의 내용보다 장소에 대한 기록을 주목해보아 야 할 것 같다. 곽은 외성, 즉 나성을 뜻하고 성은 내성, 곧 궁성을 의미한 다. 그러므로 백제는 나성을 최후의 보루로 삼아 국력을 다해 지키려다가 수많은 전사자를 냈고, 나성이 무너지자 궁성 앞까지 그대로 적에게 내 주게 되었다는 것이다. 어떻게 보면 당시 전쟁의 궁극적인 승패를 가름한 가장 중요한 전투는 이 나성 부근에서의 싸움이 아니었나 싶다. 이곳에서 의 백제군 사상자가 만여 명이었다는 내용은 과장이 아니라고 본다. 부여 나성의 전략적 중요성이 실제로 매우 컸다는 사실을 알 수 있다.

바로 이 나성 밖 능산리 고분군 서쪽의 절터에서 지금은 국보 제287호 로 지정된 백제금동대향로가 1993년 12월 12일 저녁에 출토되어 백제문화의 찬란함과 동시에 백제 몰락의 비애를 맛보게 해주었다. 다른 어느 곳에서도 찾아볼 수 없는 빼어난 아름다움을 간직한 향로에 이어 이 절터의 목탑지에서는 1995년 10월 22일에 "백제 창왕(昌王: 위덕왕) 13년(567)"이라는 명문이 적힌 석조사리감도 발견됨으로써 이곳이 백제 왕실의 사찰터라는 확신을 갖게 해주었다. 이 향로의 분명한 제작년대는 알기 어렵다. 다만 무령왕릉 동탁은잔의 문양과 구성이 닮은 점, 중국 남조 묘 화상전에 보이는 향로나 봉황의 그림이 이 향로와 비슷한 점 등을 감안하면 무령왕이나 성왕 때 만들어지지 않았을까 여겨지기는 한다. 문제는 남조 화상전 문양과의 유사성으로 인해 백제금동대향로를 중국제품으로 주장할 수도 있다는 것인데, 중국에 실물이 전해오지 않는 상태에서 창작이든 응용이든 백제작품일 가능성을 뒤집지는 못한다.

백제금동대향로는 의자왕 말기까지 왕실사찰에서 사용해온 중요한 기물이었음이 분명하다. 출토상황을 보면 기와조각더미 밑의 길이 135cm, 폭 90cm, 깊이 50cm의 수조웅덩이 속에 칠기(漆器) 함에 넣어져 매장된 것으로 밝혀졌다. 훗날을 기약하며 황급히 숨겨놓은 흔적이 역력하다. 따라서 이러한 긴박한 상황이라면 당연히 660년 7월 12일 백제군이 이곳 나성 주변에 최후의 방어선을 구축하고 나·당 연합군의 공격을 저지하려다 만여 명의 사상자를 냈던 때를 떠올릴 수밖에 없다.

그러므로 백제의 왕실사찰에서 오랫동안 사용되던 백제금동대향로는 660년 7월 12일 나성 일대가 점령당하기 직전 급히 땅속에 묻힌 것으로 판단된다. 그리고 1333년 만에 진흙 속에서 다시 형체를 드러낸 백제금동대향로는 그 모습이 여전히 찬란하기에 국가의 몰락 앞에서 의자왕과 백제인들이 느꼈을 절망감과 백제의 비극적인 역사를 잊어서는 안 된다고 우리에게 증언하고 있는 것 같다.

웅진성으로의 피난과 의자왕의 항복 결정

『삼국사기』에서 사비도성 방어전 당시의 기사 내용을 뽑아보면, 나·당 연합군이 사비성으로 진격해 오자 의자왕과 태자 효는 북쪽으로 피난을 갔으며, 성 안에는 의자왕의 둘째 아들 태(泰)와 태자의 아들 문사(文思), 왕자 융 등이 남아 저항하다가 태가 스스로 왕이라 자처하자 문사와 융 등은 이에 반발하여 당군(唐軍)에게 투항하였고, 그리하여 속수무책이 된 태도 결국은 항복했으며 의자왕과 효 또한 얼마 뒤 항복한 것으로 나와 있다. 그러나 『삼국사기』의 내용과 달리 『구당서』 소정방전에는, 의자왕과 태자 융이 북쪽으로 피난간 뒤 사비성에 남은 둘째 아들 태가 왕을 자처하자 이에 불만을 품은 적손(嫡孫) 문사는 좌우를 거느리고 투항했고, 그리하여 결국 태도 항복했다고 나와 있다. 『신당서』의 소정방전이나 백제전에도 같은 내용이 실려 있다. 『자치통감』도 『구당서』나 『신당서』와 같은 내용이지만, 문사의 경우는 적손이나 손자라는 표현보다 좀 더 직접적으로 융의 아들이라 기록해 놓고 있어서 주목된다.

같은 사건을 다루면서도 『삼국사기』와 중국 역사서의 기록 사이에 부여효와 부여융 및 문사를 둘러싸고 상당한 차이가 보인다. 특히 부여융에 대한 기록은 이해하기 어려울 정도로 완전히 다른 내용으로 나타나고 있다. 이러한 차이가 왜 발생했는지 정확한 이유를 알기는 어려우나 『삼국사기』와 중국의 역사서들 중 어느 한 쪽은 잘못된 것이 분명하다. 따라서 여기에서는 먼저 부여융과 관련된 문제 및 그가 참여한 사비도성 방어전의 실상은 어떠한 것이었는지 검토해 볼 필요가 있다. 지금까지 남아있는 사료들만 분석해보아도 부여융의 실체를 밝히는 데에는 큰 어려움이 없기 때문에 일단 이 문제를 분명히 해놓은 다음 의자왕의 피난과 항복문제에 대해 논의하기로 하겠다.

『삼국사기』 의자왕본기에서는 644년에 부여융이 태자로 책봉되었다는 사실과 함께 의자왕 정권이 무너진 660년에는 융이 아닌 효(孝)를 태자로 기록해 놓았다. 이에 비해 「대당평백제국비명」, 「유인원기공비」, 『구당서』, 『신당서』, 『자치통감』이나 『일본서기』 등 중국과 일본의 역사서와 역사기록 및 『삼국유사』에서는 660년 당시의 태자도 모두 융으로 기록해 놓고 있다. 이러한 사료상의 차이를 어떻게 받아들이는가에 따라 백제 말기의 "효태자설(孝太子說)"과 "융태자설(隆太子說)" 및 효는 의자왕의 첫 번째 왕자이고 융은 세 번째 왕자였다는 설과 융이 첫 번째 왕자였다는 설 등 백가쟁명식 주장이 출현하여 혼란을 부채질하고 있다. 문제의 근본은 사료의 취사선택 및 그 해석에 있다고 할 수 있는데, 해당 사료의 성격만 정확히 이해한다면 이 문제는 어렵지 않게 풀릴 것으로 본다.

우선, 위에서 소개한 역사서와 역사기록 중 『일본서기』를 제외한 나머지는 모두 정복자의 시각이 담겨있는 사료들이다. 그렇다면 『일본서기』는 다른 사료보다 객관성을 지닌 것으로 볼 수도 있다. 일본은 의자왕 시대에도 백제와 활발히 교류하였고, 백제부흥운동기에는 대규모의 지원군을 파견했는가 하면, 그 후에는 백제의 유민들이 일본으로 건너가 일본 정계에 진출한 자도 적지 않았다. 때문에 백제의 일에 대하여 많은 것을 알고 있었을 터인데, 알고 있는 사실을 왜곡시켜 기록해야 할 특별한 이유가 발견되지 않는 한 『일본서기』의 내용은 진실에 가깝다고 보아야 할 것이다. 『일본서기』의 제명천황 6년 7월조에 소개되어 있는 「이길련박덕서」는 의자왕이 660년 11월 1일 낙양 측천문루(則天門樓)로 끌려가 당 고종을 만나는 장면을 직접 목격한 일본사신 이길련박덕이 기록으로 남긴 것인데, 당시의 백제 태자를 부여융이라 분명하게 적어놓고 있다.

다음, 편찬시기 별로는 「대당평백제국비명」, 「유인원기공비」, 『일본서기』, 『구당서』, 『신당서』, 『자치통감』, 『삼국사기』, 『삼국유사』의 순서로 된다. 이중 「대당평백제국비명」과 「유인원기공비」는 백제가 정복당하던 7세기 중엽 백제의 말기적 상황을 직접 목격한 경험당사자들에 의해 쓰여 진 것으로서 역사가 승리자의 기록이라는 말을 그대로 보여주는 자료이다. 그러므로 이들 사료에 대한 접근은 신중할 필요가 있다.

다만 비명(碑銘)의 제작 목적이 자신들의 행위의 정당성과 공적을 내세워 인정받으려는 것이므로, 실제상황이 종료된 상태에서 왕이나 왕자들의 신분 및 서열과 같은 모든 사람이 다 알고 있는 기본적인 사실까지 감추거나 왜곡시켜 스스로의 신뢰성을 떨어트려야 할 이유는 없기 때문에, 이 부분에 대한 기록은 사실로 믿어도 좋으리라 본다. 『일본서기』는 이들 비명(碑銘)보다 60년 뒤에, 그리고 『구당서』와 『신당서』, 『자치통감』 등은 300년에서 400년 정도 뒤에 쓰여 졌는데 모두 같은 내용이다. 500년 정도 지나서 쓰인 『삼국사기』만이 유일하게 내용상의 차이를 보이고 있다. 게다가 『삼국사기』보다 130년 이상 더 지나서 나온 『삼국유사』가 기이 1, 태종 춘추공조에서 "융태자설"을 지지하며 "효태자설"의 잘못을 지적하고 있는 것은 『삼국사기』의 이 부분에 대한 기록을 믿기 어렵게 만든다.

따라서 부여융은 의자왕의 적장자(嫡長子)였으며 의자왕의 항복 직전까지 태자로 있었다고 보아야만 무리가 없다. 다시 말해 의자왕의 태자는 644년 처음 책봉될 때부터 백제가 망할 때까지 부여융이 시종일관 그 자리에 있었다는 결론에 이른다. 사비도성 방어전 당시 및 그 이전과 이후에도 부여융은 백제 태자로서 자신의 지위에 어울리는 여러 가지 활동을 하였던 것으로 여겨지지만, 『삼국사기』에서는 어떤 이유에서인지 이러한 내용이 제대로 반영되어 있지 않을 뿐만 아니라 많은 부분이 왜곡되어 나타나고 있다.

결국 『삼국사기』의 부여융과 부여효 관련기사는 신뢰도 면에서 중국 쪽 기록보다 많이 떨어지기 때문에 중국 사료들을 이용해 『삼국사기』의 내용을 바로잡을 수밖에 없는데, 그렇다면 피난을 간 것은 의자왕과 적장자이면서 태자인 부여융이었고 사비성에서는 의자왕의 둘째 아들 태와 손자인 문사 등이 항전하다가 태가 왕을 자처하면서 내분이 일어나 모두 항복했다고 보아야 하겠다. 그리고 문사는 『삼국사기』의 기록과 달리 태자 융의 아들이었음이 분명하다.

이상의 내용을 바탕으로 당시의 상황을 재정리하면, 나·당 연합군의 공세가 급박해지면서 태자 융은 나이가 많은 의자왕을 모시고 피난을 갔고, 대신 동생 태와 아들 문사에게 사비도성의 수비를 맡겼던 것 같다. 의자왕이 웅진성으로 피신한 것은 그가 무책임해서 사비도성을 빠져나와 도망했다기보다 백제가 방어 전략의 일환으로 선택한 행동이었음이 분명하다. 즉, 당시 46세였던 태자 부여융은 국가적인 위기 앞에서 우선적으로 보호되어야 할 대상인 나이 많은 의자왕을 모시고 위험지역을 벗어나 비교적 안전한 웅진성으로 일단 피신했으며, 사비도성의 방어는 젊은 나이의 동생 태와 아들 문사한테 맡긴 것으로 여겨진다. 그런데 태가 왕으로 자처하여 문사와 갈등이 커지면서 두 사람은 반목 속에 모두 항전의 의지를 잃고 소정방에게 항복한 것이다. 그리고 상황이 이렇게 예상 밖으로 변하자 희망을 잃게 된 의자왕과 부여융도 곧 항복을 선택하게 된 것이라 판단된다.

의자왕과 부여융의 항복이 자의(自意)가 아니라, 사태가 위급해지자 웅진방령(熊津方領) 예식(禰植)이 의자왕을 사로잡아 투항해온 것이라는 견해도 있다. 너무 쉽게 항복한 의자왕의 행위가 이해되지 않아서 이와 같은 해석이 나오지 않았나 싶다. 그러나 이는 뒤에 소개하겠지만 『구당서』나 『신당서』 소정방전, 또는 최근에 발견된 예씨(祢氏) 가족 묘지명(墓誌銘) 중 예인수(祢仁秀)와 예군(祢軍) 묘지명의 관련기록들을 잘못 해석한 것이다. 『삼국사기』 태종무열왕본기에는 의자왕이 태자 및 웅진방령군 등을 거느리고 스스로 항복했다는 보다 명확한 표현도 보이고 있다.

한편 『삼국사기』 태종무열왕본기에는 신라의 태자 김법민이 사비도성을 포기하고 항복해 온 부여융을 말 앞에 꿇어앉힌 채 얼굴에 침을 뱉는 등 모욕을 준 것으로 나오는데, 『삼국사기』 기록대로의 상황이라면 당시에는 오히려 백제왕을 자처했던 부여태를 꿇어앉혀야 이치에 맞지 않나 싶다. 그래서 『삼국사기』의 이 부분 기록 역시 자연스럽지 못하고 어색하다. 아마도 사비도성 함락 5일 만인 7월 18일 의자왕과 함께 부여융이 웅진성을 나와 항복할 때 신라 태자 김법민이 백제 태자 부여융을 협박한 사건을 잘못 옮겨 적은 것은 아닐까 여겨지기도 한다. 하여튼 8월 2일 치러진 백제의 항복식에서는 의자왕과 함께 부여융도 당하(堂下)에 앉아 치욕을 겪고 있어서 그가 백제 태자로서 의자왕과 함께 백제를 대표하는 인물이었음이 보다 직접적으로 나타난다.

그리고 9월 3일에는 의자왕 및 다른 왕족과 신하 93명, 백성 1만2천 명이 당나라로 붙잡혀 갔다고 『삼국사기』 태종무열왕본기에 나오는데, 의자왕본기에는 의자왕 및 태자 효와 왕자 태, 융, 연(演) 및 대신장사(大臣將士) 88명과 백성 1만2천8백7명을 데려 갔다고 되어 있고, 김유신 전에는 왕족과 관료 93인, 병졸 20,000인을 사로 잡아갔다고 하여 포로의 성격이나 인원수에서도 차이가 보인다.

그러면 끝으로 지금까지 살펴 본 나·당 연합군과 백제의 전쟁 및 의자왕의 항복이 지니는 역사적인 의미를 어떻게 받아들여야 할 것인가의 문제에 대해 생각해 보도록 하겠다.

사비성 함락 5일 만인 7월 18일에 의자왕은 웅진성을 나와 항복했다. 의자왕의 항복과 거의 동시에 시작된 백제부흥운동의 모습을 보면 백제는 여전히 저력이 남아 있었던 것으로 여겨지는데 의자왕은 왜 쉽게 항복했을까. 황산벌에서 죽음으로 항거한 계백장군과는 너무 대조적이다. 따라서 웅진방령 예식이 의자왕을 사로잡아 항복해 온 것이라는 해석도 나오게 된 것이지만, 『삼국사기』 태종무열왕본기에 보이듯이 의자왕은 자신이 직접 주변 인물들을 거느리고 항복해 온 것이 분명하다.

그렇다면 의자왕은 왜 이러한 모습을 보여주었나. 이에 대해서는 여러 가지 가능성을 생각해 볼 수 있을 것이다. 첫째 당과 의자왕 사이에 어떤 밀약이나 묵계가 있었을 수도 있고, 둘째 당과 백제 사이에 벌어진 전쟁의 성격에서 원인을 찾을 수도 있을 것이며, 셋째 당시의 상황이 의자왕으로 하여금 너무 큰 힘의 차이를 느끼게 하여 불가항력으로 모든 것을 포기하고 항복했을 수도 있다.

의자왕이 쉽게 항복한 이유에 대한 궁금증을 풀기 위해서는 이들 가능성을 좀 더 심층적으로 분석해보아야 하겠는데, 의자왕이 항복한 후에 중국으로 끌려간 것을 생각하면 첫째 가능성은 크지 않다고 보기 때문에 둘째와 셋째의 가능성에서 이유를 찾고 싶다.

나·당 연합군의 기습적인 대 공세 앞에서 "노왕(老王)"이라 표현될 정도로 나이를 먹은 의자왕이 불가항력적인 힘의 차이를 느꼈기 때문에 모든 것을 포기하고 자신의 패배를 인정한 채 항복했으리라는 것에는 의문의 여지가 없다. 이런 의미에서 셋째 가능성도 타당성을 지니고 있으며 이를 무시해 버릴 수는 없을 것이다. 다만, 용맹과 결단, 효제로 표현되는 의자왕의 성품 및 앞에서 살펴보았듯이 자주외교 노선으로 상징되는 그의 평소행동으로 볼 때 그가 곧바로 자포자기했다고 여겨지지는 않는다. 그러면서도 문제는 그가 계백장군처럼 죽음으로 항거하지 않고 왜 항복을 선택했는가에 있다. 배후에 무엇인가 중요한 이유가 있지 않았을까 여겨지는데, 그 이유를 찾기 위해서는 무엇보다도 먼저 당시에 벌어지고 있던 전쟁의 성격을 주목해 보아야 할 것 같다.

원한 감정과 영토소유권 문제가 직접적으로 개입되어 있는 백제와 신라의 싸움은 국가와 국가 간의 사활이 걸린 전쟁으로서의 성격이 강하였다고 볼 수 있다. 8월 2일에 치러진 나·당 연합군의 승전 축하연 및 백제의 항복식에서는 『삼국사기』 태종무열왕본기에 보이듯이 의자왕과 그 아들 부여융을 당하(堂下)에 앉히고, 의자왕으로 하여금 당상(堂上)의 신라왕과 소정방 및 여러 장수들에게 술을 부어 올리게 하여 백제의 좌평 등 군신들이 눈물을 흘리지 않은 자가 없었다고 할 정도로 의자왕은 수모를 겪었다. 그런데 이보다 앞서 있었던 일로서 신라의 김법민이 항복한 부여융을 말 앞에 꿇어앉힌 채 얼굴에 침을 뱉으며 꾸짖기를

전에 네 아비는 나의 누이동생을 참혹하게 죽여 옥중에 묻어 놓아 나로 하여금 20년 동안 마음을 아프게 하고 고민하게 했다. 오늘 네 목숨은 나의 손 안에 있다.

라고 하였으나 부여융은 땅에 엎드려 아무 말을 못하였었다는 내용도 보인다. 전후(戰後)에 신라의 백제에 대한 심각한 보복 분위기가 조성되어 있었음을 알게 한다. 따라서 이러한 분위기까지를 염두에 두고 본다면 의자왕이 당하고 있는 수모는 패자로서 의례적으로 치러야 할 절차 정도의 것

으로 나타나 수모의 강도가 의외로 많이 약해진 느낌이다. 신라와 당나라가 연합하여 백제를 상대로 군사를 동원했다고 하지만, 주변 민족에 대해 기미정책으로 일관한 당과 과거의 원한을 갖고 백제의 영토소유권을 빼앗는 것이 목적이었던 신라와는 전쟁에 임하는 자세가 다를 수밖에 없었다. 전후 의자왕에 대한 대우문제는 아마도 당의 영향력이 작용하여 이와 같은 결과로 나타나게 된 것이 아닐까 생각한다.

당과 백제의 싸움은 국가 간의 전쟁이라기보다 정권 장악을 둘러싼 정쟁(政爭), 즉 정권쟁탈전 성격이 강했던 것으로 나타난다. 의자왕의 정권을 둘러싸고 의자왕은 그 정권을 지키려 하고 당나라는 그것을 빼앗으려는 싸움이었지 당이 근본적으로 백제를 완전히 멸망시켜 그 존재 자체를 없애려던 것은 아니었으며, 따라서 조공과 책봉의 주종관계를 정상화시켜 백제에서의 완전한 영향력 확보가 당의 궁극적인 목적이었다고 판단된다. 후에 부여융을 웅진도독(熊津都督), 신라왕을 계림주대도독(鷄林州大都督)으로 삼아 두 나라를 명목상 평등한 관계로 위치지어 주면서 동시에 당나라의 주선으로 웅진 취리산에서 동맹의 맹세를 맺게 하여 백제의 영토를 보존시켜주고 있는 역사적인 사실을 통하여 볼 때, 당나라의 의도는 중국 중심의 동아시아 국제질서를 회복하려던 것이었음을 알 수가 있다.

당나라의 백제에 대한 공격도 결국은 동아시아질서의 파괴범인 의자왕 정권에 대한 공격이었지 백제 자체에 대한 공격으로는 보이지 않는다. 의자왕 또한 이러한 전쟁의 성격을 알고 있었기에 스스로 정쟁(政爭)에서의 패배를 인정하는 마음으로 쉽게 항복한 것이라 받아들여지기도 한다. 사비성 함락 5일 만인 7월 18일에 의장왕 스스로가 의외로 쉽게 항복하는 모습을 보여주게 된 이유는 바로 여기에 있다고 생각한다.

의외의 모습은 의자왕이 당나라로 끌려간 이후에도 나타난다. 당 고종은 포로가 된 의자왕이나 부여융 등을 중국으로 옮겨 거주하게 하는 사민(徙民)정책을 통해 백제지역에 대한 그들의 영향력을 끊어 놓았으면서도 중국 내부에서는 관직까지 하사하는 등 아량을 베푸는 모습을 보여주고 있다.

『삼국사기』 흑치상지전에 보면 소정방이 노왕(老王)을 가두고 군사를 사방으로 내어 크게 침략하므로 흑치상지가 임존산성(任存山城)에서 무리를 모아 항거했다는 내용도 있듯이, 의자왕은 항복하면서 곧 유폐된 것을 알 수 있다. 그리고 소정방은 8월 2일 위에서 소개한 것처럼 승전 축하연과 의자왕의 항복식을 가진 뒤 9월 3일 의자왕과 왕족 및 그 신하 93명과 백성 1만 2천여 명을 데리고 중국으로 돌아갔다. 그런데 『자치통감』에 의하면 11월 1일에 고종은 낙양의 측천문루에서 그들을 받아들인 뒤 의자왕 이하 모두를 풀어주었다고 한다. 『삼국사기』 의자왕본기에도 "소정방이 사로잡은 포로를 당 고종에게 드리니, 고종은 그들을 나무라고는 용서해 주었다."는 기사가 있고, 『일본서기』 제명 6년 7월조에 세주(細注)로 나오는 『이길련박덕서』에도 당 고종이 11월 1일에 의자왕 이하 태자 융 등 여러 왕자 13인과 대좌평 사택천복(沙宅千福)·국변성(國辨成) 이하 37인을 포함한 50여 인을 조당(朝堂)에서 만나본 뒤 은칙(恩勅)을 내려 모두 풀어주었다고 나와 있다. 이들 기록을 볼 때, 의자왕은 중국으로 끌려간 다음 노환(老患)과 피로 등이 겹쳐 비록 수일 뒤에 죽은 것으로 나타나고는 있지만, 낙양에서 어느 정도 자유로운 생활을 인정받게 되는 등 예상 밖의 대접을 받은 것은 분명한 사실로 받아들여진다.

이상과 같은 의자왕 스스로의 처신문제나 중국으로부터 받은 대우 등을 통해 보면 백제와 당나라 사이의 전쟁이 가지는 의미나 성격은 백제와 신라의 전쟁과는 분명히 달랐다고 보아야 한다. 즉, 의자왕이 중국에 순순히 항복하고 있는 모습과 백제가 전쟁 중 당군 진영에 사람을 보내 음식물을 바치고 사과하며 회군할 것을 계속 요청했던 사실, 그리고 뒤에 소개하겠지만 백제부흥운동에 뛰어들었던 흑치상지가 투항한 뒤 오히려 당에 가서 무인으로 활동하고 있는 내용 등은 백제에 대한 당나라의 공격이 국가의 사활을 결정하는 심각한 적대적 성격의 싸움은 아니었고, 따라서 당과 백제 양국 간에는 타협이나 조정의 여지도 자리를 잡고 있었을 가능성 역시 컸다는 것을 시사해준다.

다시 말해, 당나라의 백제에 대한 공격은 영토소유권 확보가 아니라 정권 교체를 통한 친당정권(親唐政權) 구축이 목적이었다. 그리하여 의자왕 역시 정권을 빼앗긴다 해도 자신의 나라인 백제 자체가 완전히 망하는 것은 아니라는 사실을 알고 있었기에, 정쟁의 패배자임을 인정하는 정치적인 입장에서 백제의 피해를 최소화시키겠다는 자기희생적 판단에 따라 신라의 행동을 견제할 수 있는 유일한 세력인 당나라에 스스로 나아가 항복했던 것이 아닐까 생각한다.

그러므로 당나라에 의한 백제정벌은 의자왕 정권의 몰락을 가져와 백제 멸망의 단서를 제공해 주기는 했지만 그것이 곧 백제의 멸망을 의미하는 것은 아니었고, 백제가 한반도 역사의 무대에서 완전히 사라진 것은 신라에 의해 웅진도독부가 해체되고 사비성에 소부리주(所夫里州)가 설치된 671~672년으로 볼 수도 있다는 사실을 지적해 놓고 싶다. 이러한 전제 위에서만이 사비성 함락 뒤 의자왕이 쉽게 항복을 선택했던 이유도 이해될 수 있지 않을까 여겨지는데, 백제인들에게는 나·당 연합군에 의한 의자왕 정권의 붕괴가 곧 백제의 멸망과 같은 위기상황으로 받아들여져 백제부흥운동을 전개한 것이라 사료된다.

의자왕과 예식, 그리고 흑치상지

역사 속에 담겨있는 인간의 활동내용이나 국가 또는 사회집단의 성격 등에 대한 연구 및 그 연구결과에 대한 평가는 역사가마다 여러 가지로 다르게 나타날 수 있다. 다만 그렇다고 해도 역사학연구방법론 상에서 반드시 지켜져야 할 원칙도 있다. 기본적이면서 바뀔 수 없는 분명한 사실관계까지 역사가 개인의 주관이나 필요에 따라 변형시키며 역사해석이나 평가가 이루어져서는 안 된다는 것이다. 이러한 의미에서 의자왕 및 백제말기의 시대상황에 대한 기존의 연구 가운데 최근 대세(大勢)로 굳어지는듯하면서도 받아들이기 어려운 기류 몇 가지가 감지되므로, 여기에서는 이 문제들의 실상을 알아보기로 하겠다.

첫째는 백제말기의 "효태자설", 둘째는 나·당 연합군의 사비도성 공격 당시 백제의 대응에 대한 평가, 셋째는 웅진성으로 피신했던 의자왕의 항복을 둘러싼 해석, 넷째는 당나라가 백제와 고구려를 공격한 이유로서 조공 및 책봉 관계의 정상화보다 신라까지를 포함한 우리나라 전체를 점령하여 중국영토로 삼으려는 숨은 야욕에 목적이 있었다고 보는 시각 등이 재검토를 필요로 하는 대표적인 문제들이라고 생각한다.

이중 첫째 문제인 백제 말기의 "효태자설"은 중국과 우리나라와 일본의 관련 사료들을 비교해 보면 인정하기 어렵다는 점 및 의자왕의 태자는 처음 책봉될 때부터 백제가 나·당 연합군에게 점령당할 때까지 시종일관 부여융으로 보아야 한다는 점을 이미 앞에서 거론한 바 있다. 금후 "효태자설"의 문제점이 바로잡힐 수 있기를 기대한다.

둘째 나·당 연합군의 사비도성 공격 당시 백제의 대응에 대한 문제인데, 군사적인 방법만이 아니라 음식과 사람을 보내며 사과와 호소를 하는 등 다양한 방법이 동원된 것에 대한 평가내용이다.

백제가 소정방에게 사과와 호소로 접근한 목적 속에는 당연히 국가적인 위기 앞에서 적군의 진격을 늦추고 황산벌과 기벌포에서 패배하고 물러난 백제군을 재정비하거나 의자왕이 웅진성으로 피신하는 등 필요한 시간을 벌기 위한 의도가 담겨있을 것이다. 다만 시각을 당나라가 아닌 신라로 돌려보면 백제가 신라군 진영에 음식이나 사람을 보내며 잘못을 빈다는 것은 생각조차 할 수 없는 일이다. 백제와 신라 사이에는 그만큼 적대적인 분위기 속에서 생사(生死)를 건 싸움이 벌어진 것이다. 그러나 당나라 소정방군대에 대해서는 백제가 이와 같은 행위를 분명히 하고 있기 때문에, 이 사실만으로도 백제는 당군을 신라군과는 다르게 받아들이고 있었음을 알 수 있다.

의자왕이 자주외교노선을 고집하지 않고 당 태종이나 고종의 권유에 따라 아버지 무왕처럼 신라에 대한 공격을 자제했다면 당나라 입장에서는 백제정벌군을 파견할 일이 없었을 것이다. 백제가 점령당하고 의자왕과 태자 융을 비롯한 많은 백제인들이 중국 낙양으로 끌려간 뒤 어느 정도 우대를 받으며 자유로운 생활을 허락받고 있듯이 당시 당나라는 의자왕이나 백제에 대해 신라와 같은 원한감정을 가지고 있지는 않았다. 또 정의와 평화를 강조하며 스스로 중국 중심의 세계질서를 이끌어나가는 조정자 역할을 자임하던 당나라가 번국(藩國), 즉 전통적으로 중국의 울타리 역할을 해온 국가들을 멸망시켜 없애야 할 이유나 필요성도 없었다. 오히려 당나라가 대외적으로 추구하던 기미정책은 주변 국가들과 조공 및 책봉이라는 전통적인 국제관계를 보다 더 강화하고 정상화시키려 노력한 것으로 나타난다. 그런데 의자왕은 이러한 당나라의 대외정책에 역행함으로써 소정방이 거느린 당나라 13만 대군의 공격을 받게 된 것이다.

결국 소정방 군대의 백제정벌은 백제 자체를 멸망시켜 없애버리려 했던 것이 아니라 국제적인 문제아로 지목받은 의자왕을 몰아내고 백제에 친당(親唐)정권을 구축하여 중국은 물론 신라와도 평화롭게 지내며 필요한 경우 서로 도움을 주고받을 수 있는 정상국가로서의 백제를 수립하려는 데 목적이 있었다고 보아야 하겠다. 그리고 중국에서 건너와 이러한 전쟁을 이끈 소정방 역시 개인적으로 의자왕과 어떤 은원(恩怨)관계에 얽혀있었을 리 없고, 백제라는 나라에 대해서도 신라인들처럼 나쁜 감정을 품고 있거나 백제의 영토 자체를 욕심낼 이유도 없었다. 전쟁을 성공적으로 수행하여 의자왕을 축출하고 친당정권이 들어설 수 있는 토대만 마련하면 소정방은 임무를 완수하게 되는 것이다.

그러므로 처음부터 전쟁에 임하는 소정방의 자세는 신라와 같을 수 없었다. 당나라 13만 대군의 보급물자까지 책임지면서 그만큼 전쟁의 부담이 컸을 신라는 당연히 속전속결(速戰速決)을 원했겠지만, 소정방은 신라군에 비해 상대적으로 여유로운 자세를 지녔을 수 있다. 백제가 이러한 소정방에게 음식과 사람을 보내며 사과와 호소로 접근한 것은 눈앞의 위기국면을 조금이라도 유리하게 해결하기 위한 백제인들의 노력이 그 안에 담겨있다고 보지 않을 수 없다. 소부리 벌판으로 진격할 때 소정방이 망설이며 전진하지 않자 김유신이 그를 달래어 두 나라 군사가 용감하게 네 길로 나아갔다는 『삼국사기』의 기록은 소정방의 처신이 신라군에 비해 여유롭고 신중했음을 알게 해주는 대목이지만, 그렇다고 하여 백제인들의 노력이 소정방에게 주었을지도 모를 심리적인 영향을 낭만적인 해석으로 치부하며 완전히 무시하는 것은 문제가 있다.

신라가 당나라와 손을 잡고 있는 한 백제의 사과와 호소로 전쟁이 끝날 가능성은 처음부터 거의 없었다. 그럼에도 백제가 이러한 방법까지 동원한 것은 백제가 미련해서라기보다 만에 하나의 가능성을 염두에 둔 선택이었다고 볼 수 있고, 의자왕이나 백제에게 개인적인 원한이 없는 소정방 또한 백제의 이런 절박하고 인간적인 정성 앞에서 마음이 조금이라도 흔들리지 않았다면 그것이 더 이상할 것이다. 사실 전쟁은 반드시 상대방의 성(城)과 영토를 점령하고 적군의 수장을 붙잡거나 죽여야 끝나는 것은 아니다. 싸우지 않고 소기의 목적을 달성할 수 있다면 장수로서는 그것이 최상의 승리일 수 있고, 이는 소정방도 마찬가지였을 것이다.『삼국사기』고구려 영양왕(嬰陽王)본기 25년 2월조에 보이듯이 614년 수나라 양제(煬帝)의 3차 고구려원정이 진행 중일 때 고구려 영양왕이 항복을 청하고 수나라에서 도망해온 병부시랑(兵部侍郞) 곡사정(斛斯政)을 돌려보내며 왕이 직접 조공하겠다는 약속을 하자 기뻐한 양제가 군대를 되돌려 회군한 선례(先例)가 있다.

　백제 역시 이러한 행운의 해결방법을 기대하며 소정방에게 접근하지 말라는 법은 없다. 따라서 백제는 되지도 않을 일에 매달린 것이 아니라 될 수도 있는 일인데 신라가 개입되어 있었기 때문에 통하지 않았다고 보아야 합리적일 것 같다. 단순히 시간을 벌기 위한 의도, 그것도 의자왕이 웅진성으로 피신할 여유를 확보해야할 필요 때문에 되지도 않을 이러한 일을 백제가 벌였다고 의미를 축소하는 것은 재고할 필요가 있다고 본다.

　셋째 웅진성으로 피신했던 의자왕의 항복을 둘러싼 해석문제이다.『삼국사기』신라본기에는 7월 13일 웅진성으로 피신했던 의자왕이 5일 뒤인 7월 18일 태자 및 웅진방령군 등을 거느리고(率) 웅진성에서 나와 항복했다고 나온다. 거느릴 솔(率)자를 써서 의자왕이 항복을 결정하고 웅진성에서 사람들을 거느리고 나온 주체로 기록되어 있다. 신라나 당나라 편에서서 의자왕에 대한 평가를 인색하게 하고 있는『삼국사기』가 왜 이러한 기록을 남겨 놓았는지 분명한 의도를 알기는 어렵다. 사실이기 때문에 그대로 적어놓은 것일 수도 있고, 아니면 황산벌에서 전사(戰死)한 계백장군처럼 죽음으로 항거하지 않고 살아서 쉽게 항복한 의자왕의 비겁함이나 무책임함을 강조하려고 태자를 부여융이 아니라 부여효로 탈바꿈시켜 놓은 것처럼 사실관계를 바꾸어 기록해 놓았을 수도 있다.

그러나 최근 여러 연구자들의 주장처럼 의자왕이 웅진성 내에서 반란을 일으킨 자신의 신하 웅진방령 예식(禰植)에게 포로로 잡혀 어쩔 수 없이 항복하게 되었다면, 의자왕의 권위추락과 지도력 부재(不在) 및 백제 조정 내에서 하극상(下剋上)의 혼란과 무질서까지를 보여주는 이 경우가 의자왕 개인의 비겁함이나 무책임으로 연결될 수도 있는 위의 경우보다 의자왕에게는 더 치욕적이고 백제말기의 상황을 더욱 부정적으로 보이게 만들기 때문에 『삼국사기』에서 이러한 내용을 소개하지 않았을 리 없다.

그런데 『삼국사기』는 물론이고 그 어떤 사료에서도 예식이 의자왕을 포로로 붙잡아 항복했다는 내용은 찾아볼 수 없다. 그럼에도 이미 오래 전에 제기된 이러한 주장은 지금도 견강부회(牽强附會)식으로 확대되는 이해하기 어려운 현상이 계속되고 있다. 이 문제는 의자왕의 평가에서 중요한 비중을 차지하기 때문에 왜 이러한 현상이 나타나게 되었는지 검토해 보도록 하겠다.

의자왕의 항복과 관련해서는 『삼국사기』 백제본기에 왕 및 태자 효(孝)와 여러 성(城)이 모두 항복했다고 간단히 소개하고 있고, 신라본기에는 7월 13일 웅진성으로 피신했던 의자왕이 7월 18일 태자 및 웅진방령군 등을 거느리고(率) 웅진성에서 나와 항복했다고 나온다. 이에 비해 『구당서』 소정방전에는 그 대장 예식(禰植)이 의자왕을 안내하여(將) 항복했으며 태자 융(隆)도 여러 성주(城主)들과 함께 모두 정성을 보냈다고 했고, 『신당서』

소정방전에는 그 장군 예식이 의자왕과 더불어 항복했으며 융 및 여러 성이 정성을 보냈다고 좀 더 간략히 기록해 놓고 있다. 최근 중국에서 백제 유민 예씨(祢氏) 가족의 묘지명이 발견되었는데, 그 가운데 「예인수묘지명(祢仁秀墓誌銘)」에서는 예식진(祢寔進)이 의자왕을 인도해(引) 항복했다는 사실을 밝히고 있어서 예식(禰植)과 예식진이 동일 인물임을 알게 해주고도 있다. 또 「예군묘지명(祢軍墓誌銘)」에는 당나라가 백제를 평정할 때의 내용으로 "지난 현경(顯慶) 5년(660) 관군(官軍)이 본번(本藩=백제)을 평정할 때에 임기응변으로 병장기와 검이 돌아갈 곳을 알았다(見機識變仗劍知歸)."는 기록도 보인다.

의자왕의 항복과 관련된 이들 기록을 크게 두 부류로 나누어 보면, 하나는 의자왕이 7월 18일 태자 및 웅진방령군 등을 거느리고(率) 웅진성에서 나와 항복했다는 『삼국사기』 신라본기의 기록이고, 다른 하나는 대장 예식 또는 예식진이 의자왕을 인도하여(將, 引) 항복했다는 『구당서』 소정방전이나 「예인수묘지명」의 기록이다.

이들 기록을 가지고 연구자들은 정반대의 두 가지 해석을 내놓고 있다. 하나는 의자왕 스스로가 백제의 앞날을 위해 항복을 결정했다는 것이다. 다시 말해 의자왕의 항복은 국가의 몰락이 아니라 의자왕 자신의 희생을 통해 불가항력적인 전쟁의 피해를 최소화시키거나 혹은 당군의 철수를 담보로 당과 새로운 관계개선을 도모한 것이라는 견해다. 또 하나는 사비도성이 함락되는 등 형세가 위급해지자 웅진성에서 내분이 일어나 예식이 의자왕을 포로로 사로잡아 항복했다는 주장이다. 하나의 사건을 상반된 시각으로 보고 있으니, 어느 한 쪽은 잘못된 것이 분명하다.

의자왕의 항복이 스스로의 선택이었는지, 아니면 예식의 포로가 되어 어쩔 수 없이 사비도성까지 끌려간 것인지, 이에 대한 답을 찾으려면 무엇보다도 먼저 의자왕이 항복할 당시의 시대상황에 대한 정확한 인식과 관련 사료들에 대한 치밀한 분석이 선행되어야 한다. 이러한 준비가 미흡한 상태에서 연구자의 의욕이 앞서면 자칫 섣부른 판단, 역사사실과 맞지 않는 주장으로 혼란만 부추기는 병폐를 낳을 수도 있다.

따라서 의자왕의 항복에 대한 연구자들의 견해 차이에 대해 좀 더 자세히 살펴볼 필요가 있다. 의자왕이 태자 및 웅진방령군 등을 거느리고 항복했다는 『삼국사기』 신라본기의 기록을 보면, 거느릴 솔(率)자를 써서 의자왕 스스로가 사람들을 거느리고 항복했다고 나온다. 이에 비해 웅진성에서 내분이 일어났고 예식이 의자왕을 포로로 잡아서 사비도성으로 끌고 갔다는 내용은 어떤 사료에서도 확인이 되지 않는다. 역사가가 사료에 있는 내용을 무시하고 사료에 없는 주장을 하려면 그만큼 충분한 근거 제시와 가능성을 보여주는 설명으로 사람들을 설득할 수 있어야 한다. 그렇지 못하면 또 다른 역사왜곡만 불러일으킬 수 있는데, 의자왕의 항복을 둘러싸고도 이러한 위험성이 감지된다.

사실 웅진성에서 반란이 발생했다거나 예식이 의자왕을 포로로 잡아서 항복했다는 해석을 뒷받침해줄 사료는 없을 뿐만 아니라, 이러한 해석과 의자왕 항복 이후의 상황을 소개하고 있는 각종 사료의 내용들과는 조화를 이루기보다 서로 충돌하고 모순을 일으키는 부자연스러움이 강하게 나타난다. 또 이 해석을 따르면 예식 혹은 예식진이라는 한 인간은 국가적인 위기상황 앞에서 자신의 왕을 포로로 잡아 적에게 넘겨준 반역자로 낙인찍히는 결과까지 가져온다. 잘못하면 사실과 다른 억울한 누명을 씌울 수도 있는 것이다.

더 나아가 당나라는 그러한 반역자와 그의 가족들만이 아니라 그 반역자에게 포로로 잡혀온 문제의 원흉 의자왕과 태자 융을 비롯한 왕족 및 관료들까지 모두 용서하고 우대하며 함께 살도록 해주었다는 납득하기 어려운 결론에 다다른다. 그래서 당시 동아시아 국제질서의 조정자로 자임하며 정의와 명분을 내세우던 당나라 황제의 위상까지 이상하게 만드는 결과를 초래하기도 한다.

이렇게 곳곳에서 많은 문제점에 봉착할 수 있는 해석이 나오게 된 배경은 생각 밖으로 단순하다. 음식과 사람을 보내 사과와 호소로 접근하는 방법이 통하지 않았듯이 소정방은 조건부 항복을 받아줄 리가 없고, 이를 잘 아는 의자왕도 스스로 항복할 리가 없으므로 위기극복을 위해 예식이 의자왕을 포로로 사로잡아 항복했다는 것이다. 그리고 이 해석의 근거로 대장 예식이 의자왕을 거느리고(將) 항복했다는 『구당서』 소정방전이나 예식진이 의자왕을 이끌고(引) 항복했다는 「예인수묘지명」 및 병장기와 검이 돌아갈 곳을 알았다는 「예군묘지명」 등의 내용을 지적한다.

그렇지만 거느릴 장(將)이나 이끌 인(引)은 포로로 잡아서 끌고 갔다기보다 앞에서 인솔해 갔다는 의미로 받아들여야 더 자연스러운 글자들이고, 「예군묘지명」도 당나라에 항복한 사실을 다르게 표현한 것일 뿐이다. 다시 말해 항복을 결정하고 사비도성으로 향하는 의자왕의 대열에 참여했을 뿐만 아니라 그 대열의 가장 앞에 서서 의자왕을 호위하고 안내하며 항복이 성사될 수 있도록 예식이 중요한 역할을 했다는 내용으로 보아야 더 합리적이라는 것이다.

그렇다면 의자왕이 스스로 항복했다는 해석의 경우는 어떨까? 『삼국사기』 신라본기에 보이는 거느릴 솔(率)은 물론이고 다른 관련 사료들 모두 의자왕의 항복을 본인의 선택으로 해석해야 이해가 되는 내용들로 채워져 있다. 의자왕의 항복 기사들을 좀 더 자세히 살펴보면, 『삼국사기』의 백제본기와 신라본기에서는 의자왕, 태자, 여러 성, 웅진방령군 등이 항복했다는 사실을 간단히 소개한 것에 비해 『구당서』와 『신당서』의 소정방 전에서는 대장 예식이 의자왕과 더불어 항복했다는 내용에 이어서 태자 융도 여러 성주들과 함께 항복했다거나 융 및 여러 성이 항복했다고 나온 다. 기록의 순서로 보면 의자왕이 항복하자 태자와 여러 성들이 그 뒤를 따라 항복했다는 것으로도 해석할 수 있지만, 선후관계가 분명하게 드러 나 있지 않은 나열식 기록이기 때문에 단정하기는 어렵다. 그래도 의자왕 과 함께 또는 의자왕의 뒤를 이어서 태자인 부여융과 백제의 많은 성주들 이 항복했다는 사실은 의심의 여지가 없다.

그리고 의자왕의 항복과 관련하여 예식 못지않게 또 한명의 주목되는 인물로 흑치상지도 빼놓을 수 없다. 흑치상지는 당나라에 두 번 항복했 다. 한 번은 사비도성이 함락당하고 5일 뒤 의자왕의 항복 대열에 스스로 동참했다가 당나라 군대의 만행을 목격하고는 도망하여 백제부흥운동을 일으켰고, 또 한 번은 부여풍 중심의 백제부흥운동군을 지원하려고 일본 에서 건너온 왜군의 함대가 백촌강구 전투에서 당나라에게 대패당하고 주류성이 함락된 뒤 당 고종의 회유에 응해 항복하고는 임존성에서 동료 였던 지수신 군대를 공격해 격파했다.

이 두 번의 항복 중에서 두 번째 항복과 임존성 지수신 군대를 격파시 킨 일로 인해 흑치상지는 역사적으로 많은 지탄을 받아왔다. 그렇지만 이 는 웅진도독부 문제와 결부시켜 새롭게 검토해볼 여지도 있기 때문에 뒤 에서 좀 더 다루어보기로 하고 여기에서는 첫 번째 항복에 대해서만 살펴 보겠다.

『구당서』와 『신당서』의 흑치상지전에는 소정방이 백제를 평정하자 흑 치상지가 부하들을 거느리고 항복했다가 소정방이 늙은 왕을 가두고 병 사들이 마음대로 약탈하게 놓아두자 두려워하여 좌우의 추장 10여 명과 함께 본부(本部=任存山)로 도망가서는 스스로를 지키며 저항했다는 내용이 들어있다. 이 부분을 다루는 『자치통감』의 기록에서는 흑치상지가 부하들을 거느리고 무리(衆)를 따라 항복했다고 나온다. 무리를 따라 항복했다는 『자치통감』의 기록을 볼 때, 흑치상지는 자신의 결정에 의해 의자왕과 상관없이 항복한 것이 아니라 의자왕을 비롯한 많은 사람들의 항복대열에 참여했다가 당나라 군대의 만행을 목격하고는 태도를 바꾸어 백제부흥운동에 뛰어들었음을 알 수 있다. 그리고 『구당서』와 『신당서』의 소정방전에는 이때 태자 융이 여러 성주들과 함께 항복했다고 나오고 있어서, 흑치상지도 항복과정에서 태자 융과 연결되어 있었다고 보아야 할 것 같다.

예식이 의자왕을 포로로 잡아가서 항복했다면 과연 태자 융과 여러 성주들, 그리고 흑치상지가 이 항복대열에 동참했을까? 처음에 항복했다가 소정방이 의자왕을 핍박하는 모습을 보고 다시 도망하여 소정방 군대와 싸운 인물이 흑치상지다. 태자 융과 흑치상지를 비롯한 여러 성주들이 의자왕과 함께 항복했다는 것 자체가 의자왕의 항복이 스스로의 결단이었고, 많은 사람들이 그 결단에 따랐다는 방증이라고 보아야 자연스럽다.

동시에 8월 2일 거행된 항복식에서 의자왕과 그 아들 융을 당하(堂下)에 앉히고 의자왕으로 하여금 당상(堂上)의 소정방과 신라 무열왕 및 여러 장수들에게 술을 부어올리게 하니, 백제의 좌평(佐平) 등 많은 신하들이 울며 눈물을 흘리지 않는 사람이 없었다는 『삼국사기』 신라 태종무열왕본기의 내용도 눈길을 끈다. 만일 의자왕이 7월 18일부터 예식의 포로 신세가 되어 사비성까지 끌려가는 비참한 모습을 보여주었다면, 그때에 분개하지 않고 오랜 시간이 경과한 8월 2일 새삼스럽게 당하에서 수모를 당하는 의자왕을 보며 눈물을 흘리지 않는 사람들이 없었다고 하는 상황묘사는 어울리지 않는다. 역시 7월 18일 스스로 항복을 결정하고 사비성으로 온 뒤 8월 2일 의자왕이 당하에서 치욕을 겪는 상황이 펼쳐지자 많은 신하들도 비로소 백제의 비참해진 현실을 눈앞에서 실감하며 눈물을 흘리게 되었다고 보아야만 이해가 가는 대목이다.

넷째 당나라가 신라까지를 포함한 우리나라 전체를 중국영토로 만들려는 야욕을 품고 백제와 고구려를 공격하여 점령했다는 시각인데, 당시의 전쟁 성격을 제대로 파악하지 못한 편견이라고 볼 수밖에 없는 이런 주장이 당나라의 대외정책에 대한 어떠한 이해를 바탕으로 나오게 되었는지 의아하다. 물론 『삼국사기』 김유신(金庾信)전에는 소정방이 백제를 점령한 뒤 그 땅을 김유신, 김인문(金仁問), 김양도(金良圖) 등 3인에게 식읍(食邑)으로 나누어주려 했다든지, 백제를 멸망시키고 나서 당인(唐人)들이 신라를 침략하려고 음모(陰謀)를 꾸몄다든지, 소정방이 당나라로 돌아가서 포로를 바치자 당 고종이 그를 위로하며 "어찌하여 이어서 신라를 정벌하지 아니 하였는가(何不因而伐新羅)."라고 물었다는 내용 등이 눈에 띄기는 하지만, 이러한 근거 없는 김유신전의 내용들을 액면 그대로 받아들여 역사사실화 하는 것은 곤란하다. 『구당서』와 『신당서』의 백제(国)전에서 백제부흥운동을 일으킨 복신과 도침이 유인궤에게 사신을 보내 전달했다는 말이나 신라 문무왕이 쓴 「답설인귀서(答薛仁貴書)」에서 당 태종이 김춘추에게 했다는 말을 보면, 당나라가 백제의 영토와 고구려 남쪽 땅을 신라에게 주기로 약속했다는 정반대의 내용도 나오는데, 이러한 일방적인 구두상(口頭上)의 발언이나 주장 역시 받아들이기는 어렵다.

당나라가 백제를 점령한 목적은 취리산의 맹약문 내용에 잘 나타나 있다. 당과 외교관계를 단절하고 독자적인 정치노선을 고집해 중국 입장에서는 국제적인 문제아로 떠오른 의자왕을 몰아내고 백제에 친당(親唐) 정권을 수립해 중국 중심의 국제질서를 바로 세우려는 것이 당나라가 백제를 점령한 근본적인 이유였음을 취리산 맹약문은 잘 보여준다. 전(前) 백제태자 부여융을 웅진도독으로 삼아 그 제사(宗廟)를 지키고 영토(桑梓)를 보존하며 신라와는 화친하고 황제의 명령(詔命)을 받들면서 영원히 중국을 섬기는 나라(藩服)가 되도록 한다고 밝힌 내용이 그것이다.

따라서 이러한 사실을 의자왕도 잘 알고 있었기 때문에 위급한 백제를 구하려는 자기희생적 차원에서 왕의 자리까지를 포함한 모든 미련을 버리고 스스로 항복을 선택했다고 받아들여도 큰 무리가 없다. 물론 항복에 앞서 웅진성에서는 의자왕 중심의 어전회의가 열렸을 것이고, 그 회의에서 다양한 논의가 이루어졌을 것이다. 예식은 이 어전회의에서 의자왕이 항복을 결정하고 그것을 실행에 옮길 때 의자왕을 보좌하며 소정방 군대가 있는 사비도성까지 왕을 안전하게 호송하는 중요한 역할을 했고, 그로 인해 『구당서』 소정방전이나 「예인수묘지명」에 그 내용이 소개되었다고 해석하는 것이 다른 어떤 해석보다 설득력을 가질 수 있다고 본다.

마지막으로 의자왕의 항복을 자기희생적 판단으로 보는 시각에 대한 반대의견, 즉 "자기희생적 판단"이란 표현 자체를 단순히 의자왕을 미화시키려는 의도에서 나온 사실성이 결여된 것으로 치부하는 의견에 대해 간단히 언급해 놓고 싶다. 이미 의자왕이 스스로 항복을 선택했다는 사실만으로 이 반대의견의 문제점은 드러난 셈이지만, 과연 의자왕의 항복을 자기희생적이라고 표현할 수 있는가의 타당성 여부는 조금 더 설명이 필요하다.

전쟁이 발발하여 사회분위기가 비정상적인 상황으로 바뀌면 승자(勝者)의 처분을 따를 수밖에 없는 패자(敗者) 입장에서는 그 전쟁의 폐해가 어떻게 나타날지 누구도 예측할 수 없다. 모든 전쟁의 결과가 패배자에게는 참혹하게 나타나겠지만, 그 정도는 여러 가지 변수에 따라 달라질 수 있다. 그중에서도 특히 군대나 백성들을 이끄는 지도자의 태도 여하가 중요한 영향을 준다고 보는데, 나·당 연합군의 공세로 막바지에 몰려 승리할 가능성이 거의 없게 된 의자왕은 두 가지 방법 중 하나를 선택할 수밖에 없었을 것이다.

하나는 죽을 때까지 항거하다가 계백장군처럼 전사하거나 전쟁포로로 붙잡히는 것인데, 이 경우 의자왕 본인의 명예는 그런대로 지킬 수 있겠으나 전쟁으로 인한 피해와 백성들의 고통은 그만큼 더 커질 수밖에 없다. 또 하나는 의자왕 스스로 항복을 결단함으로써 전쟁을 일찍 종식시키는 것인데, 이 경우 의자왕 본인은 불명예스럽고 많은 고초를 겪겠지만 전쟁의 피해와 백성들의 고통은 상대적으로 많이 감소될 수 있다.

중국의 사례이지만 명(明)나라가 망하고 남명(南明)정권 수립 후 명나라 부흥운동이 전개될 당시 청나라가 남명정권 휘하의 양주성(揚州城)을 점령할 때의 모습을 소개하고 있는 왕수초(王秀楚)의 「양주십일기(揚州十日記)」를 보면, 전쟁 상황 속에서 지도자의 선택이 일반백성들에게 어떠한 영향과 결과를 미치게 되는지 잘 보여준다. 양주성을 지키던 독진(督鎭) 사가법(史可法)은 의자왕대의 백제처럼 사실상 승산이 없는 싸움이었지만 청나라의 항복권유를 물리치고 결사방어(決死防禦) 태세로 끝까지 항전하다가 양주성이 점령당했는데, 이후의 상황을 보면 10일 동안 양주성은 철저한 약탈과 인구 100만 명 중 80만 명 이상이 살해된 것으로 추정될 만큼 끔찍한 참상에 휩싸였다. 청나라 조정 또한 자신들에게 끝까지 항거한 것에 대한 본보기 차원에서 이러한 상황을 의도적으로 조장 및 방치했던 것으로 보인다.

만일 의자왕이 사비도성까지 함락당한 상태에서 항복을 결정하지 않고 끝까지 결사항전을 고집했다면, 백제 인들도 양주성처럼 훨씬 더 심각한 전쟁피해를 입게 되었을 뿐만 아니라 백제라는 나라 자체가 여기에서 완전히 멸망하여 앞날을 도모하기 어려운 처지가 되었을 수도 있다. 따라서 의자왕의 항복을 백성들과 백제의 미래를 위한 자기희생적 판단으로 평가하는 것은 충분히 역사사실에 부합된다고 생각한다. 그리고 의자왕과 항복에 참여한 많은 백제 인들이 중국으로 끌려가기는 했지만 중국에서는 이들이 감옥에 갇히거나 유배형(流配刑)과 같은 처벌을 받지 않고 당고종의 용서와 함께 예상외의 대접을 받으며 지낸 것으로 나타나는데, 이 또한 굴욕을 감수하며 스스로 항복을 선택하는 자기희생적 처신을 한 의자왕의 모습이 당 고종의 마음을 움직였고, 그리하여 이후 의자왕의 태자인 부여융 역시 당 고종의 신임을 얻으며 백제를 부흥시키기 위한 나름대로의 노력을 할 수 있게 되었다고 여겨진다.

의자왕의 태자 부여융과 그 형제들

의자왕의 태자는 처음 책봉될 때부터 백제가 나·당 연합군에게 점령당할 때까지 시종일관 부여융이었다는 사실을 앞에서 밝힌 바 있는데, 의자왕이 항복하고 중국으로 끌려간 이후 그 자식들, 즉 태자인 부여융과 그 형제들은 어떠한 활동모습을 보여주고 있는지 살펴보도록 하겠다. 역사기록에 나타나는 부여융을 비롯한 의자왕 후손들은 이름부터 서로의 관계에 이르기까지 여러 가지 미스터리를 지니고 있다. 이미 많은 연구자들이 이러한 문제를 다루었지만, 그 실체는 쉽게 밝혀질 수 있는 것이 아니기에 여기에서도 가능성 차원에서 이들 문제에 접근해보려고 한다.

일단 의자왕의 태자와 관련된 문제부터 정리해보고 싶다. 태자는 시종일관 부여융이었고『삼국사기』의 부여효 기록은 잘못되었다고 이미 지적했는데, 이외에도 의자왕의 태자와 관련된 이름으로『책부원귀』외신부 조공 제3에는 의자왕이 태자 부여강신(扶餘康信)을 당 태종에게 파견한 것으로 나오며,『통전(通典)』백제조에는 웅진도독부가 몰락하여 백제의 땅이 완전히 신라 영토가 되자 그 임금(主) 부여숭은 옛 나라로 돌아가지 못했다는 것, 그리고『당회요(唐會要)』백제조에는 소정방이 태자 숭(崇=扶餘崇)을 포로로 잡아갔다고 나온다. 또『일본서기』황극 2년(643) 11월조에는 백제의 태자 여풍(餘豐=扶餘豐)이 벌통 4개를 삼륜산(三輪山)에 놓아길렀으나 끝내 번식하지 않았다는 내용도 보인다.

644년 5월 부여융이 태자로 책봉되기 이전인 643년 11월『일본서기』에 백제의 태자로 소개되고 있는 부여풍은 부여융과 다른 인물이 분명하므로 뒤에서 따로 다루기로 하고, 나머지 645년 정월에 당 태종을 만난 부여강신 및 660년 9월 소정방에게 끌려갔다거나 웅진도독부시기 임금 (主)으로 나오는 부여숭은 부여융과 동일 인물로 볼 수밖에 없다. 특히 부여숭은『통전』과『당회요』외에『태평환우기(太平寰宇記)』동이(東夷)1 백제국이나『흠정만주원류고(欽定滿洲源流考)』부족(部族)3 백제조에도 그 이름이 보이는데, 당나라 제6대 황제인 현종(玄宗)의 이름이 융기(隆基)였으므로 현종대 이후, 즉 제9대 황제 덕종(德宗) 때인 801년에 완성되어 조정에 헌상된『통전』은 피휘법(避諱法) 차원에서 당연히 황제의 이름에 들어가는 "융" 자를 피하기 위해 부여융의 경우도 "융" 대신 "숭"으로 바꾸어 기록했고,『당회요』처럼 후대인들 또한 이 기록을 그대로 이어받다보니 부여융이 부여숭이란 이름으로도 나타나게 되었다고 보아야하겠다.

부여융이 태자로 임명된 644년 5월 이후의 일로『문관사림(文館詞林)』에는 644년 12월경에 파견된 것으로 나오고, 『책부원귀』에는 645년 정월당 태종을 만난 것으로 나오는 부여강신 역시 후대인의 필사(筆寫)과정에서 피휘법이 적용되어 부여용을 부여강신으로 바꾸었을 가능성도 생각해볼 수 있다. 아니면 부여풍이나 부여용처럼 일본에서 활동한 부여용의 형제들이 다양한 이름으로 나타나고 있듯이 부여강신 역시 부여용의 또 다른 이름이었을 가능성도 있고, 그것도 아니면 앞에서 이미 지적했듯이 당시 의자왕의 신라에 대한 강경책으로 인해 백제와 당나라 사이에 형성되어 있던 불편한 국제관계가 부여용으로 하여금 본명 대신 부여강신이란 다른 이름을 당나라에서 사용하게 만든 것이 아닐까 추론해 볼 수도 있다. 여하튼 부여강신이나 부여숭이 부여용을 가리키는 또 다른 이름으로 사용된 것만은 분명한 사실로 보아도 좋겠다.

그러면 이제 백제 태자인 부여용의 형제들에 관한 문제를 본격적으로 다루어보겠다. 역사기록에 이름까지 등장하는 부여용의 형제들로는 풍(豐), 교기(翹岐), 규해(糺解), 효(孝), 태(泰), 연(演), 선광(禪廣), 새성(塞城), 새상(塞上), 용(勇), 궁(躬) 등이 보인다.

이중 일본에서 활동한 인물들은 조금 뒤로 미루고 의자왕과 함께 중국으로 끌려간 경우부터 살펴보면, 『삼국사기』 의자왕본기에는 태자 효, 왕자 태, 융, 연의 순서로 4명, 김인문전에는 태자 효, 왕자 태의 순서로 2명, 「대당평백제국비명」에는 태자 융, 외왕(外王) 여효(餘孝)로부터 13인(人)이라 하여 융까지를 합하면 전체 14명, 『구당서』나 『신당서』의 백제(國)전에는 태자 융, 소왕(小王) 효, 연 등 3명, 소정방전에는 융, 태의 순서로 2명, 『책부원귀』 자부(子部)의 장수부(將帥部)에는 태자 융, 소왕 효, 연, 손(孫) 문사라고 하여 의자왕의 손자이자 부여용의 아들인 문사의 이름까지 보인다. 또 『일본서기』 제명천황 6년(660) 7월조에 소개되어 있는 「이길련박덕서」에는 태자 융 등 여러 왕자 13인, 즉 융까지를 포함해 13인으로 나타나고 있어서 「대당평백제국비명」의 14명과 1명의 차이가 보인다. 나·당 연합 군이 사비도성 앞까지 진격해왔을 때 좌평 6명과 함께 소정방에게 사죄 했다고 『삼국사기』 태종무열왕본기에 나오는 의자왕의 서자 궁의 이름은 다른 곳에서는 더 이상 보이지 않는다.

이들 내용을 정리하면 『삼국사기』를 제외한 중국이나 일본의 사료에서 하나같이 부여융을 태자로 소개하고 있듯이 중국으로 끌려간 13명 또는 14명에 달하는 의자왕 왕자들의 왕실서열은 역시 태자인 부여융이 가장 높았다고 보아야 하겠다. 이외에 효는 외왕 또는 소왕으로 나타난다. 연 의 경우도 소왕이란 칭호 다음에 효와 구분 없이 나란히 소개되어 있어서 연 역시 소왕의 지위를 지니고 있었다고 보아야 할 것 같다. 태자와 소왕 과 손자라는 칭호의 구별을 두면서 소왕의 자리에 효와 연을 위치시켜 놓 고 있는 『책부원귀』의 기록은 두 사람이 모두 소왕이었다는 사실을 보다 직접적으로 보여준다. 동시에 중국의 황제가 태자 외의 아들들을 번왕(藩 王)으로 임명했듯이 의자왕도 적장자로서 태자인 부여융 외에 다른 아들 들은 외왕이나 소왕으로 삼은 것 같은데, 기록상의 순서에서도 나타나듯 이 그 지위는 태자보다 낮았다고 보아야 하겠다.

의자왕의 차자(次子)로서 마지막까지 사비성을 방어하다가 스스로 왕이 라 자처하여 문사의 불만을 사게 되었다는 태의 경우도 그가 의자왕의 둘 째 아들이라면 효나 연과 마찬가지로 소왕의 지위를 지니고 있었을 것으 로 여겨진다. 그런데 『삼국사기』와 『구당서』나 『신당서』의 소정방전을 제 외한 다른 역사기록에서는 그의 이름이 포로로 된 다른 왕자들의 이름과 함께 거론되고 있지 않다. 아마도 그가 의자왕과 부여융을 무시하고 스 스로 왕이라 자처했던 것이 원인이 되어 당나라나 의자왕, 부여융 등으로부터 소외당함으로써 이러한 현상이 나타나게 되지 않았을까 여겨지기도 한다.

또 하나 「대당평백제국비명」과 『일본서기』에 나오는 「이길련박덕서」의 기록을 비교해 보면, 포로로 나오는 전체 인원수에서 상당한 차이가 있고 부여융을 포함한 형제들의 수에서도 1명의 차이가 난다는 사실도 짚고 넘어가야 한다.

이러한 차이는 기록자들이 지니고 있는 정보의 차이에서 비롯된 것일 수도 있지만, 이보다는 각 기록자가 다루고 있는 상황 자체가 다르기 때문에 나타나게 된 차이로 받아들여야 훨씬 자연스럽다. 즉, 의자왕 및 태자 융 그리고 외왕 부여효를 비롯한 13명이 대수령 대좌평 사타천복(沙吒千福), 국변성(國辯成) 이하 7백여 명과 함께 끌려간 것으로 나오는 「대당평백제국비명」의 기록은 포로로 잡혀간 왕과 왕자 및 관료와 그 가족들의 전체 인원수를 적어놓은 것이고, 백제왕 이하 태자 융 등 여러 왕자 13명과 대좌평 사택천복(沙宅千福), 국변성(國辨成) 이하 37명, 모두 합해 50여 명이 11월 1일 조당으로 나아갔다고 되어있는 「이길련박덕서」는 낙양에 도착한 뒤 당나라 조정에 나아가 당 고종을 알현한 인원수를 기록한 것이므로 차이가 나타날 수밖에 없다고 하겠다.

『일본서기』제명천황 6년 10월조에는 7월 13일에 의자왕과 그의 처 은고(恩古), 그의 아들 융 등 50여 명이 소정방의 포로가 되어 당나라로 보내졌다는 설명문을 덧붙여 놓고 있어서 포로로 붙잡혀간 전체 인원이 50여 명인 것처럼 여겨지게도 한다. 그러나 이 기록은 앞부분의 7월조에 소개되어 있는 「이길련박덕서」의 내용을 한 번 더 간략화 시켜놓은 것으로 보이기 때문에, 포로로 잡혀간 사람들 중에서 50여 명이 대표로 당 고종을 만났고, 그 중의 13명이 태자 융을 포함한 왕자들이었다는 해석은 충분히 성립될 수 있다고 본다.

다만, 왕자의 수에서 두 자료가 1명의 차이를 보이는 이유는 두 가지 가능성이 있을 수 있다. 하나는 기록자의 표현방법 상의 문제로 인해 발생한 차이, 다시 말해 사실은 같은 인원수인데 둘 중의 하나가 표현을 잘못하여 차이가 나오게 되었을 가능성이다. 1명 정도의 차이는 기록자가 표현을 어떻게 해놓는가에 따라서 얼마든지 발생할 가능성이 있다. 또 하나는 실제로 14명 중에서 13명만이 당 고종을 알현했기에 그것이 그대로 기록되어졌으리라는 해석도 가능하다. 두 가지 가능성을 모두 무시할 수 없는 상황이지만, 위의 두 사료 사이에 분명히 1명의 차이가 있으므로 여기에서는 이러한 사료의 내용에 따르기로 하겠다.

따라서 부여융을 포함하여 포로로 잡혀간 전체 왕자의 수는 「대당평백제국비명」의 기록에 따라 14명으로 보고, 그 중 13명이 의자왕과 함께 당고종을 알현하는 50여 명의 대열에 참여했으며 1명은 다른 포로들과 함께 밖에서 대기하고 있었다고 보면 어떨까 싶다. 의자왕이 항복할 당시 백제지역에 있었던 의자왕의 왕자들도 모두 그 항복대열에 참여했을 텐데, 그들에 대한 구체적인 정보는 없지만 적자와 서자를 포함하여 14명으로 받아들여야 하지 않을까 생각한다. 그리고 이 14명의 왕자들 중 「이길련박덕서」의 내용처럼 13명만 낙양의 조당에서 37명의 관료들과 함께 당 고종을 알현하고 1명은 밖에서 다른 사람들과 더불어 대기하고 있었을 가능성도 있는데, 이 1명의 왕자가 혹시 태가 아니었을까 짐작도 해보지만 뚜렷한 증거는 없다.

태가 의자왕의 둘째 아들이라고 한다면 왕자들의 서열은 『삼국사기』의 내용과 달리 효와 융의 위치를 바꾸어서 부여융, 태, 효, 연의 순서로 되어야 할 것 같고, 그렇다면 효는 의자왕의 셋째 아들인 셈이다. 그러나 한 가지 간과할 수 없는 것은 『삼국사기』에서 효를 왜 태자라고 기록해 놓았을까 하는 문제이다. 무엇인가 나름대로의 이유가 있을 법하다.

먼저 생각해 볼 수 있는 이유는 친신라적(親新羅的)인 성향으로 인해 부여융에게 반감을 지니게 된 『삼국사기』의 편찬자가 태자로서의 융의 존재를 거론하고 싶지 않았을 수도 있다는 것이다. 그리하여 차자인 태는 사비성 방어전 때의 행적이 너무 뚜렷하여 내세우기가 어려웠기 때문에, 셋째인 효를 융대신 태자로 기록해 놓지 않았을까 하는 해석도 나올만하다. 또 하나의 가능성은 효가 적자(嫡子)가 아니라 서자(庶子)일 수도 있다는 것인데, 그의 나이가 적자이며 태자인 융보다 많아서 나이로 보면 위이기 때문에 『삼국사기』의 편찬자가 그를 태자로 표현하는 잘못 또는 왜곡을 범했을 수도 있다. 이러한 가능성은 일본에 파견된 부여풍에게도 적용시킬 수 있는 것이어서 앞의 경우보다 사실성이 좀 더 큰 것으로 받아들여지기도 한다.

아무튼 부여융 외에도 13명 정도에 달하는 의자왕의 아들들이 중국으로 붙잡혀간 것은 분명한데, 이들 중 태자인 부여융을 제외한 나머지 사람들에 대한 정보는 사료 상에서 거의 찾아지지 않는다. 때문에 그들의 나이나 서열문제, 상호간의 관계 또는 중국에 끌려간 이후 어떠한 생활을 했는가 하는 문제 등에 대해서는 현재 정확한 설명을 할 수가 없다.

중국으로 끌려간 경우와 반대로 일본으로 건너가 생활한 부여융의 형제로는 풍과 용의 이름이 눈에 띈다. 이 중 백제의 무왕 32년에 해당하는 『일본서기』 서명(舒明) 3년(631) 3월조의 "백제왕 의자가 왕자 풍장(豊章)을 인질로 들여보냈다."라는 기사 안에 담겨있는 모순 및 이를 둘러싼 연구자들의 견해 차이에 대해서는 앞에서 검토한 바 있다. 그래서 부여풍은 의자왕의 아들로서 서명 3년이 아닌 의자왕 3년, 즉 643년 3월에 의자왕의 또 다른 아들 선광과 함께 일본에 파견된 것으로 보아야 한다는 내용을 이미 지적했다.

그런데 일본의 역사서에서 이름이 풍장(豊璋), 교기(翹岐), 규해(糺解) 등 매우 복잡하게 나타나는 부여풍은 자신의 숙부인 부여충승(扶餘忠勝)이나 충지(忠志) 및 동생인 용(勇=禪廣) 등과 일본에서 지내던 중 나·당 연합군에게 백제가 정복당하고 의자왕이 중국으로 끌려간 뒤 백제부흥운동군을 이끌던 복신(福信)이 660년 10월 일본에 사람을 보내 출병요청과 함께 부여풍을 국주(國主)로 삼겠다며 귀국시켜줄 것을 요구하자, 661년 9월 일본군 5천 명의 호위를 받으며 귀국해서는 왕으로 추대되었다. 백제의 왕통이 백제부흥운동군에 의해 부여풍에게로 이어진 셈이다.

그러나 부여풍의 귀국과 거의 동시에 복신은 자신과 함께 백제부흥운동군을 이끌던 승려 도침(道琛)을 죽이고, 이러한 복신을 부여풍이 또 살해하는 사건이 발생하는 등 백제부흥운동군은 심각한 내분에 휩싸였다. 그리하여 663년 8월 27일 백제부흥운동군 및 백제의 운명을 결정짓는 최대의 분수령이자 백제와 신라와 일본과 중국의 군대가 충돌하여 한반도 최초의 국제전 양상을 띠게 된 백촌강구 전투에서 백제부흥운동군과 일본군이 참패를 당하면서 9월 1일 부여풍은 여러 사람들과 함께 배를 타고 고구려로 도망하였다. 이후 부여풍의 모습에 대해서는 『구당서』 유인궤전에

> (유)인궤가 표(表)를 올려 말하길 "…… 여풍(餘豊)은 북(北=고구려)에 있고, 여용(餘勇)은 남(南=일본)에 있습니다. ……"라고 하였다. 부여용(扶餘勇)이란 자는 부여용의 동생인데, 이 때 도망하여 왜국에 가 있으면서 부여풍과 호응하였으므로 유인궤가 표를 올려 그것을 말하였다.

라고 나온다. 백촌강구 전투에서 패배하고 고구려로 도망갔던 부여풍은 고구려가 당나라에게 정복당할 때 사로잡혀 영남(嶺南)지방으로 유배를 가 그곳에서 말년을 불행하게 보낸 것으로 『자치통감』 당기(唐紀)17, 고종 총장(總章) 원년조에 보인다. 『신당서』 동이전 고려 건봉(乾封) 3년조에는 백제왕 부여융을 영외(嶺外=嶺南)로 보냈다고 나오지만, 이는 부여풍을 부여융으로 잘못 기록한 것이라 판단된다.

여하튼 위의 인용문에 의하면 백촌강구 전투에서 패배하고 부여풍이 고구려로 도망갈 때 그의 동생이자 부여융의 동생이기도 한 부여용은 일본으로 가서 고구려의 부여풍과 서로 호응하였음을 알 수 있다. 『일본서기』나 『속일본기』와 같은 일본의 역사서에 부여풍의 동생으로 나오는 새성(塞城), 새상(塞上), 선광(禪廣), 선광왕(禪廣王) 등도 모두 부여용의 또 다른 이름으로 여겨지는데, 『속일본기』 천평신호 2년(766) 6월조에는

…… 백제왕 경복(敬福)이 죽었다. 그 선조는 백제국 의자왕으로부터 나왔다. …… 의자왕이 그 아들 풍장왕(豊璋王)과 선광왕(禪廣王)을 들여보내 (천황을) 모시게 했었다. …… 의자왕의 군대가 당나라에 항복하고 그 신하 좌평 복신이 …… 멀리서 풍장을 맞아들였는데 …… 구원군이 불리하여 풍장이 배를 타고 고구려로 도망갔기 때문에 선광도 귀국(歸國)하지 못했다. 등원조정(藤原朝廷)에서는 (그에게) 사호(賜號)하여 백제왕이라 불렀고 …… 아들인 백제왕 창성(昌成)은 어려서 아버지를 따라 귀조(歸朝: 일본 조정에 옴)했는데 아버지보다 먼저 죽었다. …… 경복이란 자는 그의 셋째 아들이다.

라고 하여 선광, 즉 부여용이 풍장, 즉 부여풍과 함께 일본에 파견되었고

의자왕 정권이 무너진 뒤에는 부여풍을 돕다가 그것이 실패하자 일본에 영구히 정착한 것으로 나온다. 그러면서 일본 조정으로부터 그 자신은 물론 후손들까지 백제왕이란 칭호를 성씨로 부여받는 등 상당한 혜택을 누리며 생활한 것으로 나타난다. 또 일본에서의 거주지와 관련해서 백제부흥운동이 실패한 직후에 "백제왕 선광왕(善光王) 등을 난파(難波)에 거주하게 했다"는 내용도 보이고 있다.

그러면 이제 마지막으로 부여풍과 부여융의 관계에 대해 언급해보겠다. 이들의 관계를 밝혀줄만한 직접적인 증거는 찾기 어려우나 『일본서기』의 관련기록을 통해 나름대로 정리는 해볼 수 있다.

먼저 주목해볼 필요가 있는 내용은 643년 3월 일본에 파견된 것으로 보이는 부여풍이 태자로 기록되어 있는 사실 및 그 시기가 부여융이 태자로 책봉되기 바로 직전의 해인 643년 11월이라는 것이다. 이를 통해 의자왕의 태자가 정해지기 이전에는 주변에서 풍을 태자로 인식하고 있었던 것이 아닐까 풀이해 볼 수도 있겠으며, 동시에 그의 나이가 왕자들 중에서 가장 많았기에 이러한 상황이 벌어지지 않았을까 여겨지게도 한다. 의자왕이 그를 일본으로 보내고 나서 그 다음 해에 부여융을 태자로 임명한 것도 우연으로 비치지 않는다. 아무래도 태자책봉을 위해 준비된 수순에 따라서 이루어진 일이 아닐까 싶다.

그렇다면 부여풍은 태자책봉에서 동생인 부여융에게 밀려난 셈이다. 의자왕은 왜 이와 같은 결정을 했을까. 분명한 증거는 없으나 풍은 왕자 중에서 나이가 가장 많았다 해도 서자이기 때문에 태자책봉에서 밀려났고, 적자 중에서 장자인 부여융을 태자로 삼으려 할 때 혹시 있을지도 모를 반발을 예방한다는 차원에서 외교적인 임무를 부여하는 형식으로 그를 일본에 파견했다고 보는 것이 그래도 타당성이 있지 않을까 생각한다.

이 경우 풍과 함께 일본으로 보내진 선광왕, 즉 부여용도 서자출신의 왕자로 받아들여야 할 것 같다.

다음으로는 복신과 도침을 중심으로 한 백제부흥운동군이 일본에 가 있던 부여풍을 불러와 왕으로 추대하고 있는 사실도 다시 한 번 주목해볼 필요가 있겠다.

일본에는 부여충승이나 충지와 같이 의자왕의 동생으로 보이는 무왕의 왕자들도 있었다. 그런데 『삼국사기』 무왕본기 28년 가을 8월조와 『구당서』 동이전 백제국 정관 원년조 등에 무왕의 조카로 나오는 복신이 일본에 사람을 보내 부여풍을 왕으로 삼겠다는 의사를 밝히고 실행에 옮긴 것이나, 부여충승과 충지 역시 이에 응하여 풍을 보좌해 귀국한 것으로 나타나고 있는 이유는 부여풍이 적서(嫡庶)의 구분 없이 의자왕의 모든 왕자들 중에서 나이가 가장 많은 장자였기 때문이 아니었을까 판단되기도 한다. 그러면서도 부여풍이 백촌강구 전투에서 패전한 후 고구려로 도망갔을 때, 일본으로 건너가 부여풍과 서로 호응했던 부여용과 달리 부여충승과 충지는 부여풍과의 관계를 끊고 부여용이 몸담고 있던 당나라 군대에게 항복했는데, 이러한 현상 역시 부여풍이 지니고 있던 서자라는 한계 때문에 나타나게 된 결과가 아닐까 여겨지기도 한다.

그러므로 이상의 내용을 정리해 보면, 의자왕의 왕자들 가운데 가장 나이가 많은 인물은 부여풍이었지만 그는 서자였고, 적자 중에서는 부여용이 장자였기에 태자로 책봉되었던 것이라 판단된다. 따라서 의자왕의 정권이 붕괴된 후 부여풍을 옹립한 백제부흥운동군의 활동은 처음부터 한계를 지닐 수밖에 없었고, 결과적으로 부여용이 당나라에서 돌아와 백촌강구 전투에도 참여하는 등 다시 활동하는 모습을 보이자 백제부흥운동군은 정체성에 혼란을 겪는 과정에서 쉽게 무너진 것이 아닐까하는 해석도 해볼 수 있겠다.

이후 의자왕의 자식과 그 후손들은 중국과 일본, 그리고 통일신라가 지배하는 한반도 곳곳에 흩어져서 생활하게 되었는데, 중국과 일본에서는 그 후손들에게 어느 정도의 정치적인 대우도 해준 것으로 나타나지만, 오랜 세월이 흐르는 동안 그 모습은 역사 속에서 찾아보기 어렵게 되었다. 『자치통감』 당기 고종 의봉 2년(677) 2월조에 보이듯이 "부여씨(扶餘氏)는 마침내 망했다."는 기록 속에서 우리는 백제의 멸망과 함께 의자왕 후손들의 허망한 역사적 결말을 느껴보게 된다.

06

의자왕 이후의 백제와 후손들

의자왕 이후의 백제 웅진도독부

의자왕은 당나라로 끌려간 후 압송과정에서의 피로와 실의(失意)에다 노환(老患) 등이 겹쳐서인지 며칠 뒤에 병사(病死)한 것으로 나타난다. 장례절차 외에 그의 죽음과 관련되어 전해 오는 것은 없지만, 평생의 노력이 물거품으로 돌아간 회한(悔恨) 속에서 죽음을 맞았으니 임종 당시 자신의 적장자이며 태자인 부여융에게 몇 가지 유언은 남겼을 법하다. 예컨대 나라를 잃은 안타까운 마음과 자신의 한을 말했을 것이고, 함께 끌려온 백제의 신하와 백성들 및 남은 가족도 부탁했을 것이며, 잃어버린 자신의 정권과 나라를 되찾기 위해 노력할 것도 당부했을 것 같고, 신라에 대한 원한도 어떠한 방법으로든 갚았으면 하는 심정을 토로했으리라 본다. 또 부여융의 당나라에서의 처신과 관련된 조언도 했을 법한데, 이미 의자왕이 무왕의 태자로 있던 637년 12월, 즉 부여융의 나이 23세인 태자자(太子子) 시절 및 의자왕의 태자 시절인 644년 12월 당나라를 드나들며 중국의 분위기에 익숙해 있었을 그는 자신의 명예회복과 정권의 재수립을 위해 상당히 노력했던 것으로 보인다.

부여융이 자신의 위상을 회복하기 위해 기울인 노력과 결과에 대한 내용이 「부여융 묘지명」에는 어느 정도 나타나있다. 이 묘지명의 표면적인 내용은 부여융이 중국의 천자에게 순종하며 중국의 풍속을 따름으로써 천자로부터 거듭 포상을 받았고, 그리하여 사가경(司稼卿)이나 웅진도독의 자리에까지 오르게 되었음을 설명한 것이다. 또 당 고종을 따라 태산의 봉선(封禪) 의식에 참여하거나 고종의 명으로 공자묘에 가 축문을 읽으며 제사를 지내는 모습도 보이고 있다. 이와 같은 내용들은 자칫하면 부여융이 백제의 일을 다 잊어버리고 중국인이 되어버린 것은 아닐까하는 오해를 불러일으키게 할 수도 있다.

그러나 「부여융 묘지명」의 내용을 음미해 보면 그 속에는 부여융의 철저한 현실인식이 담겨있다는 사실을 발견하게 된다. 부여융의 입장에서 당시의 상황을 바라볼 때, 자신이 처한 현실적인 어려움을 타개하여 실추된 위상을 회복하고 백제의 영광을 되찾기 위해서는 현실과 타협하여 역으로 중국의 힘을 이용하는 것보다 더 좋은 방법은 찾기 힘들었을 것이다. 최선의 방법이 중국 황제의 신임을 얻어서 그것을 이용하는 것이었다고 할 수 있는데, 부여융이 친중국적인 성향을 강하게 보이면서 황제의 측근에서 활동하고 있는 것은 이러한 현실인식 위에서 그가 최선의 노력을 다하고 있는 모습이라 생각하면 좋을 것 같다.

부여융의 백촌강구 전투 참가 문제도 지금까지는 적을 이용하여 적을 공격한다는 중국의 전통적인 이이제이(以夷制夷) 정책 차원에서만 이야기해 온 것으로 보인다. 그러나 이 문제 역시 부여융의 입장에서 본다면, 일본에서 들어와 백제왕을 자처하는 부여풍의 존재는 지금까지 자신이 백제에서 차지해온 태자로서의 위치는 물론 그의 미래의 위상까지 불안하게 만드는 위협적인 것이었다. 따라서 부여풍을 타도하는 일은 부여융 자신의 앞날을 위해서도 필요한 것이었기에 부여융은 백촌강구 전투에도 스스로 강한 의지를 갖고 참여했으리라 여겨진다.

결과적으로 백촌강구 전투는 부여융과 부여풍이 운명의 라이벌 형제로서 충돌할 수밖에 없는 전쟁이었다고도 할 수 있는데, 백제태자로서 부여융이 지니고 있던 전통적인 권위가 복신, 도침 등의 백제부흥운동군에 의해 새롭게 정통성을 부여받은 부여풍 중심의 권위를 제압하는 모습으로 귀결되고 있다. 그리고 이러한 부여융의 적극적인 참여형(參與形) 활동과 나름대로 자신의 위상을 확보해나가고 있는 모습이 유인궤나 당 고종으로부터 그가 절대적인 신임을 받아서 결국 664년 10월 웅진도독의 자리에까지 오르는 중요한 원인으로 작용한 것이 아닐까 생각한다. 만일 부여융 자신의 적극적인 노력이 없었거나 혹은 노력했어도 당 고종이나 유인궤 등의 인정을 받는데 실패했다면 그가 웅진도독으로 임명되기는 어려웠을 수도 있다는 점에서 부여융이 백제의 영광을 되찾기 위해 기울인 노력은 실로 눈물겨운 것이었다고 평가할 수도 있겠다.

백제의 입장에서 볼 때 부여융이 웅진도독에 임명된 사실은 중요한 역사적 의미를 갖는다. 복신과 도침, 부여풍 등의 백제부흥운동은 실패했지만, 부여융이 선택한 또 다른 백제부흥운동은 성공하여 백제는 웅진도독부체제로 다시 태어나는 모습을 보여주고 있기 때문이다. 백촌강구 전투 이후 흑치상지의 태도가 180도로 변하여 당나라에 항복한 뒤 자신의 본거지이자 동료였던 임존성과 지수신(遲受信)을 공격함으로써 후대인들로부터 배신자라는 지탄을 받게 되는 이율배반적인 행동을 한 이유 역시 부여융과의 관계에서 찾아야 할 것 같다. 「흑치상지 묘지명」에서는 흑치상지가 그 주(主) 부여융을 따라 중국이나 웅진도독부를 오간 것으로 나타난다. 주인이나 임금을 뜻하는 주(主)라는 표현은 그들 사이에 그만큼 강한 주종관계가 형성되어 있었음을 알게 한다.

　백제부흥운동의 두 축을 이루고 있던 부여융과 부여풍 중에서 선택을 해야 하는 경우 흑치상지는 당연히 부여융 편에 설 수밖에 없었으리라고 본다. 615년에 태어난 부여융은 630년생인 흑치상지보다 15살 많았고, 또 628년생으로 13살 연하인 당 고종으로부터도 절대적인 신임을 받아 부여풍에 뒤지지 않는 연륜과 위상을 지니고 있었다. 특히 도침과 복신이 살해되는 등 내부적인 불안과 서자출신으로서의 한계를 지닌 부여풍에 비해 부여융은 백제태자라는 전통적인 권위와 함께 신라를 압도하는 중국 황제의 지지까지 얻고 있어서 의자왕으로 이어지는 정통성은 물론 백제부흥의 성공에 대한 확신까지도 심어줄 수 있었다.

　『구당서』 흑치상지전에는 당 고종이 사신을 보내 설득하여 흑치상지가 무리를 거느리고 항복해 왔다는 내용이 있다. 이때의 사신이 누구였는지 확실하지는 않지만 부여융 아니면 그 측근의 인물이었을 가능성이 크다. 뒤의 일이기는 하나 고종이 부여융을 사신으로 파견해 공자묘에 제사지내게 한 예도 있다. 흑치상지가 당나라에 항복하여 자신의 본거지였던 임존성을 공격하기까지 부여융의 역할이 컸으리라는 것은 짐작하기에 어렵지 않다.

　이와 같은 이유로 흑치상지가 임존성을 함락시켜 부여풍 중심의 백제부흥운동을 종식시키는 결정적인 공을 세우게 된 것은 동시에 부여융의 공으로 돌려질 수도 있는 것이었다. 이러한 속에서 유인궤는 드디어 부여융을 웅진도독으로까지 천거하고 있다. 표현을 바꾸어 보면, 부여융이 자신의 위상과 백제의 재건을 위해 끊임없이 노력해온 결과가 흑치상지와 같은 백제유민들의 도움으로 열매를 맺음으로써 백제는 이후 웅진도독부체제라는 새로운 정권형태로 다시 태어나게 되었다고 말해도 좋을 것 같다.

「대당평백제국비명」과『구당서』백제국전,『삼국사기』백제본기 등에 보면, 당나라는 백제를 정복하면서 그 영토에 5도독부(都督府) 37주(州) 250현(縣)을 설치하고 추거(酋渠) 또는 거장(渠長)이라 불리는 백제의 유력자들을 뽑아 도독(都督), 자사(刺史), 현령(縣令)으로 삼았다는 내용이 있다. 물론 백제부흥운동군의 저항에 의해 660년까지 당군(唐軍)이 실제로 확보한 지역은 부여와 공주 일대에 불과했던 것으로 파악되고 있기 때문에, 이 5도독부가 제 기능을 발휘했다고는 보기 어렵다. 당에서 웅진도독으로 처음 파견한 왕문도(王文度)가 일찍 죽은 뒤로 유인궤(劉仁軌), 유인원(劉仁願) 등이 웅진도독을 맡으면서 백제부흥운동군의 진압 및 백제지역의 안정을 위해 활동한 모습만이 나타나고 있을 뿐이다. 그러나 분명한 사실은 백제에 대한 당나라의 지배정책이 신라를 그다지 염두에 두지 않으면서 백제의 영역을 보존시키는 속에 독자적으로 진행되었다는 것이고, 또 백촌강구 전투의 승리로 백제 모든 지역에 대한 당의 영향력이 어느 정도 확보되자 이제 본격적으로 부여융을 웅진도독으로 내세우고 있다는 것이다.

그동안 백제의 멸망을 의자왕정권이 붕괴된 660년이나 부여풍 중심의 백제부흥운동이 실패로 끝난 663년으로 보면서 웅진도독부는 중국의 괴뢰정권 정도로만 인식하여 별다른 관심을 기울여오지 않았는데, 이는 백제사의 중요한 한 부분을 방치한 것이라 할 수 있다. 신라 문무왕이 「답설인귀서」에서 밝히고 있는 웅진도독부시기 백제와 신라의 영토소유권 다툼을 보면 의자왕 시대와 다를 것이 별로 없다. 문무왕은 이 「답설인귀서」에서도 그렇고 다음 해에 당 고종에게 「사죄문」을 보낼 때에도 분명히 백제라는 호칭을 사용하며 백제와 신라 사이의 영토다툼 문제를 당나라에게 하소연하고 있다. 이로써 영토국가로서의 백제의 모습은 부여융 중심의 웅진도독부체제와 함께 그때까지 존속하고 있었다는 것, 그리고 이

때의 백제는 신라와 영토분쟁을 벌이며 잃어버린 과거의 위상을 되찾기 위해 부단히 노력했다는 것도 알 수 있겠다. 그러므로 중국에서 출판되고 있는 오늘날의 역사지도에서 웅진도독부시기의 백제지역을 중국영토로 표시하고 있는 것은 올바른 역사인식이라고 할 수 없다는 점도 여기에 지적해 놓고 싶다.

부여융은 웅진도독이 되기까지 중국에 대해 철저히 사대적인 자세를 취하였는데 웅진도독이 된 이후에도 이러한 상황은 바뀔 수 없었다. 나·당 연합군의 공격으로 군사적인 기반이 모두 무너진 상태에서 부여융이 지닌 웅진도독이라는 지위는 실제로 신라에 맞설만한 힘을 갖추고 있지 못했다. 때문에 신라와의 영토문제를 해결하기 위해 중국의 힘을 이용할 수밖에 없었던 그는 중국에 계속 드나들며 사대외교의 방침을 고수해 나갔던 것이다. 그의 사대외교는 670년 정월에 당 고종이 신라에게 내린 조칙, 즉 신라가 차지한 백제의 옛 땅을 다시 백제에게 돌려주라는 조칙을 내릴 정도로 성공적인 결과를 이끌어 내기도 했다.

웅진도독부 시기의 백제가 잃어버린 영토소유권을 되찾기 위해 다시 반신라적(反新羅的)인 활동을 전개한 것은 당연한 역사적 귀결이라 할 수 있다. 그리하여 668년부터 백제와 신라 사이에 영토문제를 둘러싼 갈등이 다시 심화되었고, 이러한 속에서 당나라가 부여융 편에 서서 백제의 옛 땅을 되돌려주라는 등 신라의 내정에 간섭하고 나서자 신라는 당나라와의 관계를 무시하며 웅진도독부체제하의 백제에 대해 군사적인 공격을 가하기 시작하였다. 그리고 그 결과는 자연히 백제를 지원하는 당나라 군대와 신라와의 전투로 이어졌는데, 잘 알다시피 이때의 전쟁은 당나라 군대와 웅진도독부의 한반도에서의 철수 및 신라의 삼국통일로 끝나게 되었다.

결과를 놓고 보면, 이때의 전쟁은 부여융이 선택한 사대외교가 실패하고 신라의 자주외교가 성공한 것으로 정리된다. 다만, 한 가지 분명히 해야 할 점은 신라의 자주외교가 성공한 결과로 부여융의 사대외교가 실패한 것이 아니라 그의 사대외교가 실패한 결과로 신라의 자주외교가 성공하게 된 측면이 강하다는 것이다. 삼국통일 과정에서 신라의 역할이나 노력을 무시해서는 안 되겠지만, 지나친 과장을 피하고 상황을 보다 정확하게 이해하려면 부여융의 사대외교가 실패한 원인과 결과에 대한 문제도 간과해서는 안 된다. 다시 말해 그의 사대외교가 실패하게 된 근본적인 원인은 한반도 내부문제보다 중국의 서쪽 변경지대에서 새롭게 흥기한 토번(吐蕃)과 싸우기 위해 당나라 군대가 한반도에서 철수할 수밖에 없었던 외부문제에 있었다고 판단된다. 그렇다면 백제의 멸망과 신라의 삼국통일도 이러한 급변하는 국제정세가 보다 중요한 원인으로 작용한 것이 아닐까 여겨지기도 한다.

토번의 침입으로 당나라가 군대의 주력을 한반도에서 철수시키면서 신라는 671년 7월 부여지역을 점령해 소부리주(所夫里州)를 설치하고 웅진도독부를 한반도에서 완전히 몰아냈다. 그런데 당 고종은 676년 2월 만주건안(建安)의 고성(故城)에 웅진도독부를 재건시켜주었고, 이로부터 얼마 뒤인 11월에는 설인귀가 기벌포에서 신라를 공격하고 있다. 이 싸움의 목적은 분명하게 드러나 있지 않으나, 만주지방에서 백제의 옛 땅으로 돌아갈 수 있기를 고대하고 있었을 웅진도독부의 부여융과 백제 유민들에게는 이 전쟁이 갖는 의미가 컸을 것임에 틀림이 없다.

당시 당나라는 토번과의 마찰로 서쪽 변경지대에서 어려움을 겪고 있었다. 그러함에도 설인귀 부대가 기벌포에서 신라군을 공격한 것은 한반도 영토에 대한 소유욕으로 설명하기는 힘든 숨은 내막이 있는 것은 아닐까 여겨지게 한다. 이 경우 가장 먼저 떠올릴 수 있는 것이 백제지역 수복에 대한 부여융의 강한 열망 및 그 열망에 대한 당 고종의 반응이다. 이유는 다음과 같다.

첫째, 당 고종 입장에서는 생명력이 다한 웅진도독부에 대해 아무런 미련도 없었으리라 본다. 그런데도 이를 다시 재건해 주었다는 것은 중국의 필요성 때문이었다기보다 부여융에 대한 당 고종의 특별한 배려가 작용한 결과로 보아야 자연스럽다. 둘째, 설인귀의 기벌포 공격이 실패로 끝난 뒤 얼마 지나지 않은 677년 2월에 당 고종은 부여융을 광록대부 태상원외경 겸 웅진도독 대방군왕(光祿大夫 太上員外卿 兼 熊津都督 帶方郡王)으로 삼고 본국으로 돌아가 백제유민을 안집(安輯)시키도록 했는데 신라 때문에 들어가지 못한 것으로 나온다. 당 고종이 부여융을 대방군왕에 임명한 이 조치는 결국 신라의 백제 지배를 인정하지 않고 부여융이 백제통치자로서의 정통성을 지녔다는 것, 그래서 백제 옛 땅에 대한 실질적인 지배권은 여전히 부여융에게 있다는 것을 중국 황제 스스로가 내외에 천명하고 공식적으로 인정해준 것이라는 점에서 중요한 의미를 지닌다. 셋째, 678년 9월에 당 고종은 또 한 번 신라를 공격하려는 계획을 세웠다가 토번의 반란을 이유로 신하들이 반대해 그만둔 일이 있다. 이 대목에서 어쩌면 당 고종은 백제가 완전히 몰락하고 부여융이 중국 각지를 떠돌며 고생하고 있는 현실에 대해 연민을 느끼면서, 그 원인 제공자로서 스스로 책임의식을 가지고 이 문제를 해결해 주려한 것은 아니었을까 생각해보게 된다.

이상과 같은 이유로 676년 11월 설인귀의 기벌포 공격에서도 백제부흥을 바라는 부여융의 강한 염원을 느껴볼 수가 있다. 이때의 기벌포 싸움은 백제부흥운동의 마지막 희망이 담겨있는 전쟁이었다고 표현해도 좋을 것 같다. 『삼국사기』 문무왕본기에 의하면 처음에는 신라가 패했으나 다시 진격하여 22번에 걸친 크고 작은 싸움 끝에 신라군은 당군 4천여 명을 죽이는 전과를 올리며 승리했다고 소개되어 있다. 기록이 간단하여 자세한 내용은 알기 어렵지만, 신라가 기벌포로 진입하려는 당군을 물리친 것은 분명하다. 그리고 이 전쟁을 끝으로 기벌포는 신라가 완전히 장악함으로써 만주 건안 고성에 재건된 웅진도독부에서 백제의 옛 땅으로 돌아갈 수 있기를 고대하고 있었을 부여융과 백제유민들의 꿈은 수포로 돌아가고 기벌포의 역할도 이제 백제와는 아무런 관련이 없는 신라의 일개 포구로 자리 잡게 되었다.

요컨대, 신라가 당나라와 전쟁을 일으켜 웅진도독부를 한반도에서 완전히 몰아낸 후 부여융이 백제의 옛 땅으로 돌아갈 수 있는 기회는 더 이상 오지 않았지만, 당나라가 백제를 재건시켜주려 꾸준히 노력했다는 사실은 분명히 알 수 있다. 측천무후는 부여융이 죽은 후 그의 손자 부여경(扶餘敬)에게 대방군왕의 자리를 이어받도록 하고도 있다. 한반도에서 밀려날 당시 이미 생명력이 다했다고 볼 수 있는 웅진도독부를 당은 왜 만주지역으로 옮겨 다시 세우고 부여융을 거쳐 그 손자인 부여경에게까지 대방군왕의 자리를 잇게 해주었을까. 꼭 필요하지도 않은 이러한 조치가 당의 자발적인 노력으로 이루어졌다고 보기는 힘들다. 아무래도 다른 이유가 있었을 법한데, 이 경우 해답은 역시 부여융의 백제부흥을 향한 강한 의지 및 당 조정과 밀접한 관계를 유지하면서 쌓아온 그의 영향력에서 찾아야하지 않을까 생각한다.

당나라 황실과 백제 왕실을 이어준 의자왕의 증손녀 부여태비

의자왕은 중국에서 사망한 뒤 같은 패망의

군주로 낙양 북망산에 묻힌 손호(孫晧=삼국시대 吳의 마지막 군주)와 진숙보(陳叔寶=남조 陳의 마지막 군주) 무덤 사이에 묻혔다고 전한다. 의자왕의 태자인 부여융이나 웅진도독부시기 부여융과 함께 활동한 흑치상지 및 그의 아들 흑치준, 그리고 660년 당나라에 항복한 뒤 장군으로 활동하다가 690년 76세로 사망한 진법자(陳法子) 역시 북망산에 묻힌 사실이 그들의 묘지명에 의해 밝혀졌다.

북망산의 본래 이름은 망산(邙山)인데, 낙양 북쪽에 위치하여 북망산이라는 이름으로 우리에게는 더 유명하다. 북망산은 하나의 산이라기보다 높고 낮은 언덕과 평야가 대부분이며, 낙양시의 북쪽에 동서로 약 50km, 남북 약 20km 이어져있는 넓은 지역이다. 현재는 논밭이 들어서고 목장도 있다. 이곳에는 한(漢)나라 이후 역대 제왕과 귀인(貴人), 명사(名士)들의 무덤이 많아서 "북망산 가는 길"하면 죽음을 뜻하는 말로도 쓰인다. 토양이 부드럽고 습기가 적어 매장하기에 좋은 조건이다 보니, "소주와 항주에서 살고 북망산에 묻힌다(生在蘇杭 葬於北邙)."는 말이 있을 정도로 북망산은 풍수 지리적으로 신비의 땅 또는 명당으로 믿어졌다. 때문에 "북망산에는 소조차 누울 곳이 없다(北邙無臥牛之地)."는 말이 나올 만큼 수많은 무덤이 들어섰고, 이러한 모습을 당나라 시인 백거이(白居易)는 "북망산의 무덤은 높고도 높다(北邙塚墓高嵯峨)."라고 표현한 바 있다.

의자왕, 부여융, 흑치상지, 흑치준, 진법자 외에 북망산에 묻힌 백제인은 더 이상 확인되지 않고 있지만, 의자왕과 함께 중국으로 끌려간 백제인의 수가 왕족과 신하 93명 및 백성 1만2천 명으로『삼국사기』신라 태종무열왕본기에 나오는 것을 볼 때, 이들 중에도 북망산에 묻힌 사람은 더 있었을 법하다. 북망산은 중국으로 끌려가 이곳에 묻힌 의자왕과 부여융을 중심으로 한 백제왕실 및 백제인들의 외로움과 슬픔이 배어있는 곳이라고 보아도 좋겠다.

부여융 이후 중국에서 활동하며 지금까지 이름을 남기고 있는 의자왕의 후손들로는 부여문선(扶餘文宣), 부여덕장(扶餘德璋), 부여경(扶餘敬), 부여준(扶餘準) 정도밖에 눈에 띄지 않는다. 의자왕의 적장자는 부여융, 부여융의 적장자는 부여문사(扶餘文思), 부여문사의 적장자는 부여경으로 여겨지는데, 부여융이 죽은 후 측천무후는 대방군왕이라는 부여융의 지위를 아들인 문사가 아니라 문사의 아들, 즉 부여융의 적손인 부여경이 잇도록 하고 있다.

문사의 경우 사비도성에서 항복하고 포로가 되어 부여융과 함께 중국으로 끌려간 것은 분명한데, 중국에서의 그의 행적은 역사기록에서 찾아볼 수 없다. 부여경 역시 조부인 부여융이 682년 68세로 사망한 뒤 측천무후로부터 위위경(衛尉卿)과 대방군왕에 임명되었다는 『구당서』 백제국전에 보이는 내용 말고 다른 정보는 없기 때문에, 그가 백제 땅에서 태어나 아버지 문사와 함께 중국으로 끌려가 생활하게 된 것인지, 아니면 문사가 중국에서 그를 낳았는지 여부도 알 수 없다. 확실한 것은 대방군왕의 자리가 문사를 건너뛰어 부여융에서 부여경에게로 이어졌다는 것이다. 그 이유 역시 드러나 있지 않은데, 당시 문사의 건강이 좋지 않았거나, 혹은 그가 이미 사망했기 때문이 아니었을까 추측해볼 뿐이다. 나·당 연합군이 사비도성을 공격할 때 왕으로 자처한 부여태와 갈등을 겪으며 스스로 항복을 선택한 문사의 행동이 백제를 버린 매국(賣國)행위이자 의자왕과 부여융의 바람을 저버린 용서받을 수 없는 불충불효(不忠不孝)였기 때문에 부여융과의 사이가 원만하지 않아서 문사가 배척당한 결과 부여경이 대방군왕의 지위를 잇게 되지 않았을까 해석하는 시각도 있지만, 갈등을 유발하고 상황을 악화시킨 당사자 부여태 말고 문사도 의자왕이나 부여융에게 과연 배척당했을까 의문일 뿐만 아니라 문사의 적장자로 보이는 부여경이 그 지위를 잇고 있다는 점에서 이러한 해석은 받아들이기 어렵다고 본다.

부여융의 적장자인 부여문사와 적손인 부여경 외에 또 다른 부여융의 아들로서 부여문선과 부여덕장의 존재도 확인이 되고 있다.

부여문선은 『신당서』돌궐(突厥)전과 명나라 때 능적지(凌迪知)가 편찬한 『만성통보(萬姓統譜)』제방복성(諸方複姓) 부여(夫餘)조에 나오는데, 『만성통보』에는 웅주도독(熊州都督) 대방군왕이었던 융이 문선을 낳았고, 그의 지위는 사선경 좌위대장군 낙랑군공(司膳卿 左衛大將軍 樂浪郡公)이었다는 내용이 눈에 띈다. 그리고 『신당서』돌궐 묵철(默啜)전에는 측천무후와 중종(中宗)의 통치시기 때 그가 장군으로서 사타충의(沙吒忠義) 등과 함께 돌궐과의 전투에 참여한 것으로 나타난다. 종3품인 사선경 좌위대장군 낙랑군공에 임명된 것으로 나오고 있어서 정치적으로 상당한 지위에 올랐음을 알게 한다. 다만 측천무후 때 대방군왕의 지위가 의자왕 → 부여융 → 부여경으로 이어진 것을 보면, 그가 부여융의 적장자인 문사와 동일인물이 아닌 것은 분명하다.

부여덕장의 존재는 2004년 중국 섬서성 부평현(富平縣)에서 의자왕의 증손녀이자 부여융의 손녀인 「부여태비(扶餘太妃) 묘지명」이 발굴되면서 확인되었다. 묘지명의 제목은 「당 황재종숙금자광록대부고위위경증형주대도독사괵왕비부여씨묘지명(唐 皇再從叔金紫光祿大夫故衛尉卿贈荊州大都督嗣虢王妃扶餘氏墓誌銘)」으로 되어있는데, 부여태비에 대한 구체적인 내용은 잠시 뒤에 살펴보기로 하고 먼저 그의 아버지로 나오는 부여덕장부터 검토해 보도록 하겠다.

「부여태비 묘지명」을 보면, 그 첫머리에 태비는 부여씨(扶餘氏)이고, 금자광록대부 고위위경 대방군왕 의자(義慈)의 증손(曾孫)이며, 광록대부 고태상경 습대방군왕 융(隆)의 손(孫)이고, 조청대부 고위주자사(朝請大夫 故渭州刺史) 덕장(德璋)의 딸(女)이라고 기록되어 있다. 그러므로 부여태비의 아버지인 부여덕장은 의자왕의 손자이자 부여융의 아들임이 분명하게 드러난다. 동시에 증직(贈職)인지 실직(實職)인지 확인은 어렵지만, 그가 종5품상의 조청대부 위주자사라는 관직을 가지고 있는 것을 볼 때 문사나 문선과 동일인물이 아닌 것 또한 알 수 있다.

따라서 부여융에게는 적어도 문사, 문선, 덕장이라는 세 명의 아들이 있었으며, 적장자인 문사의 경우는 불분명하지만 문선과 덕장은 모두 당나라로부터 관직을 수여받아 나름대로의 정치적인 위상을 지니며 활동했다는 것, 그리고 이들의 품계로 볼 때 형제간의 서열은 문사, 문선, 덕장의 순서로 볼 수 있다는 사실 등은 밝혀진 셈이다. 동시에 이들 세 형제의 자손들과 관련된 기록은 전해오는 것이 별로 없으나 문사의 아들인 부여경이 위위경 대방군왕에 임명된 것, 또 덕장의 딸인 부여태비가 당나라 황실과 통혼하고 있는 내용만으로도 당나라에서 백제왕족들의 신분과 사회적 위치가 상당한 수준을 유지했음을 알게 해준다.

의자왕의 후손으로 중국기록에서 가장 늦은 시기에 확인되는 이름이 부여준이다. 『구당서』와 『신당서』의 토번(吐蕃)전 하(下) 및 『구당서』 혼감(渾瑊)전, 『책부원귀』 장수부(將帥部) 함몰(陷沒)조 및 외신부(外臣部) 맹서(盟誓)조 등에 그의 이름이 보인다. 부여융이 죽은 후 100년 뒤인 덕종(德宗) 정원(貞元) 3년(787) 대장군으로 삭방하중부원수압아(朔方河中副元帥押衙)의 자리에 있으면서 토번과 싸우다 포로로 잡혀 30년 정도 토번에서 지내고는 헌종(憲宗) 원화(元和) 12년(817) 중국 장안으로 돌아와 풍왕부 사마(灃王府 司馬)가 된 것으로 나온다. 이후 그의 행적은 알 수 없지만, 『신당서』 토번전

하에서는 부여준을 동명인(東明人)으로 소개하고 있다. 여기에서 동명은 당나라가 백제지역에 설치했다고 나오는 5도독부 중 동명도독부, 또는 웅진도독부 아래 7주(州) 중 하나인 동명주(東明州)를 가리키는 것으로 여겨지는 만큼, 이 부여준의 존재를 통해 의자왕의 후손들이 부여융 이후 100년 이상의 세월이 흐른 덕종이나 헌종 때까지도 백제왕족으로서 부여씨의 정체성을 잊지 않고 그 명맥을 유지하며 활동하고 있었다는 사실을 알 수가 있겠다.

그러면 이제 의자왕의 후손 중 여인들과 관련된 내용을 살펴보기로 하겠다. 남자와 달리 여인들은 성씨인 부여씨만 소개되고 있어서 이름을 알기가 어렵다. 예를 들어 낙양 용문석굴 877번 불상 왼쪽의 좌불(坐佛)이 각각 조각된 작은 두 개의 감실(龕室), 지금은 서산1334호로 이름 붙여진 이 감실 아래에서 2004년 11월 7일 낙양대 임성조(林性照) 교수가 발견한 명문을 보면, "일문낭장처부여씨 경조양구(一文郎將妻扶餘氏 敬造兩區)"라는 조상기(造像記)가 두 줄로 새겨져 있다.

종5품의 무관인 일문낭장의 처 부여씨가 용문석굴의 벽에 불상 두 구를 조각하고 명문을 썼다는 것을 알게 해주는데, 부여씨의 남편인 일문낭장이 누구이고, 부여씨는 누구이며, 왜 용문석굴 한 모서리에 "부여씨" 명문과 함께 이 조그만 두 개의 불상을 만들었는지 그 이유를 정확히 파악하기는 어렵다. 다만 성씨로 볼 때 그녀가 백제왕족으로 의자왕의 후손일 가능성이 크고, 종5품의 무관과 결혼했으며, 남편의 무운(武運) 혹은 명복(冥福), 아니면 부모형제를 비롯한 그녀와 관련이 있는 다른 가족들을 위한 강한 염원 또는 어떤 다짐을 하며 이 감실을 만들지 않았을까 여겨질 뿐이다. 여하튼 낙양 용문석굴의 서산1334호 감실은 이름과 가족관계를 알 수는 없지만 백제왕족으로서 부여씨 성을 가진 여인의 결코 평범하지 않은 혼인과 활동내용을 단편적이나마 보여주고 있다는 점에서 눈길을 끈다.

의자왕의 후손 중 당나라 황족과 결혼하고 휘하에 여러 명의 자식, 즉 당나라 황족들을 자식으로 두게 되어 죽은 뒤 당나라 황실무덤에까지 묻히는 등 용문석굴 명문의 부여씨보다 더욱 두드러진 위상을 보여준 여인이 부여태비이다. 「부여태비 묘지명」의 발견으로 그녀에 대한 비교적 자세한 정보들이 많이 드러났지만 역시 그녀의 이름은 알 수 없다.

부여융은 682년 68세로 사망했고, 당 고종은 683년 12월 55세로 사망했으며, 흑치상지는 689년 60세로 감옥에서 자살했는데, 부여태비는 흑치상지가 죽은 다음 해인 690년에 출생하여 738년 8월 9일 49세로 사망했다. 그녀는 22세 때인 711년 당 고조의 증손자로 당시 33세였던 사괵왕(嗣虢王) 이옹(李邕)과 결혼해 부부, 즉 왕비가 되었다. 의자왕이 중국으로 끌려가 죽은 뒤 51년째, 부여융이 죽은 지 29년째 되는 해에 의자왕의 증손녀와 당 고조의 증손자가 결혼함으로써 백제왕실과 당나라 황실은 통혼관계를 통해 서로 이어질 정도로 발전한 것이다.

부여태비가 이옹과 결혼하기까지의 과정을 간단히 정리해보겠다. 이옹의 할아버지는 당 고조의 14자(子)였고, 아버지는 3자(子)였으며, 이옹 본인은 679년에 2자(子)로 태어나 727년 49세로 사망했다. 그는 당 고종이 사망한 후 벌어진 극심한 권력쟁탈전 속에서 살아남기 위해 최선을 다한 인물로 나타난다.

그가 6세 때이고 당 고종이 죽은 다음 해인 684년 측천무후가 황제로 즉위했다. 측천무후 뒤에는 중종이 즉위했으나, 다시 그 황후인 위(韋)씨가 권력을 장악하고 남편인 중종까지 독살했다. 그리고 나중에 현종으로 즉위하는 이융기(李隆基)가 이 위황후를 몰아내고 자신의 아버지 예종을 옹립했다. 이러한 와중에 이옹은 첫 번째 부인이며 위황후의 여동생인 숭국

부인(崇國夫人)을 살해하는 방법으로 자신의 지위를 지켰으며, 711년 33세 때 두 번째 부인으로 22세의 부여태비를 맞아들인 것이다.

이옹과 부여태비 사이에는 이거(李巨), 이승소(李承昭), 이승희(李承曦), 이승준(李承晙), 이승질(李承晊) 등 다섯 아들이 있었다. 그중 장자인 이거가 727년 아버지 이옹이 죽으면서 사괵왕의 자리를 이어받았기 때문에 부여태비도 왕의 어머니, 즉 태비로 불리게 되었는데, 738년 부여태비가 죽으면서 사괵왕인 이거가 만든 어머니의 묘지명이 바로 2004년에 발견된 「부여태비 묘지명」이다.

『구당서』 이거(李巨)전과 혹리 하(酷吏 下) 길온(吉溫)전에는 부여태비의 언니에 대한 기록도 보인다. 그 언니 역시 이름은 알 수 없지만, 당시 혹리로 유명했던 길온의 적모(嫡母)로 나타나고 있다. 그녀는 천관시랑(天官侍郞) 길욱(吉頊)의 동생인 길거(吉琚)와 결혼했는데, 길온은 길거의 서자(庶子)였다. 그러므로 부여태비의 언니인 부여씨가 길온을 직접 낳은 생모는 아닌 것으로 보인다. 한편 『신당서』 돌궐 묵철전에는 부여융의 아들인 부여문선이 자총관(子總管)으로 임명되어 돌궐의 묵철을 정벌하려고 할 때 길욱이 감군사(監軍事)였던 것으로 나온다. 자총관과 감군사는 서로 견제하면서도 협력해야 하는 가깝고도 먼 애매한 관계이기는 하지만, 여하튼 이 기록으로 유추해보면 백제왕족인 부여씨와 중국의 길씨 가문이 평소에 가깝게 지내지 않았을까, 그래서 그 결과로 문선의 동생인 덕장의 딸이 길욱의 동생인 길거와 결혼함으로써 두 집안이 혼인관계로 결합되기에 이르지 않았을까 추측된다.

이상의 내용을 종합하면, 백제 왕족들은 신라에게 백제 땅을 빼앗기고 중국에서 살 수밖에 없는 처지가 되었지만, 중국에서는 백제 왕족인 부여씨 자체가 당나라 지배계급 대열에 참여하여 자신들의 위상을 지켜나가는데 성공하였을 뿐만 아니라, 혼인관계를 통해 당나라 황실과 지배층 내부에 백제 왕실의 피가 흘러들어가게 했다는 사실도 알 수 있다. 그리고 부여씨가 당나라에서 이처럼 성공적인 생활을 하게 되기까지 의자왕의 자기희생적 판단에 따른 항복결정 및 그 이후에 이루어진 부여융의 끈질긴 노력이 근본적이면서도 중요한 배경이자 원인으로 작용하지 않았을까 생각하는데, 복잡한 왕조의 흥망성쇠를 거치며 오랜 세월이 흐른 현재 15억에 이르는 중국의 거대한 인구 속에서 부여씨 후손들은 안타깝게도 그 흔적조차 찾기 어렵게 되었다.

견훤의 활동과 후백제 건국

웅진도독부가 중국으로 쫓겨나고 백제지역을 신라가 장악한 이후에도 백제왕실의 방계(傍系) 부여씨들은 옛 백제 땅에 많이 남아있었을 것이다. 그러나 통일신라에서 고려를 거쳐 조선시대에 이르기까지 이들 부여씨의 활동모습은 찾아보기 어려운데, 패망한 나라의 왕족들이 역사의 뒤안길로 사라지는 것은 당연한 현상이라 할 수 있다. 그러다 오랜 세월이 흐른 오늘날 『부여서씨세보(扶餘徐氏世譜)』에서 부여융의 후손이라는 자신들의 정체성(正體性)을 강조하는 부여서씨의 모습이 발견되어서 눈길을 끈다. 이들 부여서씨에 대한 내용은 다음 절에서 좀 더 구체적으로 소개하겠다.

중국 당나라에서는 백제가 멸망한 후에도 백제왕족인 부여씨들이 나름대로의 위상을 유지하며 생활하는 모습을 볼 수 있지만, 우리나라의 경우는 신라가 한반도 전체를 장악한 통일신라시대에 과거의 적대국이자 패망국에 불과한 백제의 왕족 부여씨들이 현실정치에 참여하기는 어려웠을 것이다. 어쩌면 어렵다기보다 거의 불가능한 상황에서 많은 사람들이 감시의 대상으로 전락해 현실도피적인 생활을 했을 수도 있다.

그렇지만 중국의 『송고승전(宋高僧傳)』에 나오는 승려 진표(眞表)의 예를 통해 볼 때, 통일신라시대에도 백제지역의 일반주민들 사이에서는 백제를 생각하는 마음이 면면히 이어져오지 않았을까 여겨지기도 하고, 이러한 바탕 위에서 후삼국시대에 오면 견훤(甄萱)처럼 백제를 되살리고 의자왕의 명예를 회복시켜주겠다는 의욕을 직접 실천으로 옮기는 모습까지 나타나게 된 것으로 보인다. 그리고 견훤의 이러한 노력이 실패로 끝난 고려시대에는 백제를 내세운 소규모의 농민반란이 전라도지역에서 일어나기도 했으나 오래지 않아 진압되었고, 또 다른 현상으로 백제계 석탑이 옛 백제지역에서 집중적으로 만들어지기도 했다. 백제의 재건을 위한 정치적·군사적인 노력이 수포로 돌아간 난망(難望)한 상태에서 이제는 백제문화를 되살려내려는 문화적인 백제부흥운동이 고려시대의 백제지역에서 일어났음을 알려주고 있지 않나 싶다. 백제멸망 이후에도 옛 백제지역에서는 백제를 향한 여러 종류의 활동이 꾸준히 이어져왔음을 알게 해준다.

여기에서는 견훤의 후백제 건국을 중심으로 이러한 움직임에 대해 살펴보기로 하겠다.

먼저 통일신라시대 백제지역의 주민들이 패망한 왕조인 백제나 그 마지막 군주였던 의자왕을 얼마나 애틋하게 생각하고 있었는지 알려주는 자료는 찾아보기 어렵다. 『송고승전』에서 통일신라시대에 활동했던 승려 진표를 소개하고 있는 내용 정도가 눈에 띄는데, 제목이 「당백제국금산사진표전(唐百濟國金山寺眞表傳)」으로 되어 있고 본문에서도 백제인(百濟人)으로 나온다.

통일신라의 경덕왕과 혜공왕 때(742~779) 활동한 승려 진표는 오늘날 전주에 해당하는 완산주(完山州) 만경현 사람이다. 김제 금산사에서 활동하다가 왕의 부름을 받고 궁중에 들어간 적도 있으며 금강산의 발연사(鉢淵寺)를 창건했다고도 한다. 백제가 망한지 100여 년이 지난 뒤의 일이고 아버지는 신라의 하급귀족이었다는데, 그가 『송고승전』에는 신라인이 아니라 백제인으로 나오고 있는 것이다. 『송고승전』은 백제가 망하고 300년 이상의 세월이 흐른 북송 태종 단공(端拱) 원년(元年=988), 우리나라로 따지면 고려시대에 편찬된 책이다. 이러한 책에서 진표를 새삼스럽게 백제인으로 소개하고 있으면서도 그 이유는 밝혀놓고 있지 않다. 따라서 가능성 차원에서 몇 가지를 생각해 보고 싶다.

첫째, 백제를 국가 명칭이 아니라 지역 명칭으로 사용하여 옛 백제지역의 사람이란 의미로 백제인이라 표현했을 가능성이다. 그러나 제목에 백제국이란 명칭이 분명히 보이듯이 여기에서의 백제는 지역을 가리키는 단순한 의미보다 국가를 가리키는 것으로 나타나고 있어서 이 가능성은 낮다고 보아야 하겠다.

둘째, 백제는 이미 망했지만 백제불교의 정신을 되살리거나 그 맥을 이어받았다는 의미에서 백제인이라 표현했을 가능성이다. 『금산사사적(金山寺事蹟)』에 의하면, 금산사는 백제 법왕 즉위 2년째이자 무왕이 즉위한 해인 600년에 창건되었고, 통일신라 경덕왕 때 진표가 중창(重創)하여 대사찰의 면모를 갖추게 된 것으로 나온다. 『송고승전』의 제목처럼 금산사는 백제국의 절인데, 백제가 망한 뒤 진표가 이 금산사를 대사찰로 발전시켰기 때문에 백제불교의 정통성을 그에게로 연결시키는 의미에서 그를 백제인이라 표현했을 가능성은 충분히 있다.

셋째, 또 하나 생각해 볼 수 있는 것이 진표 스스로 자신이 백제인임을 자처했거나 백제유민임을 실제로 내세웠을 가능성이다. 설령 그가 이

러한 사실을 겉으로 강조하지 않았더라도 그의 내면에 친백제적(親百濟的)
인 정서가 흐르고 있었고, 또 그가 백제유민들을 위해 신앙운동을 전개하
는 등 그에게 백제계승의식이 깊숙이 자리를 잡고 있었기 때문에『송고승
전』에서 그를 백제인으로 소개했을 수도 있다. 금산사가 백제시대에 창건
된 절인 만큼 이 절의 중창 자체가 둘째 가능성으로 위에 제시한 것처럼
백제계승의 의미를 충분히 지닐 수 있기는 하다. 다만 그렇다고 하여 백
제인이라고 표현할 정도로 진표가 과연 내면에 백제계승 의식을 깊숙이
간직하고 활동했을까 여부는 단정하기 어려우므로 현재로서는 그 개연성
만 생각해볼 수 있을 뿐이다.

　그러나 통일신라 말기 사회혼란을 틈타서 지금의 광주(光州)인 무진주(無
珍州)를 점령하고 서기 900년에는 옛 백제의 원한을 설욕한다는 기치 아
래 스스로 백제왕이라 일컬으며 완산주, 즉 지금의 전주에 도읍한 견훤의
모습은 백제가 멸망한 후에도 백제를 생각하는 후대인들의 감정이 옛 백
제지역에서 오랜 기간 식지 않고 이어져왔음을 보다 직접적으로 보여준
다는 점에서 더욱 눈길을 끈다.

　『삼국유사』후백제 견훤조에는 함통(咸通) 8년(867)에 태어났다는 견훤의
출생지로 경북 상주 가은현과 전남 광주 북촌, 출신성분으로 일반농민의
아들과 신라왕실의 후손이라는 서로 다른 설(說)이 소개되고 있다. 이를
둘러싸고 그동안 다양한 주장이 제기되기도 했는데, 지금은 대개 경북 상
주에서 농민의 아들로 태어났다는 설을 따른다. 광주 북촌의 지렁이 이야
기처럼 비현실적인 설화의 성격이 강하거나 신라왕실과 연결된 내용들은
견훤이 민심을 끌어 모으고 후백제왕으로서의 정통성, 합법성, 신성성 등
을 갖추기 위한 목적에서 나온 윤색(潤色)으로 보고 있다.

　『삼국유사』견훤조에서는 그가 반란을 일으킨 시기를 889년으로 소개

하고 있다. 나이 23세 때인데, 한 달 사이에 5천 명이 모일 정도로 성공적이었다. 그의 성공은 큰 아들 신검과의 불화로 그가 금산사에 유폐되었다가 왕건에게 망명한 935년까지 46년간 이어졌다. 군사력의 원천이 민심임을 생각하면 46년에 걸친 견훤의 성공은 그만큼 민심을 끌어 모은 것이라 하겠다. 옛 백제지역에서 민심을 얻기 위해 견훤이 선택한 방법은 의자왕의 후계자로 자처하는 것이었다. 그러므로 견훤의 성공은 그를 지지하는 많은 사람들의 입장에서는 백제부흥을 의미하는 것이기도 했다. 견훤의 후백제 건국을 또 다른 형태의 백제부흥운동으로 볼 수 있는 이유가 여기에 있다.

견훤이 전주에서 후백제의 출범을 정식으로 선포하던 때의 모습을 『삼국사기』 견훤전에서 찾아보면,

> (견)훤이 서쪽으로 순행하여 완산주(完山州)에 이르니, 주민(州民)이 위로하며 맞아들이므로 (견)훤은 인심을 얻은 것을 기뻐하며 좌우에게 말하기를 "내가 삼국의 시초를 살펴보니 마한(馬韓)이 먼저 일어나고 뒤에 혁거세(赫居世)가 일어났다. 그러므로 진한(辰韓)과 변한(弁韓)은 그것(마한)을 뒤따라 일어난 것이다. 이에 백제는 금마산(金馬山)에서 개국하여 6백여 년이나 내려왔는데 …… 당 고종이 신라의 청에 의하여 장군 소정방으로 하여금 선병(船兵) 13만 명을 거느리고 바다를 건너오게 했고, 신라의 김유신은 있는 군사를 다 동원하여 황산(黃山)을 거쳐 사비(泗沘)에 이르러서는 당병(唐兵)과 연합하여 백제를 쳐서 멸망시켰다. 이제 내가 완산에 도읍을 세우고 의자(왕)의 묵은 원한을 풀어주어야 하지 않겠는가"라고 하면서 마침내 스스로를 후백제왕이라 칭하고 관직(官職)을 설치하여 나누어 주었으니, 이때가 당나라 광화(光化) 3년(900)이고 신라의 효공왕 4년이다.

라고 하여 견훤 스스로가 의자왕의 정신적인 후계자임을 자처하고 있다. 결국 견훤은 자신의 정통성을 인정받는 방법으로 옛 백제와의 연결성, 즉 자신의 행동은 의자왕의 쌓인 원한을 풀어주기 위한 것이며 동시에 옛 백제의 재건을 위한 것이고, 그리하여 나라의 이름까지도 계승한다는 명분을 내세우고 있는 것이다. 물론 백제가 오늘날의 익산지역에 위치해 있는 것으로 여겨지는 금마산에서 개국했다는 설명은 잘못된 것이지만, 이 역시 전주지방을 중심으로 한 민심을 선동하기 위해 계획적으로 짜여진 각본일 수도 있다.

이때는 의자왕이 죽은 지 240년의 시간이 경과했을 무렵이다. 따라서 견훤의 의자왕에 대한 지식이 어느 정도였는지, 또 의자왕에 대해 실제로 어떠한 생각을 품고 있었는지 정확하게 알기는 어렵다. 분명한 사실은 당시 이 지역 사람들의 의자왕에 대한 인식이 나빴다면 견훤이 의자왕의 뒤를 잇는다는 구호를 내걸지는 못했을 것이라는 점이다. 바꾸어 말하면, 240년이라는 오랜 기간이 지난 이때까지도 옛 백제지역 주민들의 의자왕에 대한 인식은 좋았고, 그리하여 이러한 민심을 알고 견훤도 그 속으로 파고들어 성공을 거두었다고 보아야 한다는 것이다.

견훤 이후에는 고려가 후삼국을 통일한지 250년 이상의 시간, 그러니까 삼국시대가 종말을 고한지 500년 이상의 기간이 경과한 고려 무신집권기에 3국의 부흥을 표방하는 반란, 곧 신종(神宗) 5년(1202) 경주에서는 신라의 부흥, 고종(高宗) 4년(1217) 서경(평양)에서는 고구려의 부흥, 고종 23년(1236) 전라도 담양에서는 백제의 부흥을 기치로 하는 난이 일어났다가 진압된 일이 있었다. 이중 고종 23년 전라도 담양에서 난을 일으킨 이연년(李延年)과 관련된 내용으로 『고려사』 최린(崔璘)전에 보면, 이연년은 원율현인(原栗縣人), 지금의 담양군 금성면 원율리 출생이며 "백적도원수(百賊都元

帥)"라 자칭했다고 한다. 이가당(李家黨)이란 조직을 만들고 금성산성을 거점삼아 원율에서 담양으로, 또 광주(해양)로 진출하며 위세를 떨쳤는데, 주변에 격문까지 보낸 것으로 나온다.

이연년이 "백적도원수"라 자칭했다는 『고려사』 최린전의 내용 때문에 그의 활동을 백제와 관련시키지 않는 견해도 있다. 그러나 격문을 띄우며 스스로 "적(賊)"이라 표현할 수는 없다. "백적"은 아무래도 "백제"의 오자(誤字)거나 기록자의 고의적인 왜곡으로 보인다. 반란지역이 옛 백제 땅이고 이미 다른 지역에서 신라나 고구려의 부흥을 내세운 전례가 있다는 점에서 더욱 그러하다.

물론 그렇다고 이연년이 순수하게 백제부흥을 목적으로 봉기했다는 것은 아니다. 이 무렵은 무신정권의 가혹한 수탈에 따른 백성들의 불만과 함께 몽고군의 제3차 두 번째 침입이 고려 서부지역을 향하여 전라도 지방의 불안감이 높아졌을 때인 만큼, 이러한 상황이 이연년의 난을 촉발시켰음을 부정할 수 없다. 그러므로 이연년의 난을 백제부흥운동이라고 단정하기는 어렵지만, 이들이 백제를 내세우며 주변에 격문까지 보내고, 또 그것이 호응을 얻어 세력이 확대되어 나간 것은 사실이다. 그렇다면 이연년의 난이 어느 정도의 성공을 거둔 것은 그 자체가 이곳 지역민들의 백제에 대한 회고적인 감정 및 긍정적인 인식이 이때까지 지속되면서 그것이 백제부흥의 염원과 결합되어 얻어진 결과라 이해해도 무리는 없을 것 같다. 담양 주변에 고려시대의 백제계 석탑 3기가 지금까지 전해오는 것은 이러한 해석에 설득력을 더해 준다.

고종 24년(1237) 봄 나주전투에서 이연년이 전사하고 반란이 종식된 이후에는 더 이상 우리 역사에서 정치적으로나 군사적으로 백제부흥을 내세우는 모습은 찾아볼 수 없다. 그렇지만 백제와 관련된 고려시대의 또 다른 현상으로서 담양 주변만이 아니라 옛 백제지역 곳곳에 백제계 양식의 석탑들이 조영되고 있었다는 사실도 주목해보고 싶다.

백제지역에서는 고려시대에 들어와 무신집권 말기까지 약 400년의 기간 사이에 만들어진 백제계 양식의 석탑 28기 정도가 확인된다. 전형적인 백제양식을 보여주는 것만이 아니라 백제·신라 절충양식 중 신라계 요소가 좀 더 강하게 나타나는 것까지도 모두 포함시킨 숫자다. 이 백제계 양식 석탑들에게서는 몇 가지 특징이 찾아진다.

첫째, 백제멸망 후 통일신라시대까지는 백제계 석탑이 조영되지 않았다는 것이다.

둘째, 백제계 석탑은 모두 백제지역에서만 건립되었다는 것이다.

셋째, 통일신라가 망하고 고려가 건국되자 백제계 석탑이 건립되었다는 것이다.

진표나 견훤의 예에서 살펴보았듯이 통일신라시대의 백제지역에도 백제계승의식은 자리를 잡고 있었다. 그런데 왜 고려시대에 들어와서야 이러한 탑이 조영되었을까. 이유는 각 시대의 사회분위기 속에 들어있다고 본다.

우선, 통일신라시대에는 왕도(王都) 중심의 탑 조영이 이루어진 것으로 나타난다. 따라서 석탑이 경주 부근과 삼국시대의 신라 영역이었던 영남지역에 집중되어 있고, 다른 지방에서는 석탑의 조영 자체가 별로 눈에 띄지 않는다.

다음, 고려시대에는 각 지방의 토착세력까지 탑 조영에 참여하여 지방적 특색을 지닌 다양한 석탑들이 출현하고 있다. 그러면서도 고려정부의 백제지역에 대한 차별, 예를 들면 태조의 「훈요십조(訓要十條)」 중 8조에는 풍수지리설에 입각해 차령(車嶺) 이남 금강(公州江) 밖의 지역, 즉 옛 백제지역 인물들의 정계진출과 혼인에 제한을 가하도록 하는 배타의식이 담겨 있는데, 이러한 고려시대의 백제지역에 대한 차별정책이 이곳 지역민들의 백제에 대한 회고적 정서를 더욱 부채질함으로써 백제계 양식의 석탑이 활발히 조영되도록 만들지 않았을까 싶다.

결국, 백제부흥운동의 정치적·군사적 의미가 소멸된 시기에 문화적 의미에서 백제문화의 계승자 또는 백제의 후예라는 역사의식과 함께 또 다른 백제부흥운동을 도모한 옛 백제 지역민들의 노력을 보여주는 것이 고려시대 백제계 석탑의 조영이라고 성격지어도 좋으리라 생각한다.

계보가 부여융으로 이어지는 부여서씨 세보

의자왕의 후손들은 우리나라, 중국, 일본 등 3국으로 뿔뿔이 흩어져 생활하게 된 것으로 보인다. 이중 중국은 현재 15억에 달하는 거대한 인구 속에서 그들의 흔적조차 찾기 어렵게 되었지만, 우리나라에서는 부여서씨(扶餘徐氏), 일본에서는 삼송(三松=미마쓰)씨가 뿌리를 이어오고 있다. 물론 백제 패망의 현장인 우리나라에서는 의자왕과 부여서씨와의 관계를 직접적으로 확인시켜줄만한 기록이나 증거가 남아있지 않다. 고려시대부터 계보가 전하는『부여서씨세보(扶餘徐氏世譜)』에서 부여융을 시조로 내세우고 있는 것이 전부다.

그렇지만 의자왕의 정신적인 후계자임을 자처했던 견훤이나 이연년의 예와 달리 부여서씨는 의자왕의 혈연적인 후손임을 내세우고 있다는 점에서 더욱 눈길을 끈다. 그러면 의자왕에 대한 평가의 마지막 단계로서 우리나라의 부여서씨와 일본의 삼송씨가 의자왕과의 혈연적인 연결성을 주장하고 있는 입장을 중시하여, 의자왕이 결코 역사 속에 묻혀서 사라져

버린 잊혀 진 인물이 아니라 그의 후손들에 의해 되살아나서 오늘날까지도 역사적인 자부심을 잃지 않은 존재로 우리 앞에 자리 잡고 있다는 사실을 지적해 보고 싶다. 이곳에서는 부여서씨에 대해 먼저 검토해보고, 일본의 삼송씨는 다음 절에서 소개하겠다.

부여서씨의 유래와 본관에 대한 설명은 두 계통으로 나뉘어 전해오고 있다. 하나는 『조선씨족통보(朝鮮氏族統譜)』의 내용인데, 부여서씨도 다른 서씨들과 마찬가지로 경기도의 이천서씨(利川徐氏)로부터 나뉘어져 나왔다는 것이다. 이 경우 부여서씨의 1세조인 서존(徐存)은 이천서씨의 시조로서 신라 효공왕 때에 활동한 인물인 서신일(徐神逸)의 6대 후손으로 말해지고 있다. 또 하나는 『만성대동보(萬姓大同譜)』의 내용인데, 그 시조는 의자왕의 아들인 부여융이고, 나라가 망해 그가 당나라로 들어갔을 때 당 고종이 성(姓)을 서(徐)씨로 고쳐 하사한 뒤 웅진도독에 임명하여 본국으로 보냈다고 되어 있다. 다만 그 뒤의 후손들에 대한 내용은 끊겨져 있어서 알 수가 없고, 고려시대에 병부상서(兵部尙書)를 지낸 서존이 중시조로 기록된 다음부터의 세계(世系)가 나와 있어서 부여를 본관으로 하는 부여서씨가 정식으로 성립된 것은 고려시대 이후의 일이라는 사실을 알게 해준다.

이상과 같이 서로 다르게 나타나고 있는 부여서씨의 유래에 대한 설명을 어떻게 받아들여야 할 것인가의 문제는 역사학적인 연구방법론상에서 볼 때 다양한 논의를 불러일으킬 수 있다. 그러나 여기에서는 이러한 접근방법보다 일단 『부여서씨세보』에 나오는 설명을 중심으로 하여 논의를 전개해 나가기로 하겠다.

1996년에 편찬된 『부여서씨세보』에는 조선 숙종 때인 1683년부터 1996년까지 쓰여진 10편의 서문과 다양한 종류의 신도비문(神道碑文) 및 묘지명(墓誌銘)이 수록되어 있는데, 그 내용 중에는 의자왕의 아들 융이 당 고종으로부터 서씨 성을 하사받고 웅진도독으로 오면서 부여서씨가 시작되었다는 내용을 비롯하여 백제 왕실과의 연결성을 언급하는 글들이 많이 눈에 띈다.

1925년에 쓰여진 「보계변(譜系辨)」에서는 서씨의 연원을 기자(箕子)의 40대 후손인 기준(箕準)이나 단군시대의 여수기(余守己)로 설명하는 내용의 비과학성을 지적하는 동시에 부여서씨를 이천서씨의 계보 안에 포함시켜 바라보는 태도도 잘못되었음을 거론하고 있다. 즉, 부여서씨의 독자적인 성격에 대한 강조와 함께 계통이 백제의 부여씨에서 나와서 뒤에 변하여 서씨가 되었기 때문에 옛 성을 본관으로 삼게 되었다는 내용이다. 또 1760년과 1920년에 각각 쓰여진 두 종류의 「부여서씨본계(扶餘徐氏本系)」에 보면, 의자왕이 당나라에서 죽은 뒤 당 고종은 의자왕의 아들 융에게 성을 서씨로 고쳐 하사하고 웅진도독으로 삼아 본국으로 보냈다는 내용을 끝 부분에 써놓고 있다. 이에 비해 1978년 10월에 건립된 「백제문화비문(百濟文化碑文)」에는 통일신라 이후 부여씨(扶餘氏)가 부여씨(夫余氏)로 변하고, 다시 부여씨(夫余氏)가 서씨(徐氏)로 전승(傳承)한 것이 문헌이나 일반인들의 통념이라고 설명한 내용도 있다.

이들 기록은 부여서씨의 후손이나 그들과 밀접한 관계에 있는 사람들에 의해서 쓰여 진 것이며, 이로부터 부여서씨가 의자왕의 후손으로서 지니고 있는 강한 역사의식도 느껴볼 수가 있다. 우리는 『부여서씨세보』에 나타나 있는 이러한 백제 의자왕과 관련되어 있는 부여서씨의 역사의식을 존중해 주어야 함은 물론이고 이를 통해 의자왕에 대한 인식도 새롭게 해볼 필요가 있다고 본다.

그러나 『부여서씨세보』의 내용 속에는 역사사실에 비추어 볼 때 수정되어야 할 부분도 몇 가지 눈에 띄기에 집고 넘어가야 할 것 같다.

우선, 「백제역대왕실세계도(百濟歷代王室世系圖)」를 보면 아마 『삼국사기』를 참고로 한 것 같은데, 의자왕의 왕자들 순서를 효, 태, 융, 연, 풍의 순서로 배치하고 문사는 효의 아들로 연결시켜 놓았으며, 융은 셋째 아들로서 태자라 표시하였고, 풍은 다섯째 아들의 자리에 위치시키고는 충승과 충지를 풍의 아들로 기록해 놓았다. 이러한 내용은 앞에서 살펴보았듯이 사료 상에 나타나고 있는 의자왕 후손들의 모습과는 많은 차이가 있기 때문에 가능한 선까지는 바로잡아 놓아야 할 것으로 본다.

첫째, 사료 상에는 의자왕의 왕자로서 백제부흥운동이 실패한 뒤 일본에 정착한 부여용과 대방군왕의 자리를 마지막으로 이어받은 부여용의 손자 부여경의 이름도 보이는데, 이들이 『부여서씨세보』의 「백제역대왕실세계도」에는 누락되어 있다. 추가시켜야 할 내용으로 보인다.

둘째, 왕자들의 서열 배치에도 문제가 있다. 융은 의자왕의 적장자임이 분명하고, 그로 인해 태자에 책봉된 것이기 때문에 왕자들 중에서는 제일 앞에 위치시켜야 할 것으로 본다. 효는 첫째가 아니라 셋째 아들일 가능성도 있지만, 그보다는 풍처럼 의자왕의 서자일 가능성이 더 크며, 나이 관계는 분명하게 밝히기 어려우나 풍이 효보다는 많았을 것으로 판단된다. 그리고 융과 풍 중에서 누구의 나이가 많았을까 하는 문제도 정확히 말할 수는 없으나 풍이 많았을 가능성이 크며, 융과 효의 경우도 가능성만 가지고 따지면 효의 나이가 약간 많았을 수 있다. 결국 적서(嫡庶)의 구분 없이 나이를 가지고 보면 풍, 효, 융, 태, 연의 순서로 배치시킬 수도 있어서, 부여용이 왕자들 중에서 나이로는 세 번째 순위일 가능성 또한 없지 않다. 물론 이것은 말 그대로 가능성만 가지고 계산해 본 것일 뿐 실제 사실이 그렇다는 것은 아니다. 일본에 정착한 부여용의 경우도 서자일 가능성이 큰 것으로 여겨지는데, 그의 나이와 관계된 문제는 부여풍이나 융보다 적었다는 것 외에 다른 내용은 알 길이 없다.

여하튼 부여융의 경우만을 가지고 보면, 태자의 자리에 오르고 있는 모습에서도 알 수 있듯이 그는 의자왕의 적장자로서 왕자들 중에서 서열이 가장 앞서는 위치에 있었던 것은 분명하다. 따라서 「백제역대왕실세계도」에서도 그의 위치는 풍이나 효보다 앞에 두어야 할 것으로 판단되며, 가능성을 가지고 볼 때 풍과 효, 용 등은 서자로 구분시켜서 별도로 다루어야 하지 않을까 하는 생각이 든다.

셋째, 문사나 충승, 충지 등의 세계(世系)가 잘못 연결되었다는 것이다. 문사는 의자왕의 적손(嫡孫)으로서 부여융의 아들이므로 효가 아닌 융에게로 연결시켜야 하고, 충승과 충지는 풍의 아들이 아니라 숙부이기 때문에 무왕의 아들로서 의자왕과 나란히 위치시켜 놓아야 하리라고 본다.

다음, 「분파계도」에서 시조 서융(徐隆)에 대한 설명문을 보면, 서융은 의자왕의 아들로 태자책봉이 되었는데, 나라가 망한 후 당나라에 들어갔을 때 당 고종이 본래의 성인 "부여(扶餘)"를 "서(徐)"로 바꾸어주고 웅진도독으로 삼아 본국으로 돌려보냈다는 내용과 그 뒤로 수세대(數世代)를 알지 못하여 병부상서 서존을 1세조(世祖)로 삼았다는 내용을 기록해 놓고 있다. 1986년에 편찬된 세보의 「분파계도」에서는 좀 더 구체적으로 서융을 의자왕의 셋째 아들로 거론하고 있다.

이 「분파계도」에서도 부여융의 왕자로서의 서열문제가 우선 눈에 거슬린다. 위에서 지적한 바와 같이 왕자들을 나이 순서로만 보면 부여융이 세 번째일 수도 있으나, 이는 어디까지나 그럴 가능성이 있다는 것이지 사실이 정확하게 그렇다는 것은 아니다. 게다가 왕자들 사이에는 적자와 서자의 문제가 또 자리 잡고 있기 때문에, 부여융의 왕실서열을 말할 때는 적장자라는 말로 표현해 놓는 것이 보다 좋지 않을까 생각한다.

또 한 가지는 당 고종이 성을 부여씨에서 서씨로 바꾸어 주었다는 내용 역시 선뜻 받아들여지지 않는다. 앞에서 부여융이나 그의 아들 문사, 문선, 덕장, 손자 부여경, 손녀 부여태비, 동생 부여용 그리고 부여융이 죽은 후 100년 뒤에 등장하는 부여준 등과 관련된 중국 역사서의 기록을 살펴 본 바에 따르면, 당 고종이 부여씨를 서씨로 고쳐서 하사했다는 내용을 증명할만한 증거는 물론이고 어떤 조그마한 단서도 찾을 수 없을 뿐만 아니라 그와 비슷한 분위기도 느껴볼 수가 없다. 이러한 상태에서 고종 및 측천무후 시기나 그 이후의 당·송 시대에 쓰여 진 모든 중국의 역사서에서는 변함없이 백제왕실의 성을 "부여"로 내세우며 사용하고 있다. 예를 들어 송대(宋代)에 왕응린(王應麟)이 편찬한 『성씨급취편(姓氏急就篇)』을 보아도 백제왕성으로 부여씨(扶餘氏) 또는 여씨(餘氏)만이 언급되고 있을 뿐 다른 내용은 찾아지지 않는다. 따라서 당 고종이 부여씨를 서씨로 고쳐서 하사했다는 설명은 역사적인 사실에 근거를 둔 것이 아님도 알 수가 있겠다.

『부여서씨세보』속에서 찾아 볼 수 있는 부여서씨의 유래에 관한 내용으로는 두 가지가 눈에 띈다.

첫째는 방금 소개한 바와 같이 당 고종이 부여씨를 서씨로 고쳐서 하사했다는 것인데, 오늘날 족보를 다루는 거의 모든 책에서는 부여서씨의 연원을 소개할 때 이 내용을 일반화시켜서 거론하고 있다. 다만, 당 고종 및 그 이후의 시대에 쓰여 진 어떠한 역사기록을 찾아보아도 이러한 사실을 뒷받침해줄 만한 근거는 눈에 띄지 않는다. 이와 같은 상태에서 중국의 모든 역사서들은 백제왕실의 인물들에 대한 내용을 기록할 때 변치 않고 부여씨로 표현하고 있어서 당 고종이 부여씨를 서씨로 바꾸어주었다는 주장은 사실상 받아들이기 어렵다.

둘째는 「백제문화비문」에 새겨져 있는 내용으로서 통일신라 이후 부여씨(扶餘氏)가 부여씨(夫余氏)로 변하고, 다시 부여씨(夫余氏)가 서씨(徐氏)로 변하여 이어져 내려왔다는 설명인데, 오히려 이러한 지적이 역사적인 사실성을 반영하고 있지 않을까 싶다.

백제가 망한 뒤 한반도에 살아남아 있었을 백제왕실의 후손들, 즉 부여씨 입장에서 볼 때 통일신라시대는 다른 사람의 이목(耳目)을 피해 은둔생활을 하지 않으면 안 되는 암울한 시기였을 것이다. 스스로 떠안을 수밖에 없었을 왕조패망에 대한 죄책감 및 『삼국사기』 의자왕본기에 나타나는 바와 같이 백제왕실을 향해 쏟아지는 수많은 비난과 모욕적인 발언들이 난무하는 왜곡된 시대분위기 속에서 완전히 무너져 버린 자존심은 부여씨의 존재의미 자체를 삭감시켰을 법도 하다. 견훤이 백제왕을 자처하던 후삼국시대의 상황 또한 백제지역에서 부여씨의 존재의미를 깎아내리기는 마찬가지였을 것이다. 따라서 그들 나름대로 새로운 돌파구를 찾지 않으면 안 되었을 상황 앞에서 성씨의 한문까지 약간씩 변형시켜가며 현실참여를 모색한 결과가 결국 오늘날의 부여서씨로까지 변화했을 것이라고 보는 논법은 충분히 성립될 수 있다고 여겨진다.

공주대학교 사학과에서 2005년에 개최한 한국역사민속학회 동계학술발표회에서 정종수 선생이 발표한 내용 중 고려가 망했을 때 태조 이성계 일파의 압박으로 고려 왕씨들이 성을 고쳐 마(馬)씨가 되거나 "왕"자에 인(人)자를 씌워 전(全)씨가 되기도 하고, 또 "왕"자에 점 하나를 붙여 옥(玉)씨가 되거나 전(田)씨로 성을 바꾸어 왕씨 성을 감추며 멸족의 화를 면하고자 했다는 지적이 있는데, 부여서씨의 성립과정 역시 이와 동일한 맥락 위에서 이해하면 될 것 같다. 물론 이러한 변화과정을 증명해줄 수 있는 사료상의 증거는 없다. 그러나 필자의 성씨인 남원양씨를 비롯한 우리나라와 중국의 거의 모든 성씨들 역시 그 연원을 사료 상으로 분명하게 증명해낼 수 있는 경우는 흔치 않다. 그리고 사실은 이것이 대개의 족보가 지니고 있는 공통적인 약점이기 때문에 부여서씨의 경우에만 분명한 증거제시를 요구할 수도 없는 형편이고, 또 증거가 없다고 하여 족보상의 내용을 무조건 무시해도 안 되리라고 본다.

당 고종이 부여씨를 서씨로 바꾸어 하사했다는 내용은 부여서씨의 입장에서 과거의 백제왕실과 자신들과의 연결성을 강조하기 위한 근거로 삼기 위해 만들어낸 것이 아닐까 판단되기도 하는데, 이로부터 백제왕실을 향한 강한 애착과 그들 나름대로의 역사의식도 느껴볼 수 있지만, 이러한 주장은 역사적인 시각을 가지고 보면 설득력을 갖기보다 오히려 의혹만 증폭시키는 역효과를 불러일으킬 위험성이 더 크다고 하겠다.

마지막으로 한 가지 더 지적해 놓고 싶은 내용은 이천서씨 및 장성서씨 등의 초기 족보에도 자신들의 성씨 유래를 부여씨에서 찾는 모습이 보이고 있다는 점이다. 그렇다면 부여서씨만이 아니라 원래는 우리나라의 모든 서씨들이 백제왕실과의 연결의식을 지니고 있었던 것으로 여겨지기도 한다.

백제왕선광으로 계보가 이어지는 일본의 삼송씨

우리나라의 부여서씨에 비해 일본의 삼송씨는 의자왕과의 관계가 좀 더 구체적으로 드러난다. 일본으로 건너간 의자왕의 후손은 자신들의 혈연적인 뿌리를 그만큼 분명하게 이어온 것이다. 우리나라나 중국과는 다른 일본의 특수한 사회 환경이 이를 가능하게 만들었다고 여겨지기 때문에 이 문제부터 검토한 다음 삼송씨에 대해 살펴보도록 하겠다.

백제 패망의 현장인 우리나라에서는 백제 왕족만이 아니라 백제유민들의 활동 자체가 처음부터 위축될 수밖에 없었다. 이에 비해 중국의 당나라에서는 백제왕족은 물론이고 많은 백제유민들이 지배계층의 대열에 들어간 것으로 나타나는데, 그들이 남긴 묘지명이나 역사기록을 보면 대개 무인(武人)으로서의 능력을 인정받으며 활동하는 모습을 보여주고 있다. 그러다 이후 복잡한 왕조변천의 역사 속에서 지금은 그 흔적조차 찾기 어렵게 되었다. 일본에서도 중국 당나라의 경우처럼 백제 왕족과 유민들이 지배층에 참여하였다. 다만 무인으로서의 활동이 두드러졌던 중국과 달리 일본에서는 문인으로서의 학문적인 능력이나 전문적인 지식 또는 기술 등을 가지고 일본사회에 영향을 주었을 뿐만 아니라, 오늘날까지도 그들의 활동흔적을 어느 정도 찾아볼 수 있다는 점에서 우리나라나 중국과의 차별성이 느껴진다.

『일본서기』에는 백제유민의 동향이 잘 나타나 있다. 백촌강구 전투의 패배로 주류성(周留城)이 함락당한 직후인 천지천황(天智天皇) 2년(663) 9월 19일 퇴각하는 일본 수군을 따라 백제 왕족, 관료, 일반 백성 등 백제의 수많은 사람들이 일본에 망명한 것으로 나온다. 그리고 일본조정에서는 이들에게 삶의 터전과 생활의 안정을 찾아주기 위해 적극적인 조치를 취하고 있다.

천지천황 3년 3월에는 백제왕 선광왕(善光王) 등을 난파(難波=나니와)에 거주하게 하고, 4년 2월에는 백제의 남녀 400여 명을 근강국(近江國=오미국) 신전군(神前郡=간자키군)에 살게 했으며, 5년 겨울에는 2,000여 명을 동국(東國)에 정착시킨 뒤 관청에서 식량까지 조달해 주었고, 8년 12월에는 좌평 여자신(餘自信), 좌평 귀실집사(鬼室集斯) 등 남녀 700여 명을 근강국 포생군(蒲生郡=가모노고오리)에 옮겨 살게 했다고 한다. 또 10년 춘정월에는 백제관료들에게 대규모로 관직을 수여해 많은 사람이 일본조정의 관리로 활동하면서 일본사회에 크고 작은 영향을 주게 되었다. 그 중 교육부장관급의 학직두(學職頭)를 역임한 귀실집사나 법관대보(法官大輔)에 임명된 여자신, 사택소명(沙宅紹明), 축자국(筑紫國)에 대야성 등의 성을 쌓은 억례복류(憶禮福留), 사비복부(四比福夫) 및 약에 대한 지식이 해박한 귀실집신(鬼室集信) 등이 특히 눈에 띈다.

지금도 자하현(滋賀縣=시가현) 포생군 일야정(日野町=히노쵸) 소야(小野)마을 숲 속에 자리 잡고 있는 귀실집사의 신사(神社)와 묘비(墓碑)는 일본사회에 미친 그의 영향력이 매우 컸음을 증언하고 있다. 귀실신사는 귀실집사를 주신으로 모신 신사이며 원래 서궁(西宮), 부동명왕당(不動明王堂), 서궁신사(西宮神社) 등으로 불려오다가 1955년에 귀실신사로 이름을 고쳤다고 한다. 신사의 주신이 귀실집사이고, 이미 1805년 신사 뒤에서 "귀실집사묘(鬼室集斯墓)"라 쓰여진 석비가 발견되었기 때문에 이를 근거로 귀실신사라 한 것이다. 비석 왼쪽 면에 "주조(朱鳥) 3년(688) 11월 8일 몰(歿)"이라 새겨져 있어 사망한 날짜를 알 수 있다. 그는 백촌강구 전투가 있었던 663년에 망명한 것으로 여겨지기 때문에 일본에서 25년 동안 생활하다 죽은 셈이다.

그의 정체와 관련해서는 복신의 공(功)을 참작하여 그에게 소금하(小錦下)를 제수했다는 『일본서기』의 기록이 주목된다. 복신의 후광이 그에게 직접 미치고 있다는 점에서 아들로 보아야 하지 않을까 싶다. 그가 역임하게 된 학직두(學職頭)는 교육부 장관이나 대학 총장 또는 학술원 원장처럼 학문과 교육을 지휘하고 감독한 고위직으로 여겨진다. 망명한 사람이 이러한 직위에 오른다는 것은 학식과 덕망이 그만큼 높았음을 증명하는 것이다. 그와 형제관계가 아닐까 짐작되는 귀실집신은 약(藥)에 대한 지식이 해박한 것으로 나온다.

따라서 이들 귀실씨는 학문과 의술의 전문직에 종사하며 백제의 선진 학문과 의학지식을 일본에 전해준 것으로 받아들여진다. 그리고 이러한 활동이 결국 귀실신사의 출현도 가져왔다고 본다. 귀실신사가 있는 일본의 일야정과 귀실신사의 주신인 귀실집사의 아버지 복신장군을 별신으로 모시고 있는 우리나라의 은산면, 다시 말해 아들 마을과 아버지 마을은 현재 자매결연을 맺고 있기도 하다. 815년에 완성된 일본고대 씨족지 『신찬성씨록(新撰姓氏錄)』에 의하면 "귀실씨"는 천평보자(天平寶字) 3년(759)에 "백제공(百濟公)"으로 개성(改姓)했다고 한다. 귀실집사가 죽은 지 71년 뒤의 일이다.

중국이나 우리나라의 역사기록에 무왕의 조카로 나오는 복신의 성을 『신찬성씨록』에서는 귀실이라 소개하며 원래 부여씨(扶餘氏)였으나 귀신의 감화를 받아 성을 귀실(鬼室)로 고쳤다고 설명하고 있다. 원래 백제왕족이었던 복신의 가계가 어느 시점에 귀실씨를 사성(賜姓)받았거나, 혹은 백제가 나·당 연합군에게 점령당한 뒤 백제부흥운동을 일으키면서 복신 스스로의 결정에 의해 부여씨에서 귀실씨로 분지화하지 않았을까 추정되는데, 일본조정은 이 귀실씨가 백제를 대표할만한 학식과 신분을 지녔다고 인정하면서 다시 "백제공"으로 성을 고쳐준 것이라 풀이된다.

의자왕의 직계가 아니라 방계로 여겨지는 백제왕족으로서 669년 귀실집사와 함께 근강국 포생군에 거처를 마련한 좌평 여자신(餘自信)도 주목된다. 그는 백제의 구마노리성(久麻怒利城)에서 백제부흥운동을 전개했던 여자진(餘自進)과 동일인물로 여겨지는데, 일본으로 건너와 정착해서는 대금하(大錦下)의 관등을 제수받고 사택소명과 함께 법관대보에 임명된 것으로 나온다. 여자신은 뒤에 고야(高野=다카노)지역에 정착하여 고야조(高野造=다카노미야쓰코)를 씨성(氏姓)으로 하는 집안의 시조(始祖)가 된 것으로 『신찬성씨록』에 전해온다. 이 집안은 전문적인 수공업을 관장하는 집단의 수장으로서의 신분을 지니고 있었다고 하며, 지금도 그 지역에는 여자신의 후손이 세운 것으로 일컬어지는 고야신사(高野神社)가 있다.

　여자신보다 일본사회에서 더욱 중요한 위상을 차지하며 활동한 백제 왕족이 백제왕 선광이다. 선광은 중국의 『구당서』 유인궤전에 부여융의 동생으로 나오는 부여용이나 『일본서기』에 나오는 새성(塞城) 또는 새상(塞上)과 동일인물로 볼 수 있다. 『속일본기』 천평신호 2년(766) 6월조에 보이듯이 의자왕이 부여풍과 함께 그를 일본에 파견했는데, 앞에서 이미 살펴본 것처럼 그 시기는 의자왕 3년, 즉 643년 3월로 받아들여도 좋을 것 같다. 의자왕의 직계 아들이지만 적자가 아니라 서자로 여겨지며, 역시 같은 서자로서 일본에 함께 온 부여풍의 동생이기도 하다.

　『속일본기』 천평신호 2년 6월조에 보이는 일본에서의 선광의 행적과 그 후손들에 대한 내용을 발췌해 소개하면 다음과 같다.

　　(천평신호 2년 6월) … 백제왕 경복(敬福)이 죽었다. 그 선조는 백제국 의자왕으로부터 나왔다. … 의자왕이 그 아들 풍장왕(豊璋王)과 선광왕(禪廣王)을 들여보내 (천황을) 모시게 했었다. … 의자왕의 군대가 당나라에 항복하고 그 신하 좌평 복신이 … 멀리서 풍장을 맞아들였는데 … 구원군이 불리하여 풍장이 배를 타고 고구려로 도망갔기 때문에 선광도 귀국(歸國)하지 못했다. 등원조정(藤原朝廷)에서는 (선광에게) 사호(賜號)하여 백제왕이라 불렀고 … 아들인 백제왕 창성(昌成)은 어려서 아버지를 따라 귀조(歸朝: 일본조정에 옴)했는데 아버지보다 먼저 죽었다. … (昌成의) 아들 낭우(郞虞)는 나라(奈良)조정에서 종4위인 섭진량(攝津亮)이었는데 경복이란 자는 그의 셋째 아들이다.

선광은 일본에서 형인 부여풍과 함께 지내다가 백제가 나·당 연합군에게 점령당한 뒤 백제부흥운동을 일으킨 복신이 부여풍을 백제지역으로 맞아들여 왕으로 추대할 때 함께 귀국했던 것으로 보인다. 그러나 백촌강구 전투에서 패배한 부여풍이 고구려로 도망가자 선광은 다시 일본으로 돌아와 지내게 되었고, 일본조정에서는 그에게 "백제왕"이란 호칭을 주었다는 것이다. 그리하여 선광은 『신찬성씨록』에 나오는 백제왕씨의 시조가 되었다. 그리고 선광의 후손인 백제왕씨들은 모두 일본에서 왕족으로 우대를 받으며 자신들의 지위를 오랫동안 유지한 것으로 나타난다. 동대사(東大寺=도다이지) 대불(大佛)을 도금하도록 황금 900냥을 헌납한 것으로도 알려진 백제왕 경복은 선광의 증손자다.

백제왕씨들은 처음 난파에 거주하다 경복이 매방(枚方=히라가타)으로 옮겨와 이곳을 본거지로 삼았다는데, 매방에는 지금도 그의 후손이 세웠다는 "백제왕신사(百濟王神社)"와 경복 자신이 건립한 것으로 알려져 있는 "백제사적(百濟寺跡)"이 국가의 특별사적으로 지정되어 보호를 받고 있다. 일본에서는 백제패망 이후에도 의자왕의 후손들이 나름대로의 활동역량을 발휘하며 정치적·사회적 지위를 유지했음을 알 수 있다.

특히 환무(桓武)천황 때는 『속일본기』 환무 12년(793) 2월 26일조에 보면 천황 스스로가 "짐의 외척은 백제왕씨"라고 선언하면서 이들에 대해 각별히 배려하는 모습도 보인다. 환무천황은 뒤에 광인(光仁)천황이 되는 백벽왕(白壁王)과 백제계 여인 고야신립(高野新笠=다카노니이카사) 사이에서 737년에 태어났다. 백벽왕이 등극하기 전에 신립을 맞아 그를 낳았는데, 770년 백벽왕이 광인천황으로 즉위했다가 781년 죽자 뒤를 이어 환무천황이 45세에 즉위했다.

환무천황은 784년에 도읍을 평성(平城)에서 장강(長岡)으로 옮겼고, 793

년에는 평안궁(平安宮)을 새로 건설한 뒤 다음해에 그곳으로 천도하였다. 평안궁으로의 천도 이후 경도(京都=교토)는 천년동안 일본의 수도로 자리를 잡았다. 환무천황은 백제인 가정의 영향을 받으며 자랐기 때문인지 백제의 풍속과 사고방식에 익숙했던 것으로 나타난다. 그가 하내국(河內國=가와치국) 백제왕씨 집에 갔을 때인 연력(延曆) 6년(787) 11월 갑인(甲寅)일에는 백제풍속인 제천의식을 거행했고, 유교적인 종묘제례(宗廟祭禮)를 받아들이는 등 일본의 궁중의례를 제도화하는 기초도 닦았다. 또 백제인들이 집단으로 거주하는 백제왕씨의 고장 하내국 교야(交野) 일대를 매사냥 터로 삼아 호연지기를 길렀다고 하여, 백제인들이 일본에 매사냥을 전파시킨 사실도 엿볼 수 있게 해준다. 이렇듯 백제인들에 대한 그의 유별난 태도로 주변에서 불만이 일자 "백제왕씨는 짐의 외척"이라 선언할 정도로 백제계를 대표하는 백제왕씨와 자신과의 동류의식을 강조했다는 것이다.

환무천황 어머니인 신립의 아버지, 즉 환무천황의 외할아버지인 화을계(和乙繼)는 백제 무령왕의 아들 순타(純陁)태자의 후예로『속일본기』에 나오는데, 신라계의 일본 귀화족인 토사숙니(土師宿禰) 진매(眞妹)를 아내로 맞아 신립을 낳았다고 한다. 그리고 이 신립이 백벽왕과 혼인해 환무천황을 낳은 결과로 그녀는 일본에서 황후와 황태후의 자리에까지 올랐다. 경도 평야궁본정(平野宮本町=히라노미야혼마치)의 평야신사(平野神社=히라노신사)에서 제사하는 금래신(今來神=今木神=이마기신)은 바로 신립황태후라고도 전한다.

한편, 환무천황은 어머니만이 아니라 자신 스스로도 백제계 여인 여러 명을 후궁으로 두었다. 뒤에 부록으로 소개한「백제왕씨가계 약도」에 보면 백제왕씨 중에서도 교인(敎仁), 정향(貞香) 등 두 명의 여인이 보인다. 다른 천황들 역시 백제왕씨를 비롯한 백제계 여인들을 후궁으로 불러들인 경우가 보이고 있어서, 일본 천황가계에 백제인의 혈통이 섞여 있는 것은 의심의 여지가 없다고 하겠다.

　정확한 이유는 알 수 없지만 백제왕씨는 선광의 8세손 풍준(豊俊)이 삼송씨로 성을 바꾸었다는데, 이들 삼송씨는 지금도 의자왕의 후손이라는 강한 의식을 지닌 채 살고 있다. 백제 사비시대 왕족의 묘로 추정되는 고분들이 자리하고 있는 부여 능산리에 가보면, 일본의 삼송씨들이 2002년과 2004년 방문하여 기념식수한 나무와 기념석이 있어서 눈길을 끌기도 한다. 일본의 삼송씨 계보도는 삼송가보장(三松家保藏)에서 발췌해 『매방시사(枚方市史)』에 소개해 놓은 자료를 뒤에 부록으로 소개해놓았는데, 여기에서는 부여풍(豊璋王)과 선광(禪廣=善光)의 관계가 모호하게 나타난다. 그러나 부여풍과 선광은 모두 의자왕의 아들로 형제인 것이 분명한 만큼 선광의 연결선을 부여풍이 아닌 의자왕 아래로 고쳐놓아야 하리라고 본다.

07
남기고 싶은 말

의자왕 관련 설화와 민요의 역사성

지금까지 백제 의자왕과 그 후손들에 대한 내용을 소개하며 나름대로 평전형식의 분석도 해보았다. 독자 여러분들이 지니고 있던 평소의 생각과 이 책의 내용이 얼마나 일치할지 모르겠다. 아마도 개인 개인 마다 정도의 차이가 다 다를 것이다. 사실 정답을 찾기 힘든 역사학의 목적은 가장 합리적인 연구방법을 동원하여 연구과정에서 나타나는 서로간의 차이를 계속 줄여나가는 데에 있다고 생각한다.

의자왕과 관련된 설화는 부지기수로 많고 민요를 포함한 노래 역시 여러 종류가 불리고 있다. 그중에는 의자왕을 동정하며 연민의 정으로 바라보는 긍정적인 내용도 있고, 반대로 주색에 빠진 폭군으로서의 이미지를 강조하는 부정적인 내용도 있다. 이러한 모든 내용을 이 책에 다 소개하는 것은 불가능하지만, 앞으로도 이들 설화와 민요를 대하는 우리의 태도는 분명해야 하리라고 본다. 다시 말해 경우에 따라 얼마든지 달라질 수 있는 설화의 내용이나 민요와 같은 노래의 가사를 사료로 활용하려할 때는 그 내용 자체의 사실성에 집착하기보다 역사성에 중심을 두고 접근해야 한다는 것이다.

예를 들어 의자왕과 관련된 이야기나 노래의 소재로 오늘날 우리들 입에 가장 많이 오르내리는 화두(話頭)를 손꼽으라면 대부분의 사람들이 낙화암과 삼천궁녀를 떠올릴 것이다. 그러므로 여기에서는 삼천궁녀에 가려져있는 의자왕의 진실을 찾아본다는 취지하에서 의자왕이 지니고 있는 가장 대표적인 미스터리, 즉 삼천궁녀와 관련된 문제를 다루어보겠다.

『동문선(東文選)』 제7권의 내용 중 고려 말기에 활동한 학자 이곡(李穀: 1298~1351)이 부여를 회고하며 쓴 시를 보면, "천척 푸른 바위 낙화라 이름 했네(千尺翠岩名落花)."라고 표현하고 있듯이 낙화암이란 명칭은 이미 고려시대에 등장하고 있다. 그러나 삼천궁녀에 대한 내용은 고려시대의 기록에서 찾아볼 수 없다. "삼천"이란 숫자가 들어간 첫 기록은 조선시대인 15세기 후기에 김흔(金訢: 1448~?)이 낙화암에 대해 쓴 시(詩)로 『속동문선 (續東文選)』 제5권에 보이는데, "삼천궁녀들이 모래에 몸을 맡기니(三千歌舞委沙塵)"라는 표현으로 나타나고 있으며, 이어서 16세기 초에 민제인(閔齊仁: 1493~1549)이 「백마강부(白馬江賦)」에서 "구름같은 삼천궁녀 바라보고(望三千其如雲)"라는 표현을 쓰고 있고, 16세기 중기와 후기에 활동한 문신 박순 (朴淳: 1523~1589)도 『사암선생문집(思菴先生文集)』 제1권 「낙화암」을 제목으로 한 시에서 "아름답고 화려한 궁궐의 삼천궁녀(三千歌舞金宮女)"라 표현하고 있다. 결국 낙화암과 관련시켜 삼천궁녀라는 표현을 쓰고 있는 예는 조선시대에 들어와서야 비로소 눈에 띄며, 그것도 시적(詩的)인 문장 속에서 나타나고 있음을 볼 수 있다.

중국의 문학작품에서는 많다는 의미의 극적인 표현을 위해 "삼천"이란 용어가 자주 등장한다. 당나라 이태백(李太白)의 「망여산폭포(望廬山瀑布)」라는 시에서 "날라 흐르며 삼천 척을 곧바로 내려가네(飛流直下三千尺)."라는 표현은 매우 높은 곳에서 떨어지는 폭포의 모습, 「추포가(秋浦歌)」의 "백발이 삼천 장이다(白髮三千丈)."라는 표현은 하얗고 긴 머리털을 의미하며, 이익 (李瀷)의 시 「양주조안(揚州早鴈)」에 보이는 "강 위에 삼천 마리의 기러기(江上 三千鴈)"는 강 위에 떠 있는 수많은 기러기의 시적인 표현으로 사용되고 있다. 양귀비(楊貴妃)를 노래한 백거이(白居易)의 「장한가(長恨歌)」에서도 "후궁에 미녀들 삼천이 넘건만 삼천 후궁이 받던 총애를 한 몸에 받는구나(後宮佳麗 三千人 三千寵愛在一身)."라고 하여 많은 수의 여인을 나타내기 위해 "삼천"이 란 용어가 쓰이고 있다.

타사암(墮死巖) 전설에 대한 『삼국유사』의 소개에서도 나타나듯이 의자 왕 정권이 붕괴되던 당시 낙화암에서 많은 수의 궁인이 뛰어내려 죽은 것 은 사실로 여겨진다. 이 타사암 전설을 전하고 있는 『백제고기(百濟古記)』에 는 의자왕도 궁녀들과 함께 강에 몸을 던져 죽었다고 나온다는데, 이 내 용의 잘못에 대해서는 『삼국유사』에서도 지적하고 있다. 그러면서 궁녀 들만 떨어져 죽었을 뿐이라고 소개하고 있기도 하다. 물론 낙화암에서 죽 은 궁녀의 수가 얼마나 되었는지 지금으로서는 알 수 없지만, 이러한 슬 픈 역사적 사실을 김흔이나 민제인, 박순 등 조선시대 문인들이 시의 소 재로 삼으면서 "삼천"이라는 중국의 문학적인 표현수법을 동원하여 극적 인 효과를 꾀했다고 보아야 하겠다. 따라서 우리가 오늘날 일반적으로 사 용하고 있는 "삼천궁녀"라는 말은 문학적인 표현에서 시작된 것이라는 사실과 함께 그것이 실제 수를 염두에 두거나 사실 자체를 밝히기 위해 나오게 된 것이 아님을 인식할 필요가 있다.

요컨대, 의자왕의 생활을 술과 관련시켜 방탕하게 묘사하기 시작한 것 은 『삼국사기』가 쓰인 고려시대부터였고, 삼천궁녀와 낙화암에 대한 이 야기는 조선시대에 들어와서야 출현하고 있다. 과도한 음주와 삼천궁녀를 밑그림으로 하고 있는 의자왕의 생활상은 그의 집권 시기로부터 멀리 떨어진 고려시대나 조선시대의 사람들에 의해 그려져서 지금까지 전해오게 되었다는 것을 알 수가 있겠다. 그러므로 그 내용이 지니는 역사성도 그만큼 떨어지기 때문에 그것의 사실 여부를 논하는 것 역시 큰 의미가 없다고 보아야 할 것이다.

공산성 출토 "貞觀十九年" 옻칠갑옷의 역사적 의미

　　　　　　　　　　의자왕의 항복을 둘러싸고 연구자들 사이에 지금도 논쟁이 진행 중인 웅진방령 예식의 역할 문제는 백제왕으로서의 의자왕의 위상이나 신하로서의 예식에 대한 인간적인 평가만이 아니라, 부여융이나 흑치상지 등 이들과 관련된 주변 인물들은 물론이고 당시 백제와 중국의 역사 전반에 걸친 이해에까지 영향을 미칠 수 있는 매우 중요하면서도 민감한 사안이다. 이 문제는 그만큼 조심스럽게 다루어져야 하는데, 증거도 분명하지 않고 실제 상황전개와 비교해보아도 받아들이기 어려운 내용, 즉 웅진방령 예식이 웅진성으로 피신한 의자왕을 사로잡아 포로로 삼고는 사비도성으로 끌고 가 항복했다는 주장이 오래전부터 이어져 왔다.

앞의 본문에서 이미 이 주장의 문제점을 지적하며, 관련 자료들에 대한 재검토를 통해 의자왕 스스로 자기희생적 결단으로 항복을 선택했고, 예식은 이러한 의자왕을 옆에서 보좌하며 사비도성까지 호위하는 역할을 했다고 보아야 합리적이라는 의견을 제시한 바 있다. 그동안 이 문제를 다루기 위해 활용해온 자료는 역사서나 묘지명 등에 극히 단편적으로 나오는 기록, 그리고 부여융이나 흑치상지가 보여준 활동내용을 통한 가능성 타진 정도가 전부였다.

그런데 2011년과 2014년 두 차례에 걸쳐 공주 공산성 저수시설에서 출토된 "貞觀十九年" 등의 명문이 들어있는 옻칠갑옷은 의자왕 항복 당시의 상황을 우리에게 좀 더 자세히 알려주는 고고학 자료로도 활용이 가능하다는 점에서 그 역사적 의미를 되새겨볼 필요가 있다. 공산성 출토 옻칠갑옷의 제작 국가, 제작 시기, 제작 장소, 제작 목적, 명문 내용, 매납(埋納) 이유 등에 대해서는 의자왕의 정치와 관련시켜 이미 앞에서 전반적인 내용을 살펴보았다. 여기에서는 예식 문제를 분명하게 정리해본다는 차원에서 이 갑옷이 말해주고 있는 의자왕 항복 당시 웅진성, 곧 공산성의 상황에 대해 다시 한 번 언급해두고 싶다.

갑옷의 출토 층위와 매납 상태를 볼 때 이 갑옷의 매납은 660년 7월 18일 항복을 결정한 의자왕이 웅진성을 나와 사비도성으로 떠나기 전에 이루어졌을 가능성이 다른 어떤 가능성보다도 크다. 그런데 그 출토상황을 보면 저수시설 내의 백제시대 층에 의도적으로 매납한 무장구류 2세트, 즉 마갑(馬甲)-무기(대도, 장식도), 마구(마주)-옻칠갑옷 및 마갑-무기(대도, 장식도), 마구(마주, 깃대꽂이)-철제갑옷이 나란히 포개지듯 2세트가 놓여있었고, 그 위에 100cm 정도 두께의 볏짚이 덮여 있었으며, 가장 위에는 쌀, 조, 밤, 조개, 복숭아 씨앗 등과 말뼈를 포함한 각종 유기물, 그리고 목기가 위치해 있었다.

나·당 연합군의 공격 앞에서 가지고 피신할 여유조차 없어 황급히 땅속에 숨겨놓은 흔적이 역력한 백제금동대향로의 경우와 달리 이 옻칠갑옷은 어느 정도 여유를 가지고 격식을 갖춰 매납된 것으로 읽혀진다. 그러므로 이들 무장구류를 매납한 목적도 두 가지 가능성을 생각해볼 수 있지 않을까 싶다. 첫째는 항복을 결정한 의자왕이 웅진성을 떠나기 전에 불확실한 미래에 대한 두려움을 달래고 후일을 도모할 수 있기를 바라는 종교적인 기원의 방법으로 매납을 실천에 옮겼을 수 있다는 점이다. 둘째는 백제금동대향로처럼 이들 무장구류도 감추어서 적군이 약탈해가지 못하게 하려는 목적으로 저수시설 속에 넣은 다음 그 위에 여러 종류의 은폐수단을 만들어 쌓아놓았을 수도 있다.

당시의 백제가 국가적으로 직면하게 된 위급한 상황에서 항복을 결정하고 곧 적진 속으로 걸어들어가야 할 의자왕의 마음 속 불안과 긴장을 생각해보면 첫째 가능성도 무시할 수 없다. 또한 갑옷 표면에 붉은 색으로 102자 이상은 되었을 것 같은 기념비적인 내용의 글씨까지 써서 보관해 온 것을 보면, 이 갑옷이 적에게 넘겨줄 수 없는 백제의 상징성 있는 자산이었기 때문에 그것을 감추려는 의도 하에 다른 무장구류들과 함께 저수시설 속에 매장했을 가능성도 충분히 존재한다. 그렇다면 이들 가능성은 양자택일의 문제로 받아들이기보다 매납이라는 행위 속에 두 가지 목적이 다 들어있었다고 보아야 하지 않을까 싶기도 하다. 동시에 국가적인 위기 앞에서 물속에 감추어 적군에게 빼앗기지 않으려는 의도가 있었다면, 그 사실 자체는 이들 물건을 그만큼 특별하게 간직해왔다는 증거도 된다. 다시 말해 이들 물건만이 아니라 이들의 제작과 관련하여 외부에 알려주고 싶지 않은 백제인들만의 특별한 무엇인가가 이들 물건에 내포되어있기 때문에 그것을 숨기려했을 수도 있다는 것이다.

결론적으로 옻칠갑옷을 비롯한 이들 무장구류의 매납 상황은 의자왕이 항복할 당시 웅진성 내의 분위기를 생생하게 알려준다고 보아야하겠다. 일부 연구자들의 주장처럼 당시 웅진방령으로 있던 예식이 반란을 일으켜 의자왕을 포로로 잡아서 사비도성으로 끌고 갔다면, 발굴을 통해 밝혀진 바와 같은 의도적이면서도 체계적인 매납행위는 이루어지기 어려웠을 것이다. 항복을 결심한 의자왕이 일정한 절차를 거쳐 매납의례와 같은 행위를 마친 뒤, 공산성을 나와 스스로 항복했다고 보아야 자연스럽다.

그러므로 공산성의 백제시대 저수시설 속에서 출토된 "貞觀十九年" 명문이 쓰여 있는 옻칠갑옷을 비롯한 무장구류 2세트에는 의자왕의 항복과 예식을 둘러싼 연구자들의 논쟁에 종지부를 찍게 해줄 단서가 담겨있다는 점에서도 그 역사적인 의미를 높게 평가해주어야 하리라고 본다.

능산리 고분군 내의 의자왕과 부여융 묘단

소정방의 포로가 된 의자왕 및 부여융을 비롯한 백제의 왕족과 관료, 그리고 백성들이 중국으로 끌려간 날짜가 660년 9월 3일이다. 그러니까 이로부터 정확히 1340년만인 2000년 9월 3일 이역만리 중국에서 죽어 낙양의 북망산에 묻힐 수밖에 없었던 의자왕과 부여융의 떠도는 영혼을 위로하고 업적을 기리기 위해 부여군에서는 북망산의 영토(靈土) 및 부여융의 묘지명 복각품을 중국에서 가져와 부여 능산리 고분군 옆에 묘단과 봉분을 만들고 제사를 지낸 바 있다. 물론 그 당시에 넓고 넓은 북망산에서 의자왕의 실제무덤을 찾아내 그곳의 영토를 가져온 것은 아니다. 1995년 백제 의자왕 묘 찾기 현지조사를 진행한 바 있는 충남대학교박물관의 조사결과에 따라 낙양시 맹진현(孟津縣) 주가채촌(朱家寨村), 백록장촌(白鹿庄村), 염요촌(閻凹村) 주변의 밭 경작지를 의자왕 묘 추정지로 받아들여서 그곳의 흙을 가져온 것이다.

현재는 북망산 분묘군에 대해 지속적인 조사를 진행하고 있는 낙양시 문물고고연구원(洛陽市文物考古研究院)이 백제인의 묘역과 그 묘역 가장 북쪽에서 의자왕 묘로 추정되는 봉토묘를 확인한 것으로 알려지고 있다.

1995년보다는 좀 더 구체적인 접근이 이루어지지 않았나 싶다. 다만 아직은 가능성이 크다는 차원에서의 추정인 것으로 여겨지고, 그 조사내용도 공식적으로 발표되지 않았기 때문에 확신하기는 이른 상황이다.

위치는 1995년의 추정지역에서 남쪽으로 약 3km 떨어진 맹진현 봉황대촌(鳳凰台村) 부근이다. 봉황대촌에서 남북으로 연결된 소로를 따라 1km 정도 가면 밭 한가운데 봉토묘 1기가 있는데, 대략적인 규모는 직경 30m, 높이 7m 내외의 꽤 큰 규모에다 중단부와 정상부에 도굴갱으로 여겨지는 큰 구멍이 뚫려있어서 내부는 이미 도굴된 것으로 보이지만 이곳 주민의 전언에 의하면 무덤 안에 벽화가 있었다고 하여 그 위상을 느껴볼 수 있다. 추정단계를 넘어 이 봉토묘가 의자왕의 무덤으로 공표되는 날이 온다면, 비록 망국의 군주로서 고국을 떠나 타국에서 죽음을 맞이할 수밖에 없는 불운을 겪었다고는 해도 어느 정도 격에 맞는 대우를 받으며 장례절차가 이루어졌고 무덤도 축조되었다는 사실이 드러나는 셈이기에 의자왕의 무덤을 찾는 우리들에게도 그나마 위안이 될 것 같다. 그러나 이 무덤이 의자왕이 사망할 당시 처음 만들어진 것인지, 아니면 부여융이나 부여태비와 같이 후손들이 당나라 지배계급 내부에서 나름대로의 위상을 확보한 다음 다시 더 크고 화려하게 증축된 것인지 여부는 또 다른 문제로 검토해볼 필요가 있으리라고 본다.

여하튼 실제 무덤을 아직 확인하지 못한 현실에서 부여 능산리 능원에 만들어진 묘단과 봉분 및 묘비가 의자왕과 부여융의 슬픔을 얼마나 달래주고 있을까 궁금하다. 그래서 이들의 묘단 앞에 서면 여전히 마음이 무겁고 숙연해진다. 그 뿐 아니라 현재 묘단에 세워놓은 의자왕과 부여융의 생애에 대한 글에는 잘못된 설명도 눈에 띄어 부여군의 큰 뜻이 훼손되는 측면이 있으며, 애정을 갖고 바라보는 사람들에게 안타까움을 불러일으키게도 한다.

2015년 7월 4일 공주와 부여와 익산 일대의 백제시대 유적 8곳이 백제역사유적지구로서 유네스코 세계유산(문화)에 등재되었다. 공주에서는 공산성, 송산리고분군, 부여에서는 관북리유적 및 부소산성, 능산리고분군, 정림사지, 부여나성, 익산에서는 왕궁리유적, 미륵사지 등이 그곳이다. 이들 지역은 국내외에서 많은 관광객들이 찾아오고 학생들의 답사도 끊이지 않는 곳인데, 유네스코 세계유산에 등재됨으로써 더욱 관심을 받게 되었다. 그러한 만큼 이곳을 방문하는 모든 사람들에게 정확한 역사인식을 심어주어야 하고, 그러기 위해서는 잘못된 부분을 조사하여 그것을 바로잡아 놓지 않으면 안 된다. 능산리 고분군 내 의자왕과 부여융 묘단의 경우도 예외일 수 없기 때문에 여기에서 그와 관련된 문제 몇 가지를 지적하고 싶다.

첫째, 「부여륭 묘지명」 복각품의 경우 지금까지 6개의 글자가 새로 밝혀졌다는 사실도 알고 있어야 할 것 같다. 1행 하단 26, 27번째의 2자 및 2행 최하단 27번째의 1자, 3행 최상단 1번째의 1자, 22행의 중간 9, 10번째의 2자가 한학자 부여후인(扶餘后人) 서승석(徐承晳) 선생의 노력에 의해 밝혀졌는데, 참고로 이 책의 부록으로 뒤에 소개해 놓았다.

둘째, "부여융의 생애"에 관한 글에서는 사건의 서술이나 연도(年度) 등이 순서에 맞지 않는 오류를 발견할 수 있다. 그의 활동내용과 관직경력을 전체적으로 새롭게 정리해놓을 필요가 있겠다.

셋째, "의자왕의 생애"에 관한 글을 보면, "태자효"로 되어있는 부분은 "태자융"으로 바꾸어야 하고 서자 41명을 좌평으로 임명했다는 내용 역시 41명을 의자왕의 서자로 보기는 어려운 만큼 이 부분에 대한 수정도 있어야 할 것이다.

넷째, 의자왕의 재위 15년 이후의 정치 역시 문란한 사생활이 아닌 의욕적인 정치활동을 펼치는 속에서 중국과의 교류를 단절하며 정계개편을 단행하고 신라에 대한 공격을 다시 시작하다가 나·당 연합군의 침공을 받게 된 것으로 교정해 놓아야 역사사실에 좀 더 가까워지고 저승세계에서 아직 떠돌고 있을 의자왕과 부여융의 영혼 역시 조금이나마 더 위안을 받을 수 있지 않을까 판단된다.

백제문화제와 백제대왕제

부여지방의 민속문화행사 가운데 백제와 관련되어 있는 것은 그 수가 무척 많다. 매년 행해지는 정기적인 행사로 궁남지의 부여서동연꽃축제, 은산 별신제, 충화 팔충제, 유왕산 추모제, 임천 충혼제, 부소산의 삼충제와 궁녀제, 계백장군동상 앞에서 행해지는 오천결사대 충혼제, 능산리 왕릉에서 거행되는 백제대왕제 등이 있으며, 전통 민속놀이로서 산유화가의 공연도 주목되고, 백제대왕행차도 관광진흥 차원에서 거행되고 있다. 이외의 문화사업으로 1978년의 백제문화비 건립이나 바로 위에서 소개했듯이 의자왕 및 부여융의 영혼을 위로하기 위해 2000년 중국 낙양 북망산에서 영토(靈土)를 모셔와 능산리 능원에 단(壇)을 만들어 봉안한 일도 있고, 특히 2010년 준공된 백제문화단지와 2015년 백제역사유적지구의 유네스코 세계유산(문화) 등재는 커다란 성과로 손꼽힌다.

이들 각종 행사와 사업은 각각의 추진위원회나 기능보유자, 사업단을 중심으로 하고 있지만, 백제문화제행사와 연계되어 뜻있는 많은 군민들의 참여도 큰 역할을 하고 있다. 따라서 여기에서는 백제문화제 및 의자왕과도 관련이 있는 백제대왕제의 역사에 대해 소개하고, 백제의 바둑문화와 관련하여 새로운 제안도 해보고 싶다.

백제문화제는 1955년 부여에서 처음 시작되었고, 그때의 명칭은 백제대제(百濟大祭)였다. 성충, 흥수, 계백 등 백제의 삼충신과 낙화암에서 죽은 궁녀들을 추모하기 위한 삼충제(三忠祭) 및 수륙재(水陸齋)라는 제의적인 성격으로 시작했고, 제8회 때는 충렬제(忠烈祭)로 이름을 고치기도 했는데 해를 거듭하면서 행사종목이 늘어나 종합적인 문화행사의 성격을 띠게 되었다. 그리하여 1965년 제11회부터 백제문화제로 이름을 바꾸었다. 이때의 행사에는 박정희 대통령도 참석해 10만의 인파가 운집하면서 백제문화제는 일대 전환기를 맞는 계기가 되었다.

1966년 제12회부터는 공주도 행사에 가담하고, 1974년 제20회 때는 대전도 참여해 1978년까지 세 지역이 동시 개최하다가 1979년 제25회부터 대전은 빠지고 공주와 부여가 윤번제로 2006년 제52회까지 거행해 왔다. 다만 부여는 행사가 없는 해에도 소제(小祭) 형식으로 순수한 삼충제, 궁녀제, 백제대왕제 등 제전행사를 해마다 계속 해왔다. 그리고 2007년 제53회부터 다시 공주와 부여가 매년 함께 행사를 개최하는 것으로 성격을 바꾸어 지금까지 이어지면서 새로운 발전을 모색하고 있다.

60년이 넘는 역사를 지닌 백제문화제는 경주의 신라문화제 및 진주의 개천예술제와 더불어 전국 3대문화제의 하나로 주목받는다. 백제의 역사와 문화를 담은 각종 제전행사 및 축제와 경연대회, 학술세미나, 향토음식과 특산물 판매 등이 관심을 끈다. 이중 의자왕 및 그 후손들과 관련된 제전행사로 부여 능산리 능원에서 거행하는 백제대왕제가 있다.

백제대왕제란 부여로 천도한 이후의 백제대왕, 즉 성왕·위덕왕·혜왕·법왕·무왕·의자왕 등 6명의 대왕에 대한 제사를 가리킨다. 40년 넘게 행해져 온 이 제사의 초헌관은 부여군수, 아헌관은 부여군개발위원장, 종헌관은 부여서씨종친회장이 맡는 것으로 정해져 있다는데, 이때 부여서씨 문중의 수많은 사람들이 참여함으로써 백제대왕제는 부여서씨종친회 성격도 띠게 되었다고 한다.

백제대왕제는 원래 부여왕릉제란 이름으로 제전위원회(祭典委員會)를 구성하고 의자왕을 제외한 5왕을 부여 능산리 능원에서 제사지내는 것으로 출발했다고 한다. 1983년 11월 1일 발간된 부여서씨대종회(扶餘徐氏大宗會)의 제2호 회보에 나오는 종친대표 헌관 일람표를 보면, 부여서씨가 부여왕릉제전위원회의 연락을 받고 백제5왕제에 헌관으로 처음 참여한 것은 제18회 백제문화제 때인 1972년 10월 15일로 나타난다. 제18회 백제문화제는 "백제대왕제"의 출발이 이루어졌다는 점에서 의미를 더한다.

그런데 며칠 전인 1972년 10월 13일에 이미 부여서씨종친회 발기위원회가 발족된 바 있었고, 다음 해인 1973년 3월 1일에는 정식으로 창립총회를 거쳐 부여서씨종친회가 출범하였다. 그리고 이 종친회에서 같은 해 8월 25일 부여왕릉제전위원회와 협의를 거쳐 백제5왕제를 의자왕까지 포함시키는 백제6왕제로 바꾼 것으로 되어 있어서, 엄격한 의미에서 오늘날의 백제대왕제는 1973년에 그 모습을 갖춘 셈이다. 성왕부터 의자왕까지 백제 6왕을 제사하는 오늘날 백제대왕제의 성립에는 부여서씨종친회의 노력도 들어있음을 알 수가 있다. 부여서씨는 1972년부터 해마다 부여 능산리 능원에서 거행되는 백제대왕제의 제전의식에 헌관(獻官)으로 참석하고 있다. 이는 백제왕실에 대한 부여서씨의 혈연적인 동질감이 그만큼 강하게 자리 잡고 있음을 보여주는 것이기도 하다.

그러면 이제 의자왕이 일본에 보낸 바둑판과 관련된 내용을 소개해보겠다.

백제인들이 바둑을 좋아했다는 내용이 『주서(周書)』나 『북사(北史)』 등의 백제전에 보일만큼 백제에서는 바둑문화가 일찍부터 발달했다. 7세기 중엽 의자왕이 일본에 보낸 바둑판과 바둑알이 일본 황실의 보물목록에 들어있듯이, 일본의 바둑문화는 백제로부터 받은 영향이 적지 않았다. 광명(光明=고메이)황후가 성무(聖武)천황이 쓰던 유물들을 동대사(東大寺) 대불(大佛)에 바칠 때 작성한 「국가진보장(國家珍寶帳)」의 기록에 의하면, 당시 일본 실권자인 등원겸족(藤原鎌足=후지와라노가마타리)에게 보낸 의자왕의 선물이 궁중으로 들어간 것으로 되어있다.

자단(紫檀)으로 만든 바둑판 위 19줄의 선은 상아를 재료로 했고, 17개의 화점(花點)은 꽃무늬로 장식했으며, 석영(石英)과 사문암(蛇紋巖)으로 만든 흰색과 검은색의 바둑알 외에 붉은 색과 감색으로 물들인 상아로 된 바둑알에는 새 문양을 새겨 넣어 지금도 영롱한 자태를 잃지 않고 있다. 그리고 이 바둑알을 넣은 은합(銀盒) 2개의 뚜껑에는 코끼리와 봉황을 각각 배치했다. 바둑판 측면에는 인물과 낙타, 새, 사슴, 사자, 상상의 동물 등이 들어있는 상아장식을 했고, 양쪽 서랍에는 거북모양의 바둑알집을 설치하여 화려함을 더했다. 현재 일본 동대사 정창원(正倉院)에 소장되어 있는 이 바둑판과 바둑알들은 의자왕시대 백제의 바둑문화와 뛰어난 수공예기술, 일본에 넘어간 백제문화의 실례(實例)를 보여주는 중요한 유물로 평가된다.

그런데 의자왕이 일본에 선물로 보낸 것이 분명한 이 바둑판의 제작 장소에 대해서는 연구자들 사이에 의견이 엇갈리고 있다. 바둑판의 재료로 쓰인 자단과 상아 및 문양에 나타나는 낙타, 사자, 코끼리 등의 동물이 백제 산물(産物)이 아니고 백제에서는 구경하기 어렵다는 점을 내세우며, 중국에서 제작되어 백제로 넘어온 것이 다시 일본에 전해졌으리라는 추측성 주장을 하고 있는 것이다. 백제금동대향로나 공산성 출토 옻칠갑옷을 둘러싼 논쟁과 똑같은 사태가 이 바둑판에서도 발생하고 있다.

그러나 당시 중국과 주변 국가들이 활발히 교류하는 가운데 백제 역시 중국의 많은 물자들을 국내로 받아들여 활용하였을 뿐만 아니라 중국문화 또한 중국의 것만으로 머물지 않고 그것이 곧 국제문화로서 주변지역에 영향을 줌으로써 백제도 이러한 동아시아문화권 속에서 나름대로 국제적인 성격을 지닌 우수한 문화를 만들어낸 문화선진국이었다는 점을 잊지 말아야 한다. 그러므로 분명한 증거가 있다면 모를까 그렇지 않다면 백제금동대향로나 공산성 출토 옻칠갑옷과 마찬가지로 이 바둑판을 중국제품으로 보는 주장은 억지일 수밖에 없다.

바둑판 자체의 주목되는 특징으로 화점이 9개가 아닌 17개라는 점도 눈길을 끄는데, 이는 1940년대까지 우리나라에서 유행했던 순장(順將)바둑의 화점과 같다고 한다. 이러한 점 또한 「국가진보장」의 기록과 함께 이 바둑판이 백제에서 만들어져 일본에 들어갔음을 뒷받침해주는 증거로 볼 수 있지 않을까 싶기도 하다. 의자왕 당시 백제에서 만들어 일본에 선물로 보낸 이들 바둑판과 바둑알을 재현시켜 백제문화제 때 "의자왕배 동아시아 순장바둑대회"를 개최하는 것도 상당히 큰 역사적 의미를 지닐 수 있다고 여겨지기 때문에, 이 문제에 대한 논의를 백제문화제 주관부서에 제안하는 바이다.

우매한 폭군인가 불운의 성군인가

사람에게는 누구나 장단점이 있게 마련이다. 모든 면에서 완벽함을 기대하며 그렇지 못하다는 이유로 비난한다면,

역사상의 인물이건 오늘날 우리 주변의 인물이건 아무리 성인군자라 해도 비난의 대상에서 벗어날 사람은 없을 것이다. 우리나라만이 아니라 각종 매스컴을 통해 알 수 있는 세계 여러 나라의 최고지도자들도 보수와 진보, 자본주의와 사회주의, 민족주의와 세계주의, 개혁과 반개혁 등 진영의 논리나 시각에 따라 서로 다른 극과 극의 평가가 이루어지는 모습을 흔히 볼 수 있다. 또 한 개인을 놓고도 그의 활동역량이나 업적을 평가할 때 정치, 경제, 사회, 문화 등 각 분야마다 그 사람에 대한 평가등급의 높고 낮음이 다 다르게 나타난다.

결국 변할 수 없는 진실일 수도 있고 의자왕을 위한 변명일 수도 있겠는데, 모든 분야에서 완벽함을 기대할 수 있는 사람은 존재하기 어렵다는 점을 염두에 두면서 의자왕에 대한 평가도 이루어져야 하리라고 본다. 나는 이미 『왜 의자왕은 백제를 망하게 했을까?』(자음과 모음, 2010)라는 청소년 교양도서를 집필할 당시 의자왕과 『삼국사기』의 집필책임자인 김부식이 역사공화국 한국사법정에서 서로의 변호사를 동원해 잘잘못을 따지고 판사가 마지막 판결을 내리는 형식으로 두 사람에 대한 나름대로의 평가를 내린 적이 있다. 여기에 「역사공화국 한국사법정 재판 번호 10 의자왕 vs 김부식」의 판결문을 소개해 보겠다.

주문

역사공화국 한국사법정은 의자왕이 김부식을 상대로 제기한 공문서 위조죄와 명예 훼손 혐의 중 공문서 위조죄는 기각하고 명예 훼손에 따른 정신적 손해 배상 청구는 인정한다.

판결 이유

재판 결과, 『삼국사기』의 기록과 달리 원고인 의자왕이 백제의 최고 통치자로서 마지막까지 최선을 다한 것은 사실로 인정된다. 따라서 술을 마시며 놀다가 나라를 망친 음탕한 임금이었다는 억울한 이야기를 들었을 때, 원고가 느꼈을 비통함은 충분히 미루어 짐작할 수 있다. 고려시대에 국가 차원에서 편찬된『삼국사기』가 이러한 소문을 채택해 기록함으로써 원고에 대한 나쁜 인식이 역사 사실로 자리 잡게 되었으며, 그 영향으로 진실은 묻히고 원고의 좋지 않은 면만 더욱 강조되는 결과를 가져온 것도 부정할 수 없다. 그러므로『삼국사기』로 인해 원고의 명예가 훼손되었다는 주장과 그에 따른 손해 배상 청구는 인정한다.

그러나『삼국사기』편찬 당시 의자왕에 대한 나쁜 소문은 이미 사람들 사이에 널리 퍼져 사실로 여겨졌고, 피고 역시 그 영향을 받을 수밖에 없었다는 점도 이해해야 할 것이다. 때문에 의도적인 왜곡이 아니라 당시의 시대적인 분위기와 어쩔 수 없는 개인적인 한계로 인해 발생하게 된 일에 공문서 위조죄를 적용할 수는 없다고 판단하는 바이다.

고려 시대의 유명한 유학자이며 정치가이자 역사가로서『삼국사기』의 편찬 책임자이기도 한 피고 김부식이 우리나라 역사학의 발전에 큰 영향을 주었다는 사실은 어느 누구도 부인하지 못할 것이다. 이번 재판은 그러한 피고를 문제 삼으려 한 것이 아니라, 원고 의자왕의 억울함을 풀어 주고 명예를 회복시켜 주는 데 그 목적이 있었다. 그런데 재판이 진행되면서 피고에게도 어쩔 수 없는 한계가 있고,『삼국사기』의 기록 역시 그 영향으로 왜곡된 내용을 담고 있다는 사실이 밝혀졌다. 따라서 이번 재판을 계기로 신라나 중국 등 승자 중심의 역사관을 가지고 있는『삼국사기』의 시각에서 벗어나, 원고 의자왕이나 백제의 입장에 서서 역사를 새롭게 보는 자세도 필요하다는 것을 지적하며 본 재판의 판결을 마무리하겠다.

역사공화국 한국사법정 담당 판사 공정한

의자왕의 통치내용에 대한 평가는 대내적인 측면과 대외적인 측면을

구분해서 접근할 필요가 있다. 대내외적인 문제는 서로 밀접하게 연결되어 영향을 주고받는 것이지만, 그러면서도 그 내용과 성격 및 성공과 실패의 결과는 그때그때의 상황변화에 따라 얼마든지 달라질 수 있기 때문이다.

먼저, 의자왕의 대내적인 정치와 관련해서는 집권 후반기 주색과 음탕한 생활에 빠져 나라가 혼란해지고 각종 괴변이 빈발하는 등 패망의 분위기가 짙어졌다는 『삼국사기』식 기록의 비현실성에 대한 인식에서 더 나아가 실제로는 그와 반대로 적대국인 신라로부터 강국이란 말을 들을 정도로 왕권강화와 국가발전을 이룩한 위에서 신라에 대한 공격을 끝까지 밀어붙이는 등 자신의 역할에 최선을 다한 왕이었다는 점을 주목해야 하리라고 본다. 신라가 의자왕이 이끄는 백제를 혼자서 감당하지 못하고 고구려나 일본에 가서 도움을 요청했다가 그것이 여의치 않자 당나라에게 숙위(宿衛)외교까지 펼쳐가며 도움을 받고자한 것 자체가 의자왕의 통치능력과 그 성과가 상당했음을 알려주는 증거라고 할 수도 있다.

물론 그렇다고 의자왕의 정치에 백제의 모든 백성들이 찬성하며 따랐다는 것은 아니다. 고금(古今)을 막론하고 백성들의 100% 지지를 받는 통치자는 존재하기 어렵고, 따라서 이를 문제로 삼는다면 여기에서 자유로울 지도자는 한 사람도 없으리라고 본다. 의자왕의 경우 역시 처음부터 의자왕에게 잘못 보여 혁신의 대상이 되거나 또는 의자왕의 정치에 반대하다가 쫓겨난 사람도 적지 않았던 것 같다. 그리고 의자왕 역시 나·당 연합군이라는 외부세력에 의해서이기는 하지만 결국에는 자신도 포로로 잡히고 백제도 점령당하는 등 불운을 겪었다.

이렇듯 나름대로 뛰어난 통치력을 발휘하며 마지막까지 최선을 다한 것으로 여겨짐에도 불구하고 의자왕은 백제의 몰락을 가져온 패망의 군주라는 엄연한 한계도 지니고 있다. 그러므로 그에 대한 평가를 높게 해주기는 어려운 것이 사실이다. 다만 자기희생적 차원에서 항복을 결정하고 적진 속으로 걸어 들어가 온갖 수모를 견디는 등 전쟁으로 인한 백성들의 피해를 최소화시키고 백제의 앞날을 도모하기 위해 마지막 순간까지 애쓴 모습을 참작한다면, 그에게 불운의 성군이란 표현 정도는 붙여주어도 좋지 않을까 싶다.

다음, 의자왕의 대외적인 정치와 관련해서는 신라와 중국 편에 서서 천명사상까지 동원하며 의자왕을 비난하는 내용들이 『삼국사기』에 많이 담겨있지만, 그중에는 시사적(示唆的)인 내용으로 우리의 눈길을 끄는 기록도 있다. 예를 들어 김유신 전에 보면, 668년 6월 신라의 고구려 원정군이 출발할 때 김유신은 그들에게 "지금 우리나라는 충신(忠信)으로 나라를 보존하였고, 백제는 오만(傲慢)으로 망하였으며, 고구려는 교만(驕滿)으로 위태롭게 되었으니 이를 명심하라."고 타일렀다는 내용이 있다. 백제멸망의 원인을 오만에서 찾고 있는 김유신의 이 말 속에는 어느 정도의 진실도 담겨있다고 보아야 하지 않을까 싶다.

의자왕이 한 나라의 왕으로서 지니고 있던 대내적인 통치능력은 인정받을 만하다고 해도 수시로 변화하는 국제관계에 효과적으로 대처하지 못하고 너무 안일하게 생각했다는 점에서는 분명히 한계가 느껴지며, 이러한 점에서 대외적인 외교능력은 부족했다고 말할 수도 있다. 성충의 건의를 받아들이지 않아 백제가 망하게 되었다고 의자왕 스스로 후회하였다는 『삼국사기』 의자왕본기의 내용은 아마도 외교문제에서 뛰어난 식견을 지니고 있던 성충의 충언을 듣지 않았을 뿐만 아니라 그를 옥에 가두어 죽게 만든 과거의 잘못에 대해 왕 자신이 뼈아픈 고백을 한 말이라 보아도 좋겠다. 그리고 이러한 측면에서는 의자왕이 우매한 폭군으로서의 모습을 보여주었다는 평가로부터 자유로울 수 없는 것 또한 사실이다.

　마지막으로 여기에서 의자왕을 위한 변명을 하나 해본다면, 의자왕이 신라에 대해 강경한 태도를 보일 수밖에 없었던 내면에는 백제와 신라 사이에 오래 전부터 해결되지 못하고 이어져 내려온 영토문제가 자리 잡고 있었다. 그리고 이 문제는 양국 모두 양보할 수 없는 첨예한 사안이었기 때문에 이를 둘러싼 각축전도 그만큼 심하였으며, 이는 중국의 힘으로도 해결하기 힘든 뜨거운 감자와 같은 것이었다. 그런데 중국이 이러한 양국의 문제에 개입하여 신라에게 유리한 조건을 강요함으로써 의자왕은 결국 중국과 등을 지고 신라에 대한 강경책을 밀고 나가는 결단을 내릴 수밖에 없었던 것이다. 따라서 『삼국사기』 김유신전에서는 백제의 오만으로 묘사하고 있는 이러한 상황변화에 대한 책임을 백제 입장에서는 신라나 중국 탓으로 돌릴 수도 있는 일이었다. 그렇지만 잘잘못이 누구에게 있건 이로 인해 백제가 몰락한 것은 사실이므로 결국 패망의 군주로서 모든 책임을 떠안아야 하는 운명의 주인공 역할은 앞으로도 의자왕이 계속 감당해야 할 것 같다.

부록

부록 1) 『삼국사기』 백제본기의 왕위계승 내용 표

순위	왕	계승자	순위	왕	계승자
1	溫祚王	朱蒙의 次子	17	阿莘王	枕流王의 元子
2	多婁王	溫祚王의 元子	18	腆支王	阿莘王의 元子
3	己婁王	多婁王의 元子	19	久爾辛王	腆支王의 長子
4	蓋婁王	己婁王의 子	20	毗有王	久爾辛王의 長子 腆支王의 庶子?
5	肖古王	蓋婁王의 子	21	蓋鹵王	毗有王의 長子
6	仇首王	肖古王의 長子	22	文周王	蓋鹵王의 子
7	沙伴王	仇首王의 長子	23	三斤王	文周王의 長子
8	古爾王	蓋婁王의 二子	24	東城王	文周王 아우 昆支의 子
9	責稽王	古爾王의 子	25	武寧王	東城王의 二子
10	汾西王	責稽王의 長子	26	聖王	武寧王의 子
11	比流王	仇首王의 二子	27	威德王	聖王의 元子
12	契王	汾西王의 長子	28	惠王	聖王의 二子
13	近肖古王	比流王의 二子	29	法王	惠王의 長子
14	近仇首王	近肖古王의 子	30	武王	法王의 子
15	枕流王	近仇首王의 元子	31	義慈王	武王의 元子
16	辰斯王	近仇首王의 仲子			

부록 2)『삼국사기』무왕본기의 백제와 신라 전쟁기사 내용 표

시기	백제의 신라공격	신라의 백제공격	승패	의자왕 나이 (598년 출생 기준)
602. 8	○○		○○ 신라 승리	5
605. 8		○	?	8
611.10	○		백제 승리	14
616.10	○		?	19
618		○	신라 승리	21
623. 가을	○		?	26
624.10	○		백제 승리	27
626. 8	○		백제 승리	29
627. 7	○		백제 승리	30
628. 2	○		신라 승리	31
632. 7	○		?	35 (정월 태자 책봉)
633. 8	○		백제 승리	36
636. 5	○		신라 승리	39

부록 3) 백제와 중국의 조공 및 책봉 내용 정리표

왕	연도	조공(73)	책봉(22)	황제의 하사품(3)
고이왕	280	○		
	281	○		
책계왕	286	○		
	287	○		
	289	○		
	290	○(東夷校尉)		
비류왕	325	○(?)		
	326	○(?)		
근초고왕	372	○	鎭東將軍領樂浪太守	
	373	○		
근구수왕	379	실패		
침류왕	384	○		
진사왕	386		使持節督鎭東將軍百濟王	
전지왕	406	○		
	416	○(生口)	使持節都督百濟諸軍 事鎭東將軍百濟王	
구이신왕	420		進號鎭東大將軍	
	424	○		
비유왕	429	○		
	430	○	使持節都督百濟諸軍事 鎭東大將軍百濟王	
	440	○		
	443	○		
	450	○		『易林』, 式占, 腰弩

왕	연도	조공(73)	책봉(22)	황제의 하사품(3)
개로왕	457	○	鎭東大將軍	
	458	○	臣下 冊封	
	463	○		
	467	○		
	471	○		
	472	○(北魏와 조공 단절)		
문주왕	475	실패		
	476	실패		
동성왕	480	○	鎭東大將軍	
	484	○		
	486	○		
	490	○	鎭東大將軍百濟王, 臣下 冊封	
	495	○	臣下 冊封	
무령왕	502		進號征東大將軍	
	512	○		
	521	○	使持節都督百濟諸軍 事寧東大將軍百濟王	
성왕	524		持節督百濟軍事 綏東將軍百濟王	
	534	○		
	541	○		毛詩博士, 涅槃等經義, 工匠, 畵師 等
	549	실패		
위덕왕	562		撫東大將軍	
	567	○○		

왕	연도	조공(73)	책봉(22)	황제의 하사품(3)
	570		使持節侍中驃騎大將軍帶方郡公百濟王	
	571		使持節都督青州刺史	
	572	○		
	577	○○		
	578	○		
	581	○	上開府儀同三司帶方郡公百濟王	
	582	○		
	584	○		
	586	○		
	589	○		
	598	○(戰略使臣 파견)		
무왕	607	○○		
	608	○		
	611	○(戰略使臣 파견)		
	614	○		
	621	○		
	624	○○○	帶方郡王百濟王	
	625	○○		
	627	○		
	628	(유학생 파견)		
	629	○		
	631	○		

왕	연도	조공(73)	책봉(22)	황제의 하사품(3)
	632	○ (유학생 파견)		
	635	○		
	636	○		
	637	○		彩帛三千段, 錦袍 等
	638	○		
	639	○		
	640	(유학생 파견)		
의자왕	641	(告哀使 파견) ○	柱國帶方郡王百濟王	
	642	○		
	643	○		
	644	○ (謝罪使 파견)		
	645	○		
	648	(조공 단절)		
	651	○		
	652	○		
	660	(당나라의 백제 공격)		
부여융	664		熊津都督	
	665	(封禪 참여)		
	677		帶方郡王	
부여경	682		帶方郡王	

부록 4) 의자왕의 대외정치 내용 검색표

즉위 년	중국에 대한 조공	신라에 대한 공격	고구려와의 연합	일본으로의 사신 파견	일본과의 정식 수교
1(641)	O				
2(642)	O	O O	O	O	
3(643)	O	O	O	O	
4(644)	O	×			
5(645)	O	O O		O	
6(646)				O	
7(647)		O			
8(648)		O O			
9(649)		O			
10(650)		×			
11(651)	O			O	
12(652)	O			O	
13(653)				O	O
14(654)				O	
15(655)		O	O	O	
16(656)				O	
17(657)				△	
18(658)				△	
19(659)		O			
20(660)	×	×		O	

O : 백제가 주체적으로 행한 경우

× : 백제가 침략당한 경우

△ : 백제에 파견된 일본의 서해사(西海使)가 일본으로 귀국한 경우

부록 5) 백제 공격전에 참가한 나 · 당 연합군과 그에 맞선 백제군
지휘부(사료에서 검색이 가능한 명단과 지위)

1) 신라군 명단

이름	지위	출처
1. 金春秋(太宗武烈王)	嵎夷道行軍摠管	『三國史記』 太宗武烈王本紀
2. 金法敏	太子	
3. 金仁泰	王子	
4. 金庾信	大將軍	
5. 金欽春(金欽純)	將軍(金庾信의 동생)	
6. 品日	將軍(官昌의 아버지)	
7. 眞珠	將軍	『三國史記』 金庾信傳
8. 天存	將軍	
9. 金文穎(金文永)	督軍	『三國史記』 太宗武烈王本紀
10. 日原	沙湌	
11. 吉那	級湌	
12. 劉敦	沙湌	
13. 中知	大奈麻	
14. 盤屈	(金欽純의 아들)	
15. 官狀(官昌)	副將(品日의 아들)	『三國史記』官昌傳
16. 豆迭	軍師	『三國史記』 太宗武烈王本紀
17. 宣服	闒衿卒	
18. 儒史知	?	
19. 未知活	?	
20. 寶弘伊	?	
21. 屑儒	?	

2) 당군 명단

이름	지위	출처
1. 蘇定方	使持節神丘嵎夷馬韓熊津等一十四道大摠管左武衛大將軍上柱國邢國公	「大唐平百濟國碑銘」
2. 劉伯英	副大摠管冠軍大將軍□□□衛將軍上柱國下博公	
3. 董寶亮	副大摠使持節隴州諸軍事隴州刺史上柱國安夷公	
4. 金仁問	副大摠左領軍將軍 (신라 왕자로 당군의 기벌포싸움에 동참)	
5. 梁行儀	行軍長史中書舍人	
6. 祝阿師	左將軍摠管右屯衛郎將上柱國	
7. 于无嗣	右一軍摠管使持節淄州刺史上柱國	
8. 曹繼叔	嵎夷道副摠管右武衛中郎將上柱國	
9. 杜爽	行軍長史岐州司馬	
10. 劉仁願	右一軍摠管宣威將軍行左驍衛郎將上柱國	
11. 金良圖	右武衛中郎將 (신라 장군으로 당군의 기벌포싸움에 동참)	
12. 馬延卿	左一軍摠管使持節沂州刺史上柱國	
13. 賀遂亮	陵州長史判兵曹 (「大唐平百濟國碑銘」 집필자)	
14. 權懷素	洛州河南 (「大唐平百濟國碑銘」 기록자)	
15. 馮士貴	右武衛將軍	『新唐書』百濟傳
16. 龐孝泰	左驍衛將軍	
17. 柴哲威	加林道行軍摠管	「唐柴將軍精舍草堂碑」

3) 백제군 명단

이름	지위	출처
1. 扶餘義慈	百濟王	『三國史記』義慈王本紀
2. 扶餘隆	太子	「大唐平百濟國碑銘」
3. 扶餘泰	王子(義慈王 次子)	『三國史記』義慈王本紀
4. 扶餘孝	王子(小王)	『舊唐書』百濟國
5. 扶餘演	王子(小王)	
6. 扶餘躬	王庶子	『三國史記』太宗武烈王本紀
7. 扶餘文思	太子의 아들	『三國史記』義慈王本紀
8. 階伯	達率, 將軍(元帥)	『三國史記』階伯傳(官昌傳)
9. 忠常	佐平(신라 포로)	『三國史記』太宗武烈王本紀
10. 常永	佐平(신라 포로)	
11. 覺伽	佐平	
12. 義直	佐平	『三國史記』義慈王本紀
13. 興首	佐平	
14. 禰植	大將(熊津方領?)	『舊唐書』蘇定方傳
15. 黑齒常之	達率, 風達郡將	『三國史記』黑齒常之傳
16. 沙吒千福	大佐平	「大唐平百濟國碑銘」
17. 國辯成	大佐平	
18. 正武	佐平	『三國史記』太宗武烈王本紀
19. 自簡	達率(신라 포로)	
20. 武守	恩率(신라 포로)	
21. 仁守	恩率(신라 포로)	

부록 6) 백제부흥운동군의 거병과 전투상황

(金榮官, 『百濟復興運動研究』 인용)

시기	거점	주요사건
660년 7월~8월	임존성(任存城)	흑치상지(黑齒常之), 사타상여(沙吒相如), 복신(福信) 거병. 흑치상지의 경우 열흘만에 3만여 명이 귀부(歸附)함.
	구마노리성(久麻怒利城)	여자진(餘自進) 거병.
	두시원악(豆尸原嶽)	정무(正武) 거병.
	왕흥사 잠성(王興寺 岑城)	도침(道琛) 거병.
	남령(南嶺)·정현(貞峴)	백제여적(百濟餘賊) 거병.
8월 26일	임존성 대책(大柵)	소정방이 보낸 당군을 물리침. 1백명 이상의 당군을 포로로 잡음. 소책(小柵)만 무너짐.
9월 23일	사비성(泗沘城)	백제부흥운동군에게 초략(抄掠) 당함.
	사비 남령(南嶺)	백제부흥운동군이 책(柵)을 세움. 이례성(爾禮城) 등 백제 20여 성이 호응.
10월 9일 ~18일	이례성(爾禮城)	신라 무열왕의 공격에 백제부흥운동군이 패배. 백제 20여 성이 항복.
10월 30일	사비 남령	신라의 공격으로 1500명 참수(斬首) 당함.
11월 5일 ~7일	왕흥사 잠성	신라 무열왕에게 함락됨. 7백인 참수 당함.
661년 2월	사비성	백제잔적(百濟殘賊)이 공격함.
3월	웅진강구(熊津江口)	도침 등이 유인궤 군대에게 패하여 1만명 전사함. 도침 등은 사비성 포위를 풀고 임존성으로 후퇴.
3월 5일	두량윤성(豆良尹城) 남쪽	백제부흥운동군이 기습공격으로 신라군을 대파시킴.
3월 12일	두량윤성	신라군이 고사비성(古沙比城) 밖에 진을 치고 공격했지만 실패함.

시기	거점	주요사건
4월 19일	빈골양(賓骨壤)	백제부흥운동군에게 신라군 패퇴(敗退). 백제부흥운동군은 수많은 병장기와 군수품을 노획함.
4월 19일 ~5월 9일	각산(角山)	백제부흥운동군이 신라군에게 패하고 2천명이 전사함.
6월	옹산성(瓮山城)	백제여적(百濟餘賊)이 둔취(屯聚).
9월 25일 ~27일	옹산성	신라군이 공격해 함락시킴. 대책(大柵)을 불사르고 백제부흥운동군 수천명을 참살(斬殺)함.
10월	우술성(雨述城)	신라군에게 함락되고 백제군 1천급 참수 당함. 달솔 조복(助服)과 은솔 파가(波伽)가 신라에 항복함.
662년 3월	주유성(州柔城)	왜(倭)의 구원군이 도착.
7월	웅진(熊津) 동쪽	복신군대가 유인원과 유인궤의 당군에게 대패함.
	지라성(支羅城)과 윤성(尹城), 대산(大山)·사정(沙井) 등의 책(柵)	신라군에게 함락됨.
	진현성(眞峴城)	신라군에게 함락되고 800급 참수 당함. 웅진도(熊津道)가 개통됨.
8월	내사지성(內斯只城)	신라군에게 함락됨.
12월	피성(避城)	부여풍이 주유성에서 옮겨 옴.
663년 2월	거열성(居列城)	신라군에게 함락되고 7백인 참수 당함.
	거물성(居勿城)과 사평성(沙平城)	신라군에게 함락됨.
	덕안성(德安城)	신라군에게 함락되고 1070급 참수 당함.
	주유성(州柔城)	부여풍이 피성에서 다시 옮겨 옴.
5월	웅진도독부	손인사(孫仁師)가 원병 7천명을 거느리고 옴.

시기	거점	주요사건
7월 17일	웅진주(熊津州)	나·당 군이 합병.
8월 13일 ~17일	주류성(周留城)	나·당 군이 도착해 포위함.
8월 27일 ~28일	백촌강구(白村江口)	백제와 왜군이 전투에서 패배하고 부여풍은 고구려로 달아남.
9월 7일	주류성	나·당 군에게 함락됨.
10월 21일 ~11월	임존성	지수신(遲受信)이 방어하다 함락 당하자 고구려로 달아남.
664년 3월	사비산성	백제잔중(百濟殘衆)이 저항하다 웅진도독에게 격파됨.

부록 7) 문무왕 「답설인귀서」와 「사죄문」 발췌 내용

1) 문무왕 11년 「답설인귀서」 발췌 내용

① 선왕(先王=武烈王)께서 정관(貞觀) 22년(648)에 입조하여 태종문황제(太宗文皇帝=당 태종)를 뵙고 은칙(恩勅)을 받을 때 "짐이 지금 고구려를 정벌하는 것은 다른 이유가 있는 것이 아니라 너희 신라가 양국(백제와 고구려)에 몰려 늘 침해를 입어서 편안한 세월이 없는 것을 불쌍히 여기는데 있다. 산천과 토지는 나의 탐내는 바가 아니고, 옥백(玉帛)과 자녀도 이는 나에게 있는 것이므로 내가 양국을 평정하면 평양 이남과 백제 토지는 모두 너희 신라에게 주어서 영원히 편안하게 하려고 한다."라고 말씀하시며 계책을 세우고 군기(軍期)를 정하였다. 신라의 백성들은 이 은칙을 듣고는 사람마다 힘을 기르고 집집마다 쓸 때를 기다리고 있었는데, 큰일을 마치지도 못한 채 문제(당 태종)께서 먼저 돌아가시고 금제(今帝=당고종)께서 즉위하여 다시 이전의 은칙을 계속 이어서 자주 자애로움을 입음이 옛날보다 넘침이 있었다. ······

② 총장(總章) 원년(668)에 이르러 백제는 맹회처(盟會處)에서 경계 표시를 옮겨 바꾼 채 전지(田地)를 침탈하고 우리 노비를 빼앗고 우리 백성을 유인하여 내지(內地)에 숨겨두었는데, 번번이 찾아내어도 끝내 이를 돌려주지 않았다. ······

③ 또한 백제의 부녀(婦女)를 신라의 한성도독(漢城都督) 박도유(朴都儒)에게 시집보내고는 이와 공모하여 신라의 병기(兵器)를 훔쳐내어 1주(州)의 땅을 습격하려던 중에 다행히 일이 발각되어 곧 (박)도유를 참(斬)하였으므로 그 뜻을 이루지 못했다.

④ 함형(咸亨) 원년(670) 6월에 이르러 고구려가 모반하여 한관(漢官 : 당나라 관료)을 모두 살해하므로 신라는 곧 군사를 일으키고자 했는데, 먼저 웅진(熊津)에 알리며 말하기를 "고구려가 이미 모반했으니 이를 정벌하지 않을 수 없다. 피차가 모두 황제의 신하이니 함께 흉적을 토벌함이 순리일 것이다. ······ 곧 관리를 이곳으로 파견하여 함께 모여 상의하며 계책을 세우자"고 하였다. 백제의 사마(司馬) 예군(禰軍)이 이곳으로 와서 마침내 함께 계책을 세우며 의논하기를 "군사를 일으킨 후에는 피차 서로 의심할 염려가 있으니 쌍방의 관료를 볼모로 서로 교환하자"고 하므로 곧 ······ 볼모 교환의 일을 상의하게 했는데, 백제는 비록 볼모교환을 허락하였으나 성안에는 여전히 병마를 모으고 그 성 밑에 이르기만 하면 밤에 나와서 공격하는 것이었다.

⑤ 7월에 이르러 입조사(入朝使) 김흠순(金欽純) 등이 도착하였는데, 장차 경계선

을 구획할 때 지도를 살피며 조사하여 백제의 옛 땅을 모두 갈라서 돌려주라 하니 …… 3~4년 사이에 한번 주었다 한번 빼앗았다 하게 되어 신라의 백성은 모두 실망한 채 말하기를 "신라와 백제는 대대로 깊은 원수인데, 이제 백제의 형세를 보면 따로 한 나라를 세우려 하니 백년 뒤에는 우리 자손들이 반드시 그들에게 먹히게 될 것이다. ……"라고 하였다.

⑥ 지난 해(670) 9월에 이 사실을 상세히 적어 사신을 파견하여 알리려 했는데 바다에서 풍파로 표류하다 돌아왔고, 다시 또 사신을 보냈으나 역시 뜻을 이루지 못했다. 이후에는 차가운 풍랑이 극심해져 아직까지 알리지 못했는데, 백제는 거짓말을 꾸며 아뢰기를 신라가 배반한다고 하였다.

⑦ 슬프다. 양국(백제와 고구려)을 평정하지 아니하였을 때에는 손발과 같이 일을 맡겼는데, 야수와 같은 적을 물리친 지금에는 반대로 팽재(烹宰 : 兎死狗烹)의 침해와 핍박을 받게 되었다. 잔악한 적인 백제는 옹치(雍齒)처럼 상을 받고 중국을 위해 희생한 신라는 이제 정공(丁公)처럼 죽음을 당해야 하는가. ……

2) 문무왕 12년 「사죄문」 발췌 내용

(672년 9월) 왕은 예전에 백제가 당나라로 가서 호소하며 군대를 청하여 우리를 침범하므로 사태가 급박하여 자세히 아뢸 겨를도 없이 군사를 내어 이를 토벌하였다. 이로 인해 대조(大朝 : 당나라)에 죄를 짓게 되었는데, …… 글을 올려 사죄하며 말하기를 "…… 제가 죽을 죄를 지은 것을 삼가 말씀드립니다. …… 그러나 깊은 원수인 백제는 근신(近臣 : 신라)의 변경을 핍박하며 천병(天兵 : 당나라 군대)을 끌어들여 신(臣)을 멸망시킴으로써 치욕을 씻으려하므로, 신은 파멸의 지경에서 스스로 삶을 구하고자 하다가 흉역(凶逆)의 누명을 쓰고는 마침내 용서받기 어려운 죄에 빠지게 되었습니다. 신은 일의 사정을 알리지도 못했는데 먼저 죽음을 당하면 살아서는 명을 거역한 신하가 되고 죽어서는 은혜를 배반한 귀신이 되겠으므로, 삼가 사정을 적어서 죽음을 무릅쓰고 알리는 것이니 엎드려 원컨대 귀를 기울여 그 원인을 밝게 살피시기를 바랍니다. 신은 전대(前代) 이래로 조공을 끊지 않았으나 최근에 백제 때문에 거듭 조공을 빠뜨리게 되어 드디어는 성조(聖朝 : 당나라 조정)로 하여금 장군에게 명하여 신의 죄를 토벌하게 하였습니다. 죽어서도 형벌은 남을 것이니 ……

부록 8) 백제계 석탑의 양식 분류(천득염, 『백제계석탑 연구』 인용)

塔 名	樣 式	所 在 地
彌勒寺址石塔	始原樣式	全北 益山郡 金馬面 箕陽里
定林寺址5層石塔	典型樣式	忠南 夫餘郡 東南里
王宮里5層石塔	過渡樣式	全北 益山郡 王宮面 王宮里
庇仁5層石塔	純粹百濟繼承樣式	忠南 舒川郡 庇仁面 城北里
鷄龍山5層石塔	〃	忠南 公州郡 反浦面 鶴峰里
長蝦里3層石塔	〃	忠南 扶餘郡 場岩面 長蝦里
上鳳洞5層石塔	〃	舊 : 全北 益山郡
		現 : 충북 음성군 대소면 대풍리 37 (한독약품 내)
歸信寺3層石塔	〃	全北 金堤郡 金山面 淸道里
隱仙里3層石塔	〃	全北 井邑郡 永元面 隱仙里
竹山里3層石塔	〃	全北 沃溝郡 大野面 竹山里
淳化里3層石塔	〃	全北 淳昌郡 淳昌面 淳昌女中校庭內
金谷寺3層石塔	〃	全南 康津郡 郡東面 琵山里 143-1 金谷寺內
月南寺址模塼石塔	〃	全南 康津郡 城田面 月南里
潭陽邑內里5層石塔	百濟系折衷樣式	全南 潭陽郡 潭陽邑 紙沾里
谷城柯谷里5層石塔	(탑신괴임대형)	全南 谷城郡 梧山面 柯谷里
煙洞寺址廢塔		全南 潭陽郡 金城面 金城山城 下部
萬福寺址5層石塔		全北 南原市 王亭洞 481 萬福寺址內
金骨山5層石塔	百濟系折衷樣式	全南 珍島郡 郡內面 屯田里 94-1
玉馬里5層石塔	(細長高峻形)	全南 寶城郡 蘆洞面 玉馬里 384
松堤里5層石塔		全南 羅州郡 細枝面 松堤里 706-1
泉谷寺址7層石塔		全北 井邑郡 德川面 望帝里
雲住寺方形塔群		全南 和順郡 道岩面 大草里
長文里5層石塔		全北 古阜面 長文里 양지마을
麻谷寺5層石塔		忠南 公州郡 寺谷面 雲岩里 麻谷寺內
安國寺址石塔		忠南 唐津郡 貞美面 壽堂里 山102-1
無量寺5層石塔	新羅系折衷樣式	忠南 扶餘郡 外山面 萬壽里 無量寺內
金山寺5層石塔		全北 金堤郡 水流面 金山里 金山寺內
金山寺深源庵北岡3層石塔		全北 金堤郡 水流面 金山里 金山寺內
普願寺址5層石塔		忠南 瑞山郡 雲山面 龍賢里
沃溝鉢山里5層石塔		全北 沃溝郡 開井面 鉢山里

부록 9) 「백제왕씨가계 약도」와 「삼송씨계보도」

1) 「백제왕씨가계 약도」(임동권, 『일본 안의 백제문화』 인용)

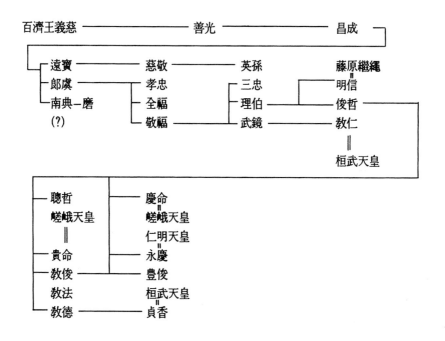

2)「삼송씨계보도」(임동권, 『일본 안의 백제문화』 인용)

百濟王氏 및 三松氏系譜 （三松家保藏拔抄(枚方市史)）

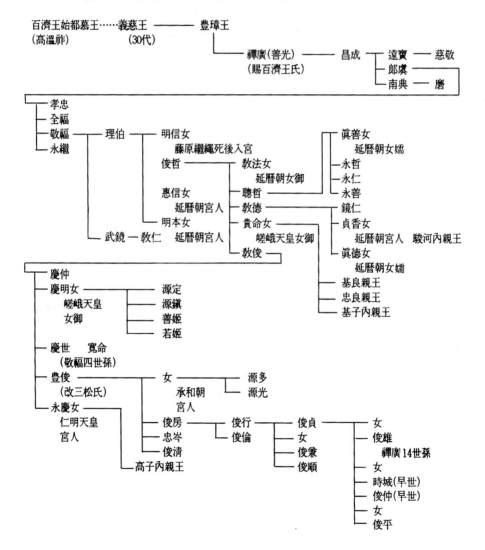

百濟王始都慕王……義慈王 ── 豊璋王
(高溫祚)　　　　　　(30代)

禪廣(善光) ── 昌成 ┬ 遠寶 ── 慈敬
(賜百濟王氏)　　　 ├ 郎虞
　　　　　　　　　 └ 南典 ── 磨

孝忠
全福
敬福 ── 理伯 ┬ 明信女
永繼　　　　 │ 藤原繼繩死後入宮
　　　　　　 │ 俊哲 ──┬ 教法女
　　　　　　 │ 　　　　│ 延曆朝女御
　　　　　　 │ 惠信女 ─┴ 聰哲
　　　　　　 │ 延曆朝宮人　教德
　　　　　　 │ 明本女　　　貴命女
　　　　　　 └ 武鏡 ── 教仁　延曆朝宮人　嵯峨天皇女御
　　　　　　 　　　　　　　　　　　　　教俊

眞善女
　延曆朝女嬬
永哲
永仁
永善
鏡仁
貞香女
　延曆朝宮人　駿河內親王
眞德女
　延曆朝女嬬
基良親王
忠良親王
基子內親王

慶仲
慶明女 ┬ 源定
嵯峨天皇 ├ 源鎭
女御 　　├ 善姬
　　　　└ 若姬

慶世　寬命
(敬福四世孫)
豊俊 ┬ 女 ┬ 源多
(改三松氏) │ 承和朝 └ 源光
永慶女 　　│ 宮人
仁明天皇 　├ 俊房 ┬ 俊行 ┬ 俊貞 ┬ 女
宮人 　　　├ 忠岑 └ 俊倫 ├ 女 ├ 俊雄
　　　　　├ 俊清 　　　　├ 俊兼　禪廣14世孫
　　　　　└ 高子內親王 　└ 俊順 ├ 女
　　　　　　　　　　　　　　　　 ├ 時城(早世)
　　　　　　　　　　　　　　　　 ├ 俊仲(早世)
　　　　　　　　　　　　　　　　 ├ 女
　　　　　　　　　　　　　　　　 └ 俊平

부록 10)「부여융 묘지명」복각품과 서승석 선생 판독 및
　　　　 임사「부여융 묘지명」

　1)「부여융 묘지명」복각품

　2) 부여후인 서승석 선생 판독 및 임사「부여융 묘지명」

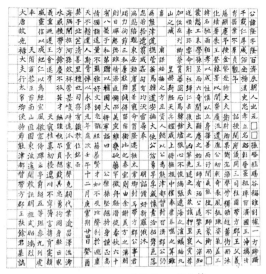

判讀 및 臨寫　扶餘后人　徐承皙

저자 양종국

　　현재 공주대학교 사학과 교수로 재직 중이며 공주대학교 박물관장, 백제문화연구원장 등을 역임했다. 저서로는 『백제 멸망의 진실』, 『중국 사료로 보는 백제』, 『의자왕과 백제부흥운동 엿보기』, 『왜 의자왕은 백제를 망하게 했을까?』, 『송대 사대부사회 연구』, 『송대 중국인의 과거생활 −배움의 가시밭길−』, 『명사식화지 역주』, 『왜 송나라에서 사대부사회가 발전했을까?』, 『역사학자가 본 꽃과 나무』, 『인문학자의 꽃방 −꽃이 피니 곤충이 방문하네−』 등이 있다.

백제
의자왕
평전

초판인쇄일	2020년 1월 20일
초판발행일	2020년 1월 25일
지 은 이	양종국
발 행 인	김선경
책 임 편 집	김소라
발 행 처	서경문화사
	주소 : 서울시 종로구 이화장길 70-14(204호)
	전화 : 743-8203, 8205 / 팩스 : 743-8210
	메일 : sk8203@chol.com
신 고 번 호	제1994-000041호
ISBN	978-89-6062-218-0　　03910

ⓒ 양종국 · 서경문화사, 2020